纪念改革开放40年法律社会学研究丛书

当代中国法治文明建设若干问题研究

李瑜青 著

上海大学出版社
·上海·

图书在版编目(CIP)数据

当代中国法治文明建设若干问题研究 / 李瑜青著.
—上海：上海大学出版社,2019.5
(纪念改革开放40年法律社会学研究丛书)
ISBN 978-7-5671-3524-6

Ⅰ.①当… Ⅱ.①李… Ⅲ.①社会主义法治－建设－研究－中国 Ⅳ.①D920.0

中国版本图书馆CIP数据核字(2019)第076881号

责任编辑　傅玉芳　刘　强
封面设计　柯国富
技术编辑　金　鑫　钱宇坤

当代中国法治文明建设若干问题研究

李瑜青　著

上海大学出版社出版发行
(上海市上大路99号　邮政编码200444)
(http://www.shupress.cn　发行热线 021-66135112)
出版人　戴骏豪

*

南京展望文化发展有限公司排版
上海华教印务有限公司印刷　各地新华书店经销
开本 710mm×1010mm　1/16　印张 17　字数 278千
2019年5月第1版　2019年5月第1次印刷
ISBN 978-7-5671-3524-6/D·218　定价　68.00元

序 | Preface

作为本丛书的总序，这里试图只说明一个问题，即如何理解法律社会学在当代中国法治实践中特有的价值。当代中国法治实践是和中国现在正在进行着的改革开放事业紧密相联系的。现代化发展的深入，市场经济全方位的展开，高科技的进步把人们带进网络时代等，使得社会的治理方式必须做根本的调整，唯法治是对当代中国社会有效的治理方式。而法治总与民主相连，其要义在于使法律从作为国家或政府对社会控制的手段，转变为约束政府权力、有效治理社会的权威，国家的权力服从于社会公众的共同意志。这种社会治理方式的进步当然很明显，即摆脱了过去人们习惯的有血缘性、伦理性特征的人治治理方式。在社会治理中，人作为社会主体以一种全新的方式得到了表现。

但从当代中国改革开放的进步和法治的发展来看，人们对法治实践的研究方法而言，笔者认为先后经历有价值分析方法、规范分析方法分别占据主导地位的历史阶段。20世纪80年代到90年代的中期，可以认为价值分析方法占据着主导的位置。价值分析方法通过批判的逻辑与方法，摧枯拉朽地将与法治建设相抵牾的各种要素加以批判，最为重要的成果就是从"以阶级斗争为纲"的思维范式中走了出来，并迅速地倡导"权利本位"理论、法治现代化理论等。但解构有余建构不足则是价值分析方法最为学界所诟病的。20世纪90年代至2011年，以有中国特色社会主义法律体系完成为时段，可以说规范分析方法逐步占据法治实践研究的主导地位。规范分析方法通过对所谓国外先进制度的引进、移植或模仿，使得中国快速地建构起系统完备、结构合理的法律体系来，但至于正式的法律制度的法律设施效果如何则超越了规范分析方法的视域。上述两种法学研究方法对中国法治建设在不同的历史时段都发挥了重要功能，但所形成的"关于中国"而非"根据中国"的思考逻辑，则是这两种方法在面对法律有效实现的问题时自身系统存在理论上的困难。

"关于中国"可以说是鸦片战争以来所形成的一种思维框架或逻辑，其预设了这样的假设，即认为中国在政治、经济、社会和文化上都是一个应该被诊断的对象，它是一个"病人"，为了拯救这个"病人"和治疗好它的"疾病"，需要开设各种药方，而西方国家的现实实践和成功所形成的那种示范性，使得以为通过西方知识、制度等的引进，就能够实现药到病除之目的。但现实的法律实践，却使人们发现，一定的法律制度，不能只建立在逻辑体系和道德力量的基础上，以抽象的道德原则或是逻辑来推演，更重要的是要依据社会现实或发展的条件。当下中国法治实践的探索在实现自主性目的的过程中，既需要从批判的法学观过渡到理解的法学观，也需要从"关于中国"的研究路径过渡到"根据中国"的研究路径上来。

"根据中国"的研究进路，首要的则是需要对中国自身的政治、经济、社会与文化等构成要素进行实证探讨，从法与社会的关系中突出关注法律的有效实现问题。将"根据中国"的研究进路的内在精神，投射于法学研究方法上，则需要重视法律社会学的学术成就。当然，法律社会学本身既是一种法学思潮，同时更是一种法学研究方法。作为法学思潮的法律社会学，我们从中可以领略涂尔干、斯宾塞、韦伯、庞德、埃利希等经典思想，也可以发现弗里德曼、塞尔兹尼克等现代大家风范。当然，我们更要指出的是，马克思主义的法学，强调法律作为上层建筑要满足经济基础的要求，其内在精神与法律社会学思潮有共性之处。但仅仅是评介和研究各式法律社会学思想对"根据中国"学术思路的拓展、对法学学术自主性的推进，所具有的功效仅仅是表面的，更为重要的是需要对作为方法的法律社会学加以重视。当我们将法律社会学作为一种法学研究方法加以重视和予以接纳之时，就意味着，在研究各种法律现象、行为问题时，既不能停留在价值法学那种通过某种预设，如正义、秩序、平等等，来脱离实际地对法学问题加以批判；也不能停留在规范分析方法那种——对法律制度建构和法律内部的体系、语义等问题——脱离语境的分析（当然这不意味这两种方法不重要），我们更多的是需要首先对社会事实和社会经验进行实证研究和分析，进而在此基础之上来推进法律制度和法学理论的建构，也恰恰只有在此过程中才能体现法学的自主性，并有效地推进法治实践在中国的进步。经由对作为方法的法律社会学的重视，则可以进一步激活法律社会学内部的各种思想并将其逐步地转化为社会实证和经验调研的工具，如结构分析方法要求对研究对象进行整体把握和分析，功能分析方法要求对制度和结构的正负、显隐功能加以研究，冲突理论则要求对社会冲突的功能重新予以反思等等。同时,当我们将法律社会学作为一种方法之时,则可以进一步地推进法律社会学所具有的学术功能,如搜集资料为立法做准备、对司法过程进行分析、对执法的法律依据进行研究,等等。

总之,对作为方法的法律社会学的重视,既有助于我们看到一个有别于当下研究所呈现的法学知识格局,更有助于我们了解过去、剖析现在和展望未来,进而对有中国特色社会主义法治、法律制度、法学理论建设产生和发展起到不可估量的作用。当然,由于研究者身份的复杂,在实践中存在三种情况:一是由法学研究者所进行的,二是由感兴趣于法律问题的社会学研究者所进行的,三是兼顾法学和社会学的研究者所进行的。由于学科背景上的不同,第一类研究者的成果往往研究方法使用不够严谨,抑或鲜有使用而使其规范程度受到影响;第二类研究者往往停留于社会事实的呈现和分析,规范分析较少或专业性不强;第三类研究者将社会调查和分析与法律的规范分析方法有机结合,具有较强的代表性和理论价值。但我们有必要较宽泛地去看待这个问题,因为重要的是通过大家的努力可以提出新观点、新思想,有效推进法治理论、法治实践的进步。

本法律社会学研究丛书正是体现了这样思考的本意,就法治思想在文学作品中的推进、法治思想在影视作品中的推进、法学研究话语的历史性转化、法治第三方评估实践在中国的发展、人民调解制度的事业与中国的改革开放、当代中国法治建设的若干问题等做了具有抛砖引玉性的探索。本丛书的作者以此学术成果献礼于中华人民共和国建国 70 周年!

李瑜青

2019 年 5 月 1 日

目录 | Contents

前 言 ·· 1

第一章　当代中国法治文明建设中传统儒学的价值 ··············· 4
一、传统儒学对法治文化构造的价值 ·································· 4
二、传统儒学"和"的理念及其作为正义思想的价值 ············· 12
三、法律与文化互动的三点思考——以传统儒学与中国法治建设关系为切入点 ·· 21
四、传统儒学人文精神主导思想及对法学中国化的价值 ········ 32
五、中国法制传统中隐形系统价值再思考——以法制文化为视角 ······ 40

第二章　法治文明实践中法治德治关系 ···························· 49
一、从何种意义上理解法治文明——法治与德治关系的一种思考 ······ 49
二、法治进路中国话语的创造性探索——法治德治讨论的又一个视角 ·· 69
三、德治对法治文明的精神功能 ······································ 79
四、法治文明与人文精神的张扬 ······································ 86
五、德治"关键少数" ··· 93

第三章　法治中国、法治政府建设 ·································· 104
一、"法治中国"概念的发生学思考 ·································· 104
二、从革命法制观到治国方略法治观 ······························· 109
三、中国共产党治国理政思想历史地位分析 ······················ 120
四、诚信机制在法律实施中的价值——以构建政务诚信为切入点 ·· 129

五、政府信息公开制度实施的问题及对策建议——以上海为例 …… 133
　　六、法治评估效度的文本研究——以"余杭法治指数"为例 ………… 141

第四章　法治社会建设的探索 ……………………………………… 157
　　一、法治社会概念内涵的历史演绎及转化 …………………………… 157
　　二、法治社会概念文化意蕴的思考 …………………………………… 172
　　三、法治社会建设面临的问题与治理机理 …………………………… 178
　　四、法治社会建设主体间诚信机制及其建设 ………………………… 205
　　五、市民社会理念与社会自主性发展 ………………………………… 232
　　六、多元化纠纷解决机制的价值及其路径思考——兼驳机制的运行
　　　　与法治社会建设相悖论 …………………………………………… 240
　　七、诚信价值在上海城市的内涵与发展——基于民间法视野的考察
　　　　………………………………………………………………………… 251

后　　记 ……………………………………………………………… 259

前　言

当代中国法治建设的事业,必须与中国正在发生的变化相结合才能作出说明。当代中国正在发生的变化可以说极为深刻。有学者认为,中国的当代改革,使中国在极短的时期内经历了其他国家在16世纪、17世纪、18世纪、19世纪、20世纪等几个世纪所经历的,感受了这些世纪所有的一些社会特征。这样的话语当然有某些夸张,因为中国的改革开放所带来的社会变化或问题,有中国特点及内容,不是简单用其他国家的经验就可以说明的。但我们一路走来,其中的逻辑应当十分清晰,反映的是中华民族自觉主动地把中国的历史汇入世界史的过程,中国的发展汇入世界文明主潮流的过程。中华民族在汇入世界文明主潮流的过程中,最初是跟随,逐渐开始了引领。这个主潮流就是大家很熟悉的一个概念,即"现代化运动"。

马克思曾经深刻地指出:自资产阶级开拓了"世界市场"的时期起,人类历史便开始从"史前历史"过渡到真正的人的历史,从"民族历史"过渡到"世界历史"。综观这一历史发展,我们发现,现代化从少数地区和国家向世界几乎所有地区和国家推进,是一种不可抗拒的历史潮流。生活在同一时代的世界各个民族和国家,无论其历史和社会背景如何,无论其自身处于怎样的历史发展阶段和社会制度中,都不能始终游离于现代化的世界进程之外,最终都要走上现代化的道路。这里就存在一个必然性的根据问题。笔者认为,这必然性的根据不在其他,而在商品经济或市场经济的发展上,是商品经济或市场经济的发展给人类的生活带来了这个具有本质性的变化。

当然,对这个观点需要论证。我们知道,从整个世界历史来看,各个民族和国家先后都经历由自然经济向商品经济的过渡,这不是偶然的,它与社会生产力的发展有着内在的联系。自然经济的特点,它是一种以生产使用价值为目的的生产方式,在自然经济下,生产的目的不是交换,而是满足生产者个人或某些社会集团的生活需要。自然经济实际上是生产力水平低下和社会分工不发达的产物。正因为如此,在当时的条件下,人们必须直接依赖于他们所属的共同体。也就是说,他们只有作为某个共同体的成员,才能占有土地和从事生产活动。人的独立性、民主意识、开放的生活方式、对科学或理性的尊重等作为现代化表征的这些因素,在当时就缺乏现实存在的条件。前资本主义形态在历史的发展上虽经历了若干阶段,但无论哪一个阶段都表现出了这一明显的自然经济的特征。

历史发展到资本主义阶段,情况发生了深刻的变化。尽管商品生产和商品交换在前资本主义形态已经出现,但只是到了资本主义形态它才成为产品的一般形式,不仅生产者的剩余产品是商品,他的生活必需品也成为商品,各种不同的生产条件也都是商品,一切生产活动表现为商品生产和商品交换。之所以形成这样的格局,其根据也在于社会生产力发展到了机器大工业和社会化大生产的阶段,商品经济这种方式是适合生产力的客观要求的,因此极大地推动了生产力的发展。对此,马克思曾这样指出:这种生产方式的基础,不是为了再生产一定的状态或者是扩大这种状态而发展生产力,相反,在这里生产力是自由的、毫无阻碍的。不断的进步和全面的发展本身就是社会的前提,因而是社会再生产的前提,在这里唯一的前提是不断超越出发点。马克思的这一论断指出了商品经济的一般特性,即商品经济不是为了自给自足,生产者的生产并不是为了使用价值,而是为了生产交换价值,进而获得剩余价值。这就必然会产生一种无止境的追求发财致富的欲望,这种欲望推动着人们力图无限地提高劳动生产率并使之成为现实。同时,在商品经济中,由于价值规律的作用而产生的竞争关系,作为一种外在的强制力量也迫使每个社会主体不断提高生产力。在这个过程中,当然要借助于科学技术,不断改变生产条件。但随之而来的是,人们具有全新意义上的生活方式,人的独立性、知识性、民主精神、城市生活、平等主体等,这些表征现代化的成分有了现实存在的条件。

但中国的历史证明,只有社会主义可以救中国,这就有必要特别说明中国社会主义发展与现代化的关系。我们应当看到,在现代化的世界进程中,存在着许多错综复杂的矛盾和冲突,因此各个国家实现现代化的方式都具有自身的特殊性。而中国社会主义的理论和实践,应当被看作以现代化为主旋律的"世界历史"进程中种种矛盾冲突的一种表现形式。先发展起来的资本主义国家对中国的资本输入,并不是为使中国富强发达,而是要把中国作为殖民地,从而为这些资本主义国家获取廉价的原材料和劳动力提供条件。中国民族工业的落后,使得中国的民族资产阶级力量先天薄弱,无法完成本该由其领导完成的民主革命的历史任务,由无产阶级领导的以广大农民为同盟军的与社会主义革命联系在一起的新民主主义革命,就这样成为一个历史的必然选择。因此可以说,中华民族正是为了争取本民族的现代化前途,而选择了社会主义的发展道路,对于中国来说,社会主义是实现现代化的途径。我们可以由此理解毛泽东提出的新民主主义理论和社会主义革命与建设理论。但是,中国现代化建设事业在中华人民共和国成立以后并没有全面而顺利地得到发展,其中一个重要的原因在于,当时在对社会主义制度与理论的理解上陷入了严重的教条主义。直到党的十一届三中全会之后,在邓小平理论指引下,通过全体中国人民的共同努力,才改变了中国社会现代化发展一度下滑的历史惯性,使社会主义现代化事业又重新进入正常的发展轨道。当代中国的法治事业就是在中国现代化发展条件下展开的,由过去习惯的一种国家或社会治理方式转换为法治的方式,比如中国社会阶级、阶层结构变化带来的变迁。中国社会原有的阶级、阶层结构比较简单,在计划经济时期集中于公有制或集体所有制两种所有制条件下,主要由工人阶级、农民阶级、干部和知识分子所组成;而现在又转化成在多种所有制条件下较为复杂的阶级、阶层结构。这个变化内涵的是社会分工的发达、社会流通的发达,使过去习惯的一种国家或社会治理方式必须转换为法治的方式。但中国的法治建设之路,是在中国特有文化条件下进行的实践,必须把握好中国的法与中国政治经济、历史文化、社会结构等的互动关系,批判对法治过于形式化、空洞化的倾向。这里,笔者赞成习近平同志的观点,即坚持道路自信、理论自信、制度自信、文化自信,其中最为根本的是文化自信。正是在这个意义上,本书就当代中国法治文明建设与传统儒学价值的关系、当代中国法治文明建设中法治与德治的关系、法治中国与法治政府建设、法治社会建设等问题进行思考。欢迎学界对本书提出的观点的批评或有更为深入的讨论。

第一章　当代中国法治文明建设中传统儒学的价值

一、传统儒学对法治文化构造的价值

一定法律所表现的文化人格,是一定国家内在文化的展现。法治建设如果忽略一定国家文化内在因素的作用,采取简单的"拿来主义"的移植,它的一个直接后果就是造成整个国家文化系统的紊乱。因此,中国法治文化的建设必须关注中国传统文化问题。而其中研究传统儒学对中国法治文化构造的价值就具有特别的意义。我们有必要考察传统儒学人文主义思想的特点,分析传统儒学对法治文化意义的立论,深入探讨传统儒学对法治文化价值的具体体现等问题。

（一）分析化的人文主义和人情化的人文主义[①]——传统儒学人文主义思想特点的思考

人文主义对法治文化的建设是基础性的[②]。中国传统儒学伦理文化是人文主义的[③],但它的表达具有特殊性。笔者注意有学者对此作了分析,指出这种学说以"人"为中心思考问题,建构学说,预设制度,宣示理想的轴心。孔子以"仁"学阐发了他的人文思想。"仁者爱人"是"仁"学的中轴、中纲,最典型地表现了仁学的人文内涵,反映了人我关系的三个方面:其一,仁者在处理人我关系的基本准则上,要严于律己,宽以待人;其二,处理日常人伦关系时,仁者

[①] 参见任剑涛:《道德理想主义与伦理中心主义——儒家伦理及其现代处境》,东方出版社2003年版,第151页。
[②] 参见李瑜青:《人文精神与法治文明关系研究——儒家伦理及其现代处境》,法律出版社2007年版,第50—71页。
[③] 参见任剑涛:《道德理想主义与伦理中心主义——儒家伦理及其现代处境》,东方出版社2003年版,第151页。

要弱己强人,对家中长者要以孝事父母,以悌尊兄长;其三,在社会关系上,要循本分做事,克尽自己的职责,不妄逞英豪,破坏人际的臣忠君原则,从而使社会于和谐中存在,于有序中发展。孟子稍后补充和完善了孔子的人文思想,孟子的贡献在于,把人之为人的本位论证作为人文思想的核心内容,他指出重人的原因是人具有不同于物性的人性。而到了宋明理学,把人的向圣性推到极端,认定做人就必须以崇高驱卑琐,以理制欲,甚至要"存天理,灭人欲"。

上述学者的观点很有价值,但其对传统儒学人文主义特点的概括缺乏合理性。该学者认为中国传统儒学的人文主义不同于西方的人文主义。近代西方的人文主义的基本要素是以个体的自由、独立为基础来建立人的至上地位,以个体的社会归属、角色作用的固定化为条件来构建人的组织机制,这种人文主义是一种分析化的人文主义。而中国传统儒学的人文主义是一种注重对人的妥帖安顿为特征的人情化的人文主义①。当然这种人情化人文主义在当时的发生又带有血缘亲情的文化色彩,人们习惯于用亲情、乡情、人情来调整人际关系。在处理关系时,尽量不伤和气。

分析是相对于综合而言的一种思维方式,而不是一种理论的特点。所谓分析即指把一个事物或现象分成若干较简单的组成部分,找出这些组成部分的本质属性和彼此间的关系等。分析作为一种思维方式,中国传统儒学在对人的研究中也是十分重视的,中国传统儒学就社会或家庭中的人际关系提出了一系列如孝、亲、仁、忠等概念,把现实生活复杂的伦理关系一一指出来,这就是一种艰苦的分析工作。因此,很难说中国传统儒学人文理论不是分析的。如果作者的意思指的是西方人文主义比较突出人的个体性,这当然很有意义,但这指向的是这种人文主义的理论倾向,是从内容上来讨论问题,我们要抓住西方人文主义的这个理论倾向,就没有必要在表达上过于模糊。

同时,我们也不能认为中国传统儒学的人文主义是人情化人文主义,这也是不严格的学术思维的话语。人文主义本身是一种学说或理论,它是对中国传统儒学文化性质作出的思维现象,说一种理论或学说是人情化的或情感化的,这不符合人类思维的规律,因为抽象的理论思维不可能是人情化或情感化的。如果说该学者的意思指的是中国传统儒学人文主义非常重视现实生活中

---

① 参见任剑涛:《道德理想主义与伦理中心主义——儒家伦理及其现代处境》,东方出版社2003年版,第151页。

的人性化的因素,那么这反映的是一种理论的学术倾向,我们有必要从学理上对传统儒学作更好的理论抽象。

(二) 传统儒学对法治文化意义的立论

法治作为一个时代命题是具有普适性的,但它在一个国家的发生又具有其地方性,包含于它的是文化。一国的法治是在文化流动中形成、发展的。我们要考虑传统儒学对法治的价值,其立论的根据在于必须承认有一种文化力的存在①。在日常生活中人们常常低估文化的意义或作用,把文化当作纯粹的法律生活的点缀品,轻描淡写地加以颂扬或评论,而在强调法律建设必要性时就简单地把法律规则、法律实施的实体物看作"刚性"的存在,没有看到这些法律规则或法律实施的实体物都是人们根据伦理、价值等观念构造的,实际上是在反映一种文化力。所谓"文化力",就是要指出文化在社会生活中从来不是一种消极被动、可有可无的存在品,它对经济、政治和人们的日常生活等,无形地在进行一种设计。文化传统越是悠久,这种设计就越是完备。在这种设计中,人们不但建立起独特的精神世界,而且往往建立起彼此相互认同的规则原理。由于文化力的这种作用,它释放出特殊的文化信号,调动起人的潜力,影响人的态度与情绪、民族的凝聚力与向心力等②。文化力的作用告诉我们,我们不可能在历史虚无主义的背景下就一国的法治进行建设,这个建设的过程必然与传统及现代文化有着千丝万缕的联系。由于无形的文化力的设计作用不以人的意志为转移,总是客观地发生影响,形成一种既定力量,如果我们对传统及现代文化不能采取一种正确的选择态度,国家的法治建设就会偏离本国现实发展的客观要求,不能满足时代的发展需要③。

法律的文化人格④的作用,使我们在进行现代法治建设时,要正确对待传

---

① 此处所说的"文化"是从狭义上使用的,指一定社会的意识形态以及与之相适应的制度和组织结构。而"文化力",是一定社会所表现的对社会发展的精神动力。
② 参见李瑜青:《论法律的文化人格作用——兼论中国信访制度的历史命运》,载李瑜青主编:《上海大学法学评论——法律文化专题研究》,上海大学出版社 2004 年版,第 3 页。
③ 参见李瑜青:《论法律的文化人格作用——兼论中国信访制度的历史命运》,载李瑜青主编:《上海大学法学评论——法律文化专题研究》,上海大学出版社 2004 年版,第 5 页。
④ "人格"一词在伦理学上指个人的尊严、价值和气质的总和,心理学上指人的性格、气质、能力等个性特征的总和,法律上指作为权利和义务主体的资格。笔者在这里则用于强调一定国家和社会的法律不是孤立的,它与其他的诸如政治、经济、道德、哲学等文化因素相互影响、相互交融地存在着,同时,法律对其他文化因素所给予的影响又是以自身独特的方式进行吸收表现的,具有自身独特的品性和风格。

统文化。这也就提出了一国法律制度的个性问题。历史的经验是值得重视的。法治建设如果忽略了民族文化的内在因素的作用,采取简单的"拿来主义",它的一个直接后果,便是造成整个社会文化系统的紊乱,社会系统中各文化力作用的相互抵消①。但学者们在注意这个问题时,一般都从西方法治史中寻求解释,强调西方文化传统、价值观念与法治的一致性如何推动了法治的发展。有学者指出,欧洲国家步入法治化是以社会自身的深厚的伦理、价值观念作为基础的②。这种分析从法治的建设对法治文化依赖的角度是很有意义的。当然,要说明这个问题,首先要强调罗马法复兴这段时期的意义。从时间上说这大约在12—16世纪,当时欧洲不少国家和自治城市先后不同程度地出现了市场经济的萌芽并有了一定规模的发展,市场经济这一新的经济形式的兴起,开始引起人们对新的经济秩序、规则的思考。研究罗马法,并将其基本原则和概念适用于法律实践的学术活动也就逐渐展开。也正在这时,查士丁尼《国法大全》的重新发现,促进了罗马法复兴运动的发展。在这个过程中,形成了注释法学派、评论法学派、人文法学派等学派。注释法学派强调对《国法大全》原文的甄别和整理;评论法学派则主张对《国法大全》的法理阐释和实际运用的结合,从罗马法理学中去发现适合新时期需要的规则;人文法学派将人文主义思想贯彻于法学研究中,把法律研究和人的价值的研究相结合。当时文艺复兴产生的人文主义运动、宗教改革运动等所主张的伦理、价值思想为法治思想的建构提供了重要的资源,如:由罗马法私法体系所明确规定的个人的权利和义务系统;人文主义运动主张的个体自由、人格尊严、世俗生活的价值等伦理学说;宗教改革提出的人人在上帝面前的平等、禁欲、勤俭,为上帝尽责的宗教意识;等等。

但在涉及中国法治的发展与中国传统文化尤其是传统儒学文化的关系时,学界谈得更多的是中国传统文化尤其是传统儒学文化反法治的因素,把两者简单地加以对立。如有学者认为,中国传统社会是建立在以宗法血缘为纽带的家庭关系之上的,"国"只是家的放大,"家"不过是国的缩小,国与家的关系、君与臣的关系是家庭关系、父子关系的延伸,人们习惯于在温情脉脉的伦理道德纱幕中生活,人与人之间的社会关系完全情感化、伦理化与道德化。这

---

① 参见李瑜青:《论法律的文化人格作用——兼论中国信访制度的历史命运》,载李瑜青主编:《上海大学法学评论——法律文化专题研究》,上海大学出版社2004年版,第5页。
② 参见蒋先福:《法治的文化伦理基础及其构建》,载《法律科学》1997年第6期。

种社会心理沉淀的结果,使人们陶然于伦理亲情,钟情于对现实人际关系的把握,并从中获得心理上的满足。同时在传统法文化中"法即刑"的观念深入人心,《唐律疏义》释:"律之以法,文虽有殊,其义一也。"《尔雅·释诂》云:"刑,法也。"汉郑昌曰:"立法明刑者,非以为治,救衰乱之起也。"(《汉书·刑法志》)明顾炎武言:"法制禁令,王者之所不废,而非所以为治也。"(《日志录·法制》)宋苏东坡诗云:"读书万卷不读律"。这种"法即刑"的法律文化造就了民众在内心情感上自发地排斥法律,这种心灵上的厌恶与排斥无法形成公众对法律信仰的原发的动力。如此一个传统文化资料,对我们今天的法治建设还有没有意义?

中国的文化历史真的缺乏法治所需要的伦理、价值因素?其实历史留给我们的东西是复杂的,固然中国在过去的发展中与西方的发展所表现的文化模式有很大的差异,而传统儒学的文化在道德文化和伦理文化上表现得特别发达,但从我们今天法治建设的角度来看,它所存在的问题是把某种道德和伦理的因素的作用绝对化或夸大化,但这些道德和伦理的文化因素与法治的文化因素并不是截然对立的。我们看到40年来的改革开放,中国从封闭走向开放,中西方经济、文化交流日益频繁。但是由于中西方在经济上存在着较大的落差,使一些人提出全盘西化的观点,对自己民族的文化缺乏起码的自信心。这种观点在法学研究中也时有表现,如果影响到当代中国法治建设,将会产生很大的消极后果。其实持有这种文化观的人在认识论上有一种误解,即把时代性和民族性这两种因素混淆了[1]。就西方现代文化而言,也是现代化了的具有西方传统的文化,其中蕴含着具有永恒性与人类性的成分,可供其他民族发掘采用,也有合乎时代的成分供别人参照吸取,但不等于说可以无条件地适用于其他现代化的民族和国家,因为它还有独特的民族性的一面[2]。因此,英国著名史学家汤因比曾这样说:一种文明系统中不会有致害甚至会致富的因子,一旦跳离这一文明框架的制约而参与到另一个文明系统中,就有可能对这一文明系统产生致命的危害,因为这一文明中没有制约它的相对的机制,因而"一个人的佳肴,完全可能成为另一个人的毒药"[3]。

---

[1] 参见李瑜青:《论法律的文化人格作用——兼论中国信访制度的历史命运》,载李瑜青主编:《上海大学法学评论——法律文化专题研究》,上海大学出版社2004年版,第5页。
[2] 参见岳介先主编:《世纪的交融与选择——现代西方人本主义价值观人生观与我国当代青年》,安徽大学出版社1997年版,第296页。
[3] 参见岳介先主编:《世纪的交融与选择——现代西方人本主义价值观人生观与我国当代青年》,安徽大学出版社1997年版,第297页。

当然，我们应当承认，中国真正意义上的法治建设是在经历了"文化大革命"的动乱之后，在总结历史经验的基础上进行的一项创新实践活动。正如有很多学者在反思当代中国的发展时所提出的，如果没有20世纪70年代末80年代初的思想解放运动，没有对"文化大革命"极左路线的否定，没有人们对社会主义文化和伦理的基础精神的重新思考和解释，没有对西方发展道路的重新评价，就不可能有当代中国法治建设的实践问题[1]。这可以看作中国人正在进行的继五四新文化运动之后新一轮的文化反思，它涉及政治上的不断完善社会主义民主的任务，经济上的建立和完善社会主义市场经济秩序的目标以及对过去实行的高度集权的经济政治体制的否定，而形成对建立和完善社会主义法治的高度重视。与此相联系，在哲学和以它为集中表现的精神文化领域内，出现了对实践是检验真理的标准这一马克思主义基本原理的重新推崇，对认识领域和历史哲学中的主体性理论的强调，这些都为中国法治建设的兴起和发展做了奠基性工作。我们面临的一个重要任务是如何使中国的法治建设与中国传统文化相结合，走出有中国特色的法治之路。正是在以上问题的基础上，我们有必要思考中国传统儒学与法治文化的结合问题。

(三) 传统儒学对法治文化价值的具体体现

不同国家由于文化传统的不同，使得法治文化的构造存在差异。笔者研究发现，以权利保障为入手点是西方法治文化的特点。西方法治的思想由人文主义思想所伴随，但其发展的表达基本上是围绕权利保障展开的[2]。而传统儒学人文学说在治国原理上更关注的是人的主体至善，中国的法治文化建设自然应把人的主体至善作为重要内容。

提出这个观点，并不是赞成学界流行的看法，认为传统儒学在治国主张上是反法治的。其实历史上儒学一直十分重视治道，法治可以说是治道的重要内容。在分析法治与传统儒学人文文化关系时，笔者赞成有的学者的观点，应尝试从法治要素的角度去讨论问题[3]。所谓要素即构成事物的必要因素，但对法治的要素学界有不同的看法。依照亚里士多德的观点，其有两个方面，即成立的法律得到普遍的服从，而大家所服从的法律应该本身是制定得良好的法

---

[1] 参见蒋先福：《法治的文化伦理基础及其构建》，载《法律科学》1997年第6期。
[2] 参见李瑜青：《传统儒学与法治理论关联性的特点》，载《学术研究》2010年第1期。
[3] 笔者注意到这个观点在国内是夏勇先生较早提出并做了一定分析的。

律。1959年，国际法学家会议在印度新德里提出了一份法治宣言。在这份宣言中，对法治要素突出表达为两个方面：其一，无论法律的内容如何，国家的一切权力都应该要根源于法，而且要依法行使；其二，法律本身应当以尊重人性尊严这一崇高价值为基础。后来学者们把程序公正也纳入法治要素中。① 而英国学者沃克在其 *The Rule of Law: Foundation of Constitutional Democracy* 一书中，对法治的要素做了更细致的分析。依照沃克的观点，法治的要素可以具体归纳为：法律必须是可预期的、公开的和明确的；法律应该是相对稳定的；应该是在公开、稳定、明确而又一般的规则的指导下制定特定的法律命令或行政指令；必须保障司法独立；当法律不能够引导行为时，应该遵守像公开审判、不偏不倚那样的自然正义原则；法院应该有权审查政府其他部门的行为以判定其是否合乎法律；在法院打官司应该是容易的；不容许执法机构的自由裁量权歪曲法律；等等。但法治的诸要素无论在观念上还是在制度上都有一个形成的过程。儒学讲究仁义道德，坚持以仁义精神感染法律。以道德原则支配法律，这是法治所要解决的根本问题之一，即解决法律的道德基础问题。有学者在分析儒学与法律的关系时，特别强调儒学使法律道德化问题并加以批判。我们有必要重新审视这个问题。儒学的主要问题，是在试图把仁、义、礼、智、信的基本要求转化为普遍规范的同时，没有转化为任何个人都可以主张的个人权利，而是走出了一条不同于西方法治文明的道路。但在研究中国古代法律思想时，学界存在这种现象，即用西方的概念来做度量衡，如我们都承认中国古代出现过法治的提法，但并没有所谓"现代意义上的法治思想"。在小农经济和儒学文化占主导地位的专制主义国家，既没有出现法治，也不可能出现法治思想，这实际是用西方的理论普世化了，没有注意到法治的治国之道，实际还是存在制度的"地方性"问题。对儒学所表达的人文文化理论，从治国的角度而言，有它不同于西方的思维路径，这种思维路径从今天建设法治文化而言，其是以特有的方式在丰富法治的治国观点。儒学的一个特点是看重至善的价值，认为防恶是可以通过启发人的内心、人的主体的自觉而实现的，因此对具体制定人与人相防相制的外在强制规则并不重视。正如《礼记·礼运》所述："大道之行也，天下为公。选贤与能，讲信修睦。故人不独亲其亲，不独子其子；使老有所终，壮有所用，幼有所长，鳏、寡、孤、独、废、疾

---

① 参见李瑜青主编：《法理学》，上海大学出版社2005年版，第155页。

者皆有所养。男有分,女有归。货恶其弃于地也,不必藏于己;力恶其不出于身也,不必为己。是故谋闭而不兴,盗窃乱贼而不作,故外户而不闭。是谓大同。"但一个极端的思想观点可以经过修正后成为当代有特色的理论。

如此,我们要分析传统儒学治道的逻辑。传统儒学理论的形成,与当时时代的问题有密切的联系。这些哲人均生活于春秋战国的乱世,当时"社稷无长奉,君臣无常位",他们试图运用自己的学说去影响世人,以结束当时的战乱,建立有序的社会。但在如何实现国家的治理上,传统儒学主张要以人的主体至善为根本,靠"道之以德,齐之以礼"的手段。为此,孔子指出:"道之以政,齐之以刑,民免而无耻;道之以德,齐之以礼,有耻且格。"(《论语·为政》)孟子也说:"善政不如善教之得民也。善政,民畏之;善教,民爱之。善政得民财,善教得民心。"(《孟子·尽心上》)"以力服人者,非心服也,力不赡也;以德服人者,方心悦而臣服也。"(《孟子·公孙丑上》)荀子则在《议兵》中对孔孟的上述观点作了充分的展开和发挥,他说:"凡人之动也,为赏庆为之,则见害伤焉止矣。故赏庆、刑罚、势诈,不足以尽人之力,致人之死……故厚德音以先之,明礼义以道之,致忠信以爱之,尚贤使能以次之,爵服庆赏以申之,时其事,轻其任以调齐之,长养之,如保赤子,政令以定,风俗以一。"

在儒学的思想逻辑上,人的主体至善中统治者要起率先示范的作用。这是因为政者地位及道德楷模作用使然,孔子说:"政者,正也。子帅以正,孰敢不正?"(《论语·颜渊》)"其身正,不令而行;其身不正,虽令不从。"(《论语·子路》)"子为政,焉用杀?子欲善而民善矣。君子之德风,小人之德草,草上之风必偃。"(《论语·为政》)孟子也说:"君仁,莫不仁;君义,莫不义;君正,莫不正,一正君而国定矣。"(《孟子·离娄上》)荀子说:"君者,仪也,仪正而景正;君者,盘也,盘圆而水圆;君者,盂也,盂方而水方。"(《荀子·君道》)

同时,传统儒学还强调要注重每个人的道德修养。这是因为修德可以造成"人禽之别",就邦国而言则成就"夷夏之别"。因此,虽然在"人性"问题上,孟子主张"人性善",荀子认为"人性恶",目标却是一致的,都认为要区别人禽的不同,孟子强调人的"先天禀赋"的作用,荀子则肯定"后天"教育的价值。

传统儒学强调治道的人的主体至善为本的思想有如下几个特点值得关注:

第一,以道德理想作为治国的根本。所谓的道德理想,即儒学主张的道德学说。传统儒学把这种道德学说适用于政治、法律等领域,以道德作为规范君主行为、治理国家社稷、管理庶民百姓的一种根本的治国之道。

第二，把对社会或他人的义务作为思考的基础。从传统儒学理论的一些核心范畴中，我们可以看到这样的思维特点。如仁，传统儒学认为所谓仁即爱人。从仁出发，要求从亲其亲，做到孝悌慈祥。由爱自己的亲人推及爱其他的人。乃至"杀身为仁，舍己为人"（《论语·卫灵公》）。传统儒学把"礼"看作为社会规范，主张要隆礼、敬礼、释礼、讲究礼节、礼数、礼让，仁义是礼的基础。如义，在义利关系上所要反映的是利他主义的价值取向，主张要"见利思义"，"见德思义"、"君子义以为上"、"君子喻于义，小人喻于利"。

第三，人的自我超越为人生动力。传统儒学文化是富有理想主义色彩的，它追求人的自我完善，强调以道德塑造人的理想人格的重要性。其中突出表现在传统儒学所谓的"内圣外王之道"。"内圣"指人的主体的内在修养，对理想人格的追求；"外王"指把主体内在修养的所得，推广于社会，使天下成为一个和谐的大同世界。儒学中还有"三纲八目"的提法，"三纲"指明明德、亲民、止于至善。明明德是说对"明德"及人伦规范进行哲学认知，明明德向后可以"亲民"、可以"止于至善"。至善，既是道德上的至高境界，也是政治上的最高理想。"八目"指格物、致知、正心、诚意、修身、齐家、治国、平天下。其中格物、致知是哲学上的认知，正心、诚意、修身是道德修养，齐家、治国、平天下是政治实践。强调人的道德修养，自我超越，是传统儒学思想的重要特征。

二、传统儒学"和"的理念及其作为正义思想的价值

传统儒学与法治理论并非简单相排斥，而是可以相融的。这种相融不只是传统儒学对法治理论某种要素予以了强调，而且可以产生知识的增量，这种知识的增量反映的是中国文化在这个方面可能对世界或人类具有的独特贡献，是真正意义上的中国创造。

（一）传统儒学以"和"的理念表达的正义思想

传统儒学人文思想所包含的正义观点可以从多方面入手分析，这里集中从其"和"的理念进行探讨。当然，"天人合一"是传统儒学的理论基础，但与"和"的理念相联系，笔者赞成有学者的观点，即传统儒学肯定天道、人道、和道这三个思想要素是作为同一种道而存在的。天道的意蕴在人道中得以反映，在和道中得以终结，人道的追求在天道中获得根据，在和道中得以作用。儒学

关于天、人的讨论为和的理念的形成提供了基础,同时,借助和道,天道与人道彼此印证,相互促成,共同实现①。

其实和的思想在中国古代很早已产生,传统儒学却予以了更丰富的思想内容。有学者考证,"和"最早出现在青铜铭文中,写法为"龢",甲骨文中"龢"这个词的右边傍指的是一种乐器,《说文解字》解读"龢"为"和众声"。从音乐的角度看,"和"被看作不同元素的一个结合过程,并由此形成一个新的统一体②。但传统儒学在说明和的思想时,有了多方面新的解读:

第一,传统儒学有意识地把"和"与"同"相区别。认为对某一个事物简单的复制是"同",而"和"是创造新事物。孔子明确指出所谓"君子和而不同,小人同而不和"的命题。他认为,"同"是一种无原则、无是非的观点。作为君子要坚持"和而不同"的立场。

第二,仁者爱人。"和"不仅是一种看问题的方法,也是仁爱的一种内在精神反映③。仁是传统儒学由人本身引申的道德要求,它要求人们以仁为本,相亲相爱,反映出人对自我本质的理解。传统儒学认为,人总是在与他人相处中而存在,仁者爱人是人与他人相处的基本立场,和就是体现做人的这种立场。就具体的行为表现而言,则是要讲"忠恕"之道,在考虑问题时要把自己与他人联系起来,把他人看作与自己一样的人,做到"己欲立而立人,己欲达而达人"(《论语·雍也》),"己所不欲,勿施于人"(《论语·卫灵公》)。

第三,以义而行。"义者宜也"是"和"内涵的又一重要的思想。这里所谓的义,按传统儒学的观点,指思想行为适宜,符合当时的道德要求即礼仪、正义④。义利关系是传统儒学一对重要的思想范畴,其涉及物质生活与道德生活的关系或个人利益与国家利益的关系。传统儒学的观点是明确的,主张以重义轻利、先义后利为行为取舍的标准。这也是"和"的价值选择。因此孔子说:"礼之行义,义以生利,利以平民,政以大节也。"(《左传·成公二年》)"君子谋道不谋食。"(《论语·卫灵公》)"君子忧道不忧贫。"(《论语·卫灵公》)孟子也要求人们"居仁由义"(《孟子·尽心上》),指出:"大人者,言不必信,行不必果,惟义所在。"(《孟子·离娄上》)荀子也说:"正义所在,不倾其权,不顾其利,举

---

① 参见姚新中、朱辉宇:《儒学和之道的诠释与反思》,载《伦理学研究》2006年第3期。
② 参见姚新中、朱辉宇:《儒学和之道的诠释与反思》,载《伦理学研究》2006年第3期。
③ 参见皮伟兵:《"和为贵"的政治伦理追求》,上海三联书店2007年版,第85—86、110页。
④ 参见岳介先主编:《世纪的交融与选择——现代西方人本主义价值观人生观与我国当代青年》,安徽大学出版社1997年版,第349—350页。

国而与之不为改视,重死持义而不桡,是士君子之勇也。"(《荀子·荣辱》)

第四,以礼为先,礼仁合一。以礼为先是"和"内涵的又一重要思想。在传统儒学中,礼与法不同。法主要依靠的是国家强制力来维护社会的秩序和制度,而礼所依赖的是人们道德上的自觉,重在社会公共生活中人际关系的协调①。礼属于道德范畴。传统儒学重视礼与仁的关系,孔子认为,"礼"因"仁"而设,"人而不仁,如礼何?人而不仁,如乐何?"(《论语·八佾》)"仁"是"礼"的基础,"礼"是"仁"的外在表现。但"礼"有很重要的功用,荀子指出"礼"可以"化性起伪","以矫饰人之情性而正之,以扰化人之情性而导之"(《荀子·性恶》)。传统儒学在礼与仁的相关联的基础上强调"礼"与"和"的内在关系。孔子在《论语·学而》中有句话充分表达了"礼"与"仁"的关系,他指出:"礼之用,和为贵。先王之道斯唯美;大小由之,有所不行,知和而和,不以礼节之,亦不可行也。"这说明礼作为一种对人的行为规范,其存在或运行的实质在于追求人际关系的和谐,"和"是"礼"追求的内在精神和价值基础所在。

"和"以天人合一为基础,在其社会实践的意义上内含了传统儒学的正义理想。这具体表现在以"和"的理念调和对立、化解矛盾、规避紊乱、建立秩序等。而在化解矛盾方面,笔者赞成有学者的观点,其中突出有三种方式:

一是通过完善人性及提倡德行修养来追求自身与他人之间的和睦与融洽。依传统儒学的观点,冲突总发端于个人与他人之间的需求关系,但"和"要求对自我与他人的需求作适当的安排。人从本质上不是孤立的存在,要处理好与他人的关系,就不能只考虑自身的利益、满足自身的需求,而应以个人的自身品行和个人的修养作为起点,通过将自身德行扩充至他人而达到与他人的和谐相处。这是君子与小人的区别所在。君子往往知晓什么是正当或正义的,并将之扩张于他人。但小人却只满足于自己的一己利益,而不顾他人的利益和要求。因此,和是一种美德的表现。

二是通过强调家庭成员间的相互责任来追求"和"。传统儒学特别重视家庭作为社会有序基础的作用,孟子认为"人人亲其亲,长其长,而天下平"。而家庭关系在儒学文献中有三个层面,即父母与子女,丈夫与妻子,长兄与幼弟。其中父母与子女的关系是最为重要的。尽管在这里儒学的观点在某种程度上存在愚孝的现象,但仍然有不少积极的思想养料,提供给我们在新的历史时期

---

① 参见皮伟兵:《"和为贵"的政治伦理追求》,上海三联书店2007年版,第85—86、110页。

作所需要的思考。

三是在社会管理上重视人和的观点。依照儒学的思想,国是家的扩张和放大,君主和民的关系等同于父与子的关系。主张人生的价值和意义在于追求高尚的美德如仁、义、忠,而非单纯的荣华富贵。要使国家摆脱冲突,人们应"不患寡而患不均,不患贫而患不安"(孔子语)。"和"所反映的人们之间相亲相爱的原理在于:君臣相爱;君民相亲;各守其业;各安其分;伦理亲和;讲义守信;安宁有序。于是这个社会就形成如此的局面,人们以"天下为公,选贤与能,讲信修睦。故人不独亲其亲,不独子其子,使老有所终,壮有所用,幼有所长,鳏寡孤独废疾者皆有所养,男有分,女有归,货恶其弃于地也,不必藏于己;力恶其不出于身也,不必为己,是故谋闭而不兴,盗窃乱贼而不作,故外户而不闭,是谓大同。"(《礼记·礼运》)

(二) 法治的正义理论及西方学界所达到的理论水平

正义理念是法治的重要思想内容。传统儒学以天人合一为基础的"和"的思想与法治的正义理念具有相融性。但我们首先要分析何为正义的理念及在西方法学发展史上所达到的理论成就。

正义一直以来被认为是人类社会的一种最基本的价值理想和价值目标。法治的正义即要求现代国家的治理应是善治。从词意的角度看,英文 justice 一词有公平、公道、合理、公理、正义、法律制裁、司法、审判等含义[①]。在中国,古代汉语中的公、正、直、平、义等词的含义相当于现代汉语中的正义一词。作为善治其价值目标是良序社会。用罗尔斯的观点,这起码要表达三个意思:第一,在该社会中,每一个人都接受且知道所有其他的人也接受相同的正义原则;第二,它的基本结构——也就是说它的主要社会制度和政治制度以及这些制度如何共同适合于组成一个合作系统——被人们公共地了解为或者人们有理由相信它能满足这些原则;第三,它的公民具有正常有效的正义感,所以他们一般都能按照社会的基本制度行事,并把这些社会基本制度看作是公正的[②]。法治文明对正义理念具有依赖性,没有正义不可能形成法治的良序社会。

---

① 参见吕世伦、文正邦主编:《法哲学论》,中国人民大学出版社 1999 年版,第 463 页。
② [美] 约翰·罗尔斯:《政治自由主义》,万俊人译,译林出版社 2000 年版,第 36 页。

就正义理念与法律的内在关系而言,正义是法律的一种价值目标,也是法律的一种价值评价标准。同时法律是实现正义的一种方式,法律正义是正义的一种形式。正如博登海默所说的:"正是正义概念,把我们的注意力集中到了作为规范大厦组成部分的规则、原则和标准的公正性和合理性之上。"①法律正义从内容上看,包括实体正义、程序正义、分配正义、矫正正义等。

对正义的追求是西方法治思想发展的重要内容。但正义的概念在古希腊时还在定义中,具有不明确性。以正义观为核心是柏拉图法哲学思想的重要特点。柏拉图认为正义是最高层次的品质,它体现为善和守本分,各尽其职。在《理想国》一书中,柏拉图对这一观点作了论证,认为凡是符合城邦全体人们利益的政体都是正义的。亚里士多德则认为,正义是隶属于善的道德品质。正义是指人的实施的正当行为和以正当的方式行事。具体来说,它表现为分配的正义和纠正的正义。但从本质上说,正义要符合自然法的精神。因此他说:"自然的正义在任何地方都具有相同的效力,并且不依赖于接受,法律的正义是指那些制定时可采取不同形式,一旦制定后便具有决定意义的正义。"②

但正义思想的讨论在斯多葛学派中有了新的发展,这就是提出"人的基本的平等"的概念。柏拉图和亚里士多德在他们的论述中虽然也多次提出正义要符合全体人民的利益为依据,但这个人民的利益是具有城邦性质的,这个城邦的奴隶等也不在这个范围之内。而斯多葛学派从其哲学理念出发论证了人人平等和世界大同的主张,声称要建立一种"国际城邦",维护一种普遍的、建立在理性基础上的正义秩序和法律。斯多葛学派的正义思想对古代罗马法的发展产生了深刻的影响,使得罗马法的理论较完整地表达了自然法的学说。因此,古罗马思想家西赛罗说:"实际上有一种真正的法——即正确的理性——是符合自然的,适用于所有的人,是永恒不变的。这种法用它的命令召唤人们履行其义务,根据它的禁令,阻止人们做错事。它的命令和禁令总是影响善人,对恶人毫无作用。通过人类立法使这种法无效在道德上从来都不是正确的,限制它的适用是不允许的,企图使它完全失效更是徒劳……"③这样"一种法,永恒不变的,在任何时候对任何人都有约束力。并且过去如此,将来

---

① [美]埃德加·博登海默:《法理学——法哲学及其方法》,邓正来、姬敬武译,华夏出版社1987年版,第238页。
② Aristotle, *Ethes*, Cambridge University Press, 2000, p.189.
③ Ciceroon, *the commom wealth*, Cloth Dresden Classical Press, 1983, pp.215-216.

依然如此,人类只有一个共同的主人和统治者,他就是上帝,他才是这种法的制定者、解释者和保证人。"①

西方社会正义思想在经过中世纪的长期"冬眠"之后,从16世纪末开始,随着各国社会政治、经济改革的兴起,又步入了新的一页。这其中突出的是经过文艺复兴运动、思想启蒙运动等的影响,正义开始逐步表现为人的个体的独立和自由为核心的理念。英国的洛克、法国的卢梭、德国的康德、黑格尔等都以自身理论独特的方式,主张人的自由和独立为正义中的唯一价值。洛克在考问人们政治生活发生的逻辑过程时,提出了人的自由、平等、享有支配的财产的自然权利是不可剥夺的。人们组织起来过社会生活时,转让出部分权利来由政府掌管。如果政府违背了社会契约的目的,人们就有权废除契约并成立新的政府。维护个人的独立和自由是自然法的内在正义的真谛。卢梭认为人生来自由,但进入社会状态后,却无所不在枷锁中。因此他的研究,"要寻找出一种结合的方式,使它能够以全部共同的力量来维护和保障每个结合者的人身和财富,由于这一结合而使每一个与全体相结合的个人只不过是服从自己本人,并且仍然像以往一样自由"②。由此论证了人民主权的思想。正如洛克所说:"我们是生而自由的,也是生而有理性的。"③"处在社会中的人的自由,就是除经人们同意在国家内所建立的立法权以外,不受其他任何立法权的支配;除了立法机关根据对它的委托所制定的法律以外,不受任何意志的统辖或任何法律的约束"④。洛克、卢梭们的天赋人权为核心内容的自然法思想注入美国1776年的《独立宣言》、1787年的美国宪法以及法国1789年的《人权宣言》和1791年的法国宪法。

康德、黑格尔法学理论也反映西方近代主张人的自由和独立的正义思想。康德的法学思想中,把"自由意志作为正义的基础"。他认为国家拥有立法权、执法权和司法权三种权力。立法权要体现人民的联合意志。国家的成员叫公民,公民享有宪法性自由、公民平等和政治上的独立的权利。正义既是人类自由意志的体现,又是其自身。黑格尔法学思想的核心理念是"绝对精神"。他认为法的观念就是意志自由。"法的基础一般说来是精神的东西,它的确定的

---

① Ciceroon, *the commom wealth*, Cloth Dresden Classical Press, 1983, pp.215－216.
② [法]卢梭:《社会契约论》,何兆武译,商务印书馆1973年版,第23页。
③ [英]洛克:《政府论(下篇)》,叶启芳、瞿菊农译,商务印书馆1964年版,第38页。
④ [英]洛克:《政府论(下篇)》,叶启芳、瞿菊农译,商务印书馆1964年版,第16页。

地位和出发点是意志。意志是自由的,所以自由就构成法的实体和规定性"①。这种法的理念(即意志自由)经过直接定在、反思和统一这三个环节构成了法哲学(客观精神)发展的全部内容。

正义思想进入当代以后,其思想内容又呈现出新的特征。其中突出的是与利益相结合,以边沁、密尔、奥斯丁等人为代表的功利主义法学、利益主义法学、社会法学等流派的法学家在这个方面做了大量的研究和论证。边沁断言,正像自然界有自己的规律一样,人类也有自己的规律,人类的规律就是"趋利避害"。这是正义的基础。他说:"所谓功利,意即指一种外物给当事者求福避祸的那种特性,由于这种特性,该外物就趋于产生福泽、利益、快乐、善或者幸福,或者防止对利益攸关之当事者的祸患:痛苦、恶或不幸。"②奥斯丁认为,对于实在性来说,功利是绝对的普遍性原则。所有的法律和规则都是严格地普遍地建立在功利基础之上的。人类所以需要法,就是因为它有用,它能给人类带来功利。不仅法律是这样,政府也莫不如此。遵循功利的原则便能给人类带来幸福,即是正义。历史法学派不赞成对法律的利益作抽象的分析,认为法是"民族精神"和"民族共同意识"的体现。这里所谓的"民族共同意识"实际指的是各个民族的不同个性,这个个性的总和是这个民族的共同性格,也就是这个民族的"共同意识"。法律的利益是有历史性文化内容的。社会法学派则特别关注法律利益的实现。庞德把利益分为个人利益、公共利益、社会利益三类,这三类利益还可以深入分析,但认为不同利益之间必然会发生各种各样的冲突。法学家的一个主要的任务就是要论证法律的价值原则,即研究对各种利益进行评价的准则或尺度。法律的目的在于正义,但正义并不是指个人的德行,也不是指个人之间的理想关系,而是指一种体制或对利益关系等的合理安排。法律并不产生任何利益,法律的根本任务或作用在于承认、确定、实现和保障利益③。

(三)传统儒学以"和"的理念作为正义的价值

笔者肯定西方学者在法治正义思想上所做的贡献,但传统儒学以天人合

---

① [德]黑格尔:《法哲学原理》,范杨等译,商务印书馆1982年版,第10页。
② 参见周辅成:《从文艺复兴到十九世纪资产阶级哲学家政治思想家有关人道主义人性论言论选辑》,商务印书馆1966年版,第583页。
③ 参加[美]庞德:《通过法律的社会控制 法律的任务》,沈宗灵、董世忠译,商务印书馆1984年版,第88—89页。

一为基础的"和"的理念也对正义思想作出了独特的理解,它是典型的中国制造。当然,我们在这样思考问题时,并不是没有意识到其实传统儒学在历史上并非作为法治的文化系统表达的,但就像儒学思想在历史的演进中总在自我调整一样,法治理论也应当是开放的,法治理论在历史的发展中需要吸纳各种具有积极意义的理论和思想。同时,法治理论在历史上的发展,又总以各个国家民族内容和时代内容相结合的方式实现的。笔者在这里试图从两个方面来揭示或说明传统儒学以"和"的理念作为正义的价值。

1."和"与正义关系分析

如前所述,法治作为现代国家治理的一种善治方式,其价值目标是良序社会。而正义理念是法治的首要价值和最高价值。传统儒学以天人合一为基础的"和"的理念是正义思想的一种表达方式,这是有中国文化特色的,即强调在社会治理中以重视人"和"作为最高的境界。

正义在思想史上有丰富的内容,传统儒学"和"的思想有其特殊性。"和"在传统儒学中是人际行为的尺度,也是其目标所在。孔子指出:"礼之用,和为贵。先王之道斯为美。"(《论语·学而》)孟子也说:"天时不如地利,地利不如人和。"(《孟子·公孙丑》)荀子更是直接道出了"和"的实际功用:"和则一,一则多力,多力则强,强则胜物。"(《荀子·王制》)但"和"的重点在于实现人际关系的有序,人们的生活欢愉。在传统儒学认为这包含有两个方面的内容:一是要积极化解人们之间可能的矛盾和冲突,不主张人际关系由于对利益的过于强调而搞得紧张或矛盾激化,因此孔子说:"听讼,吾犹人也。必也,使无讼乎。"(《论语·颜渊》)二是指社会成员之间能互相理解和沟通,彼此信任,协作共赢。用荀子的话说:"和则一,一则多力,多力则强,强则胜物。"

为实现人际关系的"和",孔子从义出发,提出了忠、信、行的具体要求。孔子指出我们要"见利思义","君子喻于义,小人喻于利"(《论语·里仁》)。人际相处中的忠、信、行三者不可分割。无忠则无信,无信则无行。看一个人要"听其言观其行"(《论语·公冶长》),待人要"言必信,行必果"(《论语·子路》),做人要"忠而有信"(《论语·学而》)。"和"的目的是使人们在遵守共同的行为规范的同时,要以人与人之间的相亲相爱的关系作为处理问题的原理,具体如君臣相爱、君民相亲、各安其分、伦理亲和、讲义守信、安宁有序等。虽然传统儒学的上述观点有着特有时代的思想成分,因此是有局限性的,但剥除那些作为时代局限性的具体内容,在正义的思想成分上却增加了新的要素,这个新的要素就是当每个个体在强调自身正当利益时,不能只是站在自身的立场,人的利益需求要有仁、义等思想成分;在与他人发生利益矛盾时,对纠纷的另一方要以仁相待,"仁者爱人",不斤斤计较而以人"和"为最高的思想境界。

2. 从良法向和谐之法的超越

传统儒学"和"的正义观点,使依法治国所主张的良法之治向和谐法治超越。依法治国是一个中性词,类似的提法在历史上已有人提过,如中国古代的管仲就主张"以法治国"。因此,具体情况要具体分析。依法治国应当是良法治国,这才是问题的实质。据考证,历史上亚里士多德就提出过法治和良法结合的观点,他说法治应当包含两重意义:已成立的法律获得普遍的服从,而大家服从的法律又应该本身是制定得良好的法律……就服从良法而言,还得分别为两类:或乐于服从最好而又可能定立的法律,或宁愿服从绝对良好的法律①。后来的学者对良法有了更明确的解释或分析,如提出良法就是人民利益所需而又清晰明确的法律②,毫无疑问,依法治国作为治国的基本方略,维护社会秩序,保障社会长治久安是其基本的价值追求。但还是不完整的,因为秩序只有以正义、人权为基础才能得以维护;离开社会正义的长治久安实际上是不坚固的。强权不是真理,任何违背人民利益的秩序总是不长久的③。但依法治国与良法相结合,并不是一个就事论事的问题,其中内涵了法治的基本价值取向,即法治要追求的是一个社会的和谐,要建构的是和谐之法。

而传统儒学以天人合一思想为基础所主张"和"的正义可以提升法治的思想境界,其中"和"的观念内容极为丰富④:孔子说"和无寡"(《论语·季氏》),一个国家的强弱,决定性的因素不是人口的多少,而是君臣、君民关系的协和。有学者指出,"和"既有天道观的意义,也有人道观的内涵。从人道的意义上,"和"表现为人们交往的伦理原则或价值观念;从消极的方面看,"和"要求通过主体之间的相互理解、沟通,以化解紧张、抑制冲突;从积极的方面看,"和"则意味着主体之间同心同德、协力合作。在以上关系上,特别值得注意的是"和"在已有的制度层面运作的意义。"礼之用,和为贵"是传统儒学的名言,这里礼本来涉及的是制度层面如仪式、政令、相处方式等的运作,但儒学却将这种制

---

① 参见[古希腊]亚里士多德:《政治学》,吴寿彭译,商务印书馆1965年版,第199页。
② 参见[英]霍布斯:《利维坦》,黎思复译,商务印书馆1995年版,第271页。
③ 参见李龙:《良法论》,武汉大学出版社2005年版,第6页。
④ 参见杨国荣:《儒家"和"的观念及其内在意蕴》,载朱贻庭主编:《儒家文化与和谐社会》,学林出版社2005年版,第82—83页。

度的运作与"和"这样的伦理原则相联系,强调礼的作用过程,贵在遵循、体现"和"的原则。换句话说,这里指出在体制、组织背后人与人之间关系的意义,以"和"的原则达到彼此的相互理解与沟通,从而消除冲突、同心协力。

这样思考问题,对法治社会建设就提出太多值得我们讨论的问题。如从"和"的境界来看法治建设,如何处理发展与稳定的关系,依法办事与促进良好的社会人际关系的形成的关系,书面的法与行动的法的关系、诉讼与非讼的关系等。从现实社会发展来说,比如我们改革开放近40年的发展中法治的建设虽取得不少成就,但一个不争的事实是社会不平衡的加剧,不和谐的现象越发严重:城市差距拉开,二元结构明显,1978年我国农民人均年收入与城镇居民相比是1∶2.38,2004年则达到1∶3.2;东西部差距明显,以上海与贵州人均GDP相比,1978年为9.1倍,2003年为12.9倍,基尼系数显示1978年为1.8,2005年达到0.458,已超过国际警戒线[①]。法治的建设不能游离于社会现实所存在的矛盾之外,法治的运作最为重要的是要促进社会的和谐发展。中国传统儒学"和"的思想,使我们必须站在一个新的历史的高度来思考法治问题。

三、法律与文化互动的三点思考——以传统儒学与中国法治建设关系为切入点

中国的法治建设之路,是在中国特有文化条件下进行的实践,必须探讨如何把握好中国的法律与文化的互动问题。对法治过于形式化倾向予以批判,是把握好法律与文化互动首先要解决的问题。同时法律不仅在自身的内部实现着文化的流动,它还与社会其他文化一起实现着文化的流动。因此,一个国家的法律,其自我表达总是具有个性化的特征,是以具有浓烈的地方性知识形式反映的一种社会规则。如此,必然深深地影响一国法治的存在方式。这是把握中国的法律与文化互动又一个重要方面。此外,治道以人的主体至善为根本,以强调人的主体至善为基本路径,也许是中国法治在中国文化中流动表现的特殊性之所在,这是把握中国法律与文化互动的又一个重要方面。

---

① 参见上海市邓小平理论和"三个代表"重要思想研究中心编:《科学发展·和谐社会——科学发展观与构建社会主义和谐社会研讨会文集》,上海人民出版社2005年版,第79—91页。

(一) 对法治过于形式化倾向的一种批判

笔者认为这是中国的法治建设把握好法律与文化互动首先要予以解决的问题。一国的法治是在文化流动中形成、发展的。在法律的研究和实践中,我们必须摆脱对法治作过于形式化理解的倾向。

中国法学对法治过于形式化倾向的批判其实反映了一种文化冲突。所谓法治即以法而治,它包含了两个方面的内容:其一,建立一套反映社会政治、经济、文化关系及其变化发展要求的法律规范体系;其二,形成对作为法律规范体系思想文化基础的伦理、价值观念的普遍认同。前者属于制度的文化,后者属于思想观念的文化。一般而言,后者是法治的核心所在,因为法律规范体系是人们根据一定的伦理、价值观念构造的;经构造而成的法律规范又是通过人的行为使其从书面上的法转化为现实生活的法,在这个过程中,人们以一定的伦理、价值观念形成对法律规范的认知、评价等。而法治过于形式化却忽略了对法的伦理、价值观念的建设,把眼光仅限于法条的工具性、技术性方面,造成在法治建设中缺乏对法律的历史性、文化性理解这种过于狭隘的视野。

笔者注意到学界有不少学者已对这种法治过于形式化提出了批评。如有的学者指出,它的直接后果,是使法律变成对公众陌生的产品,法律应有的价值不能转化为主体价值追求的目标,因为这种立法产品游离于广大民众的需求以外,不仅无法满足广大民众生活的需要,而且可能是与广大民众利益相对立的。也有学者指出,法治的过于形式化会造成新的法律虚无主义[①]。因为法律没有良好的群众基础,法律游离于广大民众的精神需求以外,它的一个可能的后果,即使法律成为一种摆设,在社会生活中不能起到良好的社会控制作用。有学者统计,我国实际生活中有法不依的现象很普遍,在20世纪90年代当时的条件下,有80%左右的法律没有被很好地执行[②]。也有学者从历史反思的角度提出批评,指出法律的过于形式主义曾给西方国家带来灾难。在纳粹统治的德国,当时也是以"法律"的名义实现的,但这种法治把人带入野蛮和恐怖。过分强调法律的形式合理性,而忽视其实质的合理性,使得人们对法治文明的基础和信念产生怀疑。可以看到,正是对法治的过于形式化倾向的批判,使得法学研究方法论发生转向。自近代以来,实证法学的理论曾作为主导

---

① 参见范进学:《法的观念与现代化》,山东大学出版社2003年版,第15—16页。
② 参见石泰峰:《社会需求与立法发展》,载《中国法学》1991年第1期。

的方法论对法学的研究和法律的实践产生过很大影响。但实证法学忽略对法的价值基础问题的研究,把对法的价值问题的研究看作是一个法学研究的假问题来加以拒绝。但经过第二次世界大战,人们通过对纳粹事件的反思开始意识到,其实人类的文明与进步不能以牺牲理想与价值为代价;高扬人的价值,追求人的理想,是人类进步与发展的动力,也是人类自身奋斗的归宿。它反映到治国层面上,在实现人类理想和价值的时候,法应当是一种体现着人类价值选择的规范、原则、精神,法治应始终是善治。正因如此,新自然法学、法社会学开始取代原实证法学而活跃于法学的思想舞台和法律的实践舞台,实证法学也调整自己的思路演变为新实证法学来表达对法的理想与价值的关注[1]。

但笔者认为,对法治的过于形式化倾向的批判除了从上述的这些角度,还有必要从更高的境界来进行分析,这就是从我们所提出的建设社会主义法治国家的命题所包含的文化要求来进行分析。法治不仅仅是一个治国的方略,同时也是一个时代的命题[2],而作为法治时代基础的重要内容,就在于法律必须为人们所信仰,这种信仰对法来说,即使人们形成一种对法的运用行为的自觉。法律的作用不仅依赖于国家的强制力,而且还依赖于权利主体积极地实现自我权利、履行法定义务来保障法律秩序的稳定、法律规则的推行。这时主体是发自内心地对法律产生信服,因而法律在实现过程中,也是内涵于法律中的理想、价值、思想在其自身。实体法以一般行为规则的形式存在于规范性文件或其他法律形式之中,它不以个人的意志为转移,而是普遍地适用于全体社会成员,但实体法中的权利、正义、公平等思想、理想或观念也存在于权利主体的内心并化为一种具有普遍性的行动。法律作为人类价值的追求所实现与保障的手段,主要表现在法的规范被用来指引、预测、评价、教育、强制和处理人的行为,以维护一定的社会秩序。在这种情况下,法的规范作为一套社会评价标准体系是为主体的社会目的服务的手段,既具有手段性或工具性,又由于体现着人类的公平、正义、权利、自由、平等价值追求,凝结成人类的法的精神,具有其目的性。

而法治过于形式化的直接后果是不能实现法治这个基础性建设。我们知

---

[1] 参见李瑜青:《人文精神的价值与法的合理性追问——从法的现代性角度引发的思考》,载《上海大学学报(社会科学版)》2008年第1期。
[2] 参见李瑜青主编:《法理学》,上海大学出版社2005年版,第1—10页。

道,人类的活动并不是个体性的孤立活动,而是以社会性的群体方式所表现的。这种社会性的群体活动使得人们相互联系、彼此影响,诸多的观念、思想、行为方式等构成为其中这种相互联系的复杂网络。社会就是以这种方式存在着。离开了人们之间的相互理解和价值理念的沟通,离开了人们由于相互理解和沟通所形成的共识,所谓的法律也就缺乏了社会的基础。具体来说,法律颁布的目的是规范人们的社会行为,以促进政治、经济、文化事业的发展。但立法是一回事,人们的执法、守法却是另一回事。立法者通过立法活动,如果不能将其正义、公平、效率等价值理念转换为权力机关的执法意识和普通公民的守法意识,在现实中人们照样还是我行我素,那么法律不过是一场文字游戏而已。因此,伯尔曼指出:"法律必须被信仰,否则它将形同虚设。它不仅包含人的理性和意志,而且还包含人的情感、人的直觉的献身以及人的信仰。"①信仰当然是十分崇高的事业②。信仰必须是人发自心灵内部的呼唤和需要,是在人的心中所产生的心灵上的平衡。它对法治的实现具有特殊意义。

对法治过于形式化倾向的批判,使我们看到要重视当代文化、传统文化,在中国尤其是传统儒学文化对当代法治建设的价值,法律规则只有在思想文化的基础上才能有效地得以构建。

(二) 从何种意义上理解一国的法治实践

法律不仅在自身的内部实现着文化的流动,它还与社会其他文化一起在实现着文化的流动。因此,一个国家的法律其自我表达总是具有个性化的特征,是以具有浓烈的地方性知识形式反映的一种社会规则。如此,必然深深地影响着一国法治的存在方式。这是把握中国法律与文化互动的又一个重要方面。

对这个观点作出论证,首先我们可以分析法律制度及其运作过程所具有的独特性。其实法律制度及其运作过程同时是与人的意识所相伴随的过程,是受到人的内心世界及感情色彩影响的过程。法律并不是一个纯客观

---

① [美] 伯尔曼:《法律与宗教》,梁治平译,生活·读书·新知三联书店1991年版,第28页。
② 歌德说:世界历史的唯一真正的主题是信仰与不信仰的冲突。在所有信仰占统治地位的时代,对当代人和后代人都是光辉灿烂、意气风发和硕果累累的,不管这种信仰采取什么形式;另一方面,所有不信仰在其占统治地位的时代(也不管这种不信仰是什么形式),都只得到一点微弱的成就,即使它也暂时地夸耀一种虚假的光荣,这种光荣也会飞快地逝去,因为没有人操心去取得一种对不信仰的东西的知识。

的法律文本或物件,而是法律主体所赋予意义的构成物;法律规则不是现实法律制度的核心,构成法律核心的是人们在情感的互动中达成的对法律的理解和体验;因此法学研究者的目光不能仅限于日常法律的范围,而且要考察多种的"活法"的形成和运行机制,尤其要关注传统文化给予我们并对我们产生深刻影响的事物,因为我们包括正在建设的法治都是由历史所铸造的。离开了人的主体活动的法律制度及其运作过程根本就不存在,法律制度及其运作过程的意义或价值是历史上的人所赋予的。其次,法律作为一种文化不是孤立存在的,它要受这个社会其他文化的影响和制约。这种影响和制约即法律的文化力问题。对法律的文化力,笔者是这样定义的,它指的是文化在社会生活中从来不是一种消极被动可有可无的存在品,它对经济、政治和人们的日常生活等,在无形地进行一种设计。文化传统越是悠久,这种设计所包含的内容就越丰富。在这种设计中,人们不但建立起独特的精神世界,而且往往建立起彼此相互认同的规则原理。这个定义包含的内容是极为丰富的,这种文化力内嵌于我们的法律制度中,有的通过法律的概念予以表达,有的通过法律的具体制度规定予以表达,有的就非常直白地以法律原则的形式对具体的法律予以指导。比如,在中国的法律制度中,无论是古代还是当代,都把人与人之间孝道文化的内容嵌入于具体的制度安排中;再比如,在具体的法律制度实施过程中,尤其是法律纠纷的解决,我们特别嵌入了和谐的理念等。所以有的时候,从形式上看,我们的法律制度的内容与西方发达国家存在着相似的地方,但对此进行深入地研究和观察后可以发现其实区别是明显存在的。这种明显存在的区别就是法律的文化力在起作用,这种文化力释放出特殊的文化信号,调动起人的潜力,影响人的态度与情绪、民族的凝聚力与向心力等[①]。

所以法律的文化力告诉我们,事实上,人们是不可能在历史虚无主义的背景下建设一国的法治的,这个建设的过程必然地与传统及现代文化紧紧地联系在一起。因此,重要的不是我们对历史采取一种虚无主义态度,而在于我们采取怎样的正当的立场去选择历史的文化,去选择现代的文化,去选择当代的文化,这个选择的过程意味着我们形成了一种既定的学术或文化立场,从而来

[①] 参见李瑜青:《论法律的文化人格作用——兼论中国信访制度的历史命运》,载李瑜青主编:《上海大学法学评论——法律文化专题研究》,上海大学出版社2004年版,第81页。

推动这个国家的制度建设。如果说我们选择的立场不能和本国的传统文化有机地勾连起来,换句话说,就是进行这样选择的文化主体严重地脱离中国的实际、脱离中国的现实的文化要求,它会造成极为消极的后果。这种消极后果就是,在法治建设中所倡导的法文化内容,从根本上不为这个社会的民众所接受,变成高高在上毫无生命的一个死的东西。如果这样毫无生命力的死的东西还要借助于政治的强力,强行地进行所谓的"落实",那么这个社会就会形成文化的紊乱。文化的紊乱会影响到这个社会政治经济等各个领域,它的后果是不言而喻的。在这个方面,我们可以看到不少国家都有深刻的教训,有的国家甚至为此付出了极为沉重的代价。所以,任何国家的法律所包含的规则都不能是抽象的,它实际上是以一种直接的形式,对人的社会生活作出表现和确证,体现了一种人的存在的方式。法律表面上看似乎是孤立的,其实它总是与这个国家所处的哲学、伦理等文化相互联系、相互影响、相互制约而存在和发展着。

  基于法律的文化力的作用,我们在进行现代法治建设时,正确对待传统文化就成为应有之义。但这又涉及学界有过丰富讨论的中国传统文化尤其是传统儒学文化反法治的问题。比较典型的如笔者已指出的有学者认为,中国传统社会是建立在以宗法血缘为纽带的家庭关系之上的,"国"只是家的放大,"家"不过是国的缩小,国家关系、君臣关系是家庭关系、父子关系的延伸,人们习惯于在温情脉脉的伦理道德的纱幕中生活,人与人之间的社会关系完全情感化、伦理化与道德化。这种社会心理沉淀的结果,使人们陶然于伦理亲情,钟情于对现实人际关系的把握,并从中获得心理上的满足。同时在传统法文化中"法即刑"的观念深入人心,《唐律疏义》释:"律之以法,文虽有殊,其义一也。"《尔雅·释诂》云:"刑,法也。"汉郑昌曰:"立法明刑者,非以为治,救衰乱之起也。"(《汉书·刑法志》)明顾炎武曰:"法制禁令,王者之所不废,而非所以为治。"(《日知录·法制》)宋苏东坡诗云:"读书万卷不读律。"(《戏子由》)这种法即刑的法律文化造就了民众在内心情感上自发地排斥法律,这种心灵上的厌恶与排斥无法形成公众对法律信仰的原发性动力。如此一个传统文化对我们今天的法治建设还有没有意义?对这个观点,在前面的论述中已有分析,有必要再次在这里予以强调,即其实历史留给我们的东西是复杂的。中国传统儒学的文化在道德文化和伦理文化上表现得特别发达,并深刻地影响了中国传统法文化的发展,它既有由于对道德或伦理文化的作用过于绝对化的强调所产生的副作用,又有从今天法治建设的角度来看,具有某些积极的合理的应当接纳的思想。当代中国在推进法治中国的建设过程中,积极地吸收西方比较成熟的法律制度,在一个比较短的时间,完成了社会主义法制体系的建设,但在法律制度体系日趋完善的过程中,我们突然发现中国社会的犯罪率却居高不下,而这些犯罪现象大量地集中在政治经济领域,其中一个重要的原因是只重视制度上的法律规则,而不重视制度实施中人这个主体的道德教化,而中国的传统法文化在这个方面所有的智慧是我们应当很认真地加以吸取的。因此我们不能只看到中国传统儒学法文化思想的某些消极因素,而应当比较全面地去评价我们传统的法文化。

(三)治道以人的主体至善为根本——一个可能的具有世界意义的中国智慧

西方的法治发展由西方的人文主义思想所伴随,但其发展的表达围绕于私权利保障的问题展开。而中国的法治建设由于传统文化尤其是传统儒学人文文化的影响和作用,治道以人的主体至善为根本,以强调人的主体至善为基本路径,这也许是中国法治在中国文化流动中表现的特殊性之所在。这是把握中国的法律与文化互动的又一个重要方面。

我们先来分析西方法治实现路径的特点。罗马人的法治观导致希腊文明,在西方古代生活中是具有代表性的。在古希腊思想传统影响下,罗马人的法治观表达的核心是权利问题。罗马法的精义在于它是权利法即私法、民法。有学者对罗马时期法治理念进行过深入的探讨,指出罗马社会是一个"泛权利"的社会,这种权利表达为把"私人权利看成国家权利的最高准则"[①]。在罗马法的观念中,个人是独立的、自由的法律实体,有其自己的权利和义务,国家必须以尊重个人的特性和权利为前提。而国家在本质上被描述为一个法的联合体,或一种法的制度。国家的权威性是来源于人民的,法律乃是人民以集体的名义和身份取得的共同财富。因此盖尤斯说:"一切权力都是从人民来的。皇帝的命令何以有法律的效力呢?因为皇帝地位是由人民给他的;官吏为什么有权力呢?因为官吏是由人民选举产生的。"乌尔比安也说:"皇帝的意旨具有法律效力,人民通过法律把它自己的全部权力授予了他。"西塞罗说:"既然

---

① 《马克思恩格斯全集(第一卷)》,人民出版社 1972 年版,第 379—382 页。

法律统治长官,长官统治人民,因此确实可以说长官是能言善辩的法律,而法律是沉默寡言的长官。"①

西塞罗是古罗马最为重要的法学家。有学者做了概括,西塞罗的法治思想主要沿着两条线索展开,其一是受柏拉图和亚里士多德的理论思辨传统的影响,从法的理性推出法律统治的正当性;其二是从各个国家或民族的成文法律的实证考察中提炼出建立法治的重要原则②。在西塞罗看来,法是立国之本,没有法律的国家,不配称之为国家。但法律应当是理性的,也是正义的,自然法是实在法的根据和基础。但抽象地谈论法的统治的一般原理是没有意义的,而要把法与公民自由权利、国家政治联系起来,寻求法治在政治社会的立足点。因此,突出解决法治的公民权利保障,是西塞罗理论的核心所在。但西塞罗提出,国家是由法律建立起来的一个平等、自由的实体,大致来说有三种不同的类型,即君主制、贵族制和民主制。在一个国家中,公民的自由、权利能否真正实现,首先取决于使用何种政体③。但从本质上说,国家是基于正义的人的联合。法律应源于正义。法律应是国家职能实现的保障,但运行的法律要符合正义的要求。官吏的职能是代表国家在履行治理,但其行为以法律的授权为依据。

经过中世纪的黑暗,当西方社会迎来近代文明曙光的时候,法治理论又一次活跃了起来。11世纪的英国是西方近代法治主义的故乡。詹姆士、哈林顿、约翰、洛克的法治思想代表了这个时代的特点。哈林顿在《大洋共和国》一书中提出了法治共和国的模式构想,以西方人文精神思想作为基础,同样反映出围绕权利保障这个核心问题。但我们重点分析被认为是西方法治主义的奠基者的洛克的思想。

洛克法治理论的基调在于维护个人的自由、权利。洛克认为,人的一切权利都是与生俱来的,但在自然状态下,人们享受的这些权利很不稳定,不断面临别人的侵犯和威胁,为了保护人们的生命、自由和财产等天赋权利不受侵犯,为了社会的繁荣和安全,人们通过协议自愿放弃一部分自然权利。政府和社会本身的起源也在于此。但洛克与霍布斯不同,霍布斯主张人们在订立社

---

① [古罗马]西塞罗:《论法律(第三卷)》,转引自王人博:《法治论》,山东人民出版社1998年版,第18页。
② 参见汪太贤:《西方法治主义的源与流》,法律出版社2001年版,第58页。
③ 参见[古罗马]西塞罗:《国家篇·法律篇》,沈叔平、苏力译,商务印书馆2002年版,第36页。

会契约,把权利让渡给一个专制主权者后,便不可索回原始的权利,而洛克则强调人们仅仅放弃了一部分权利,而像生命、自由和财产的权利并没有放弃。在洛克看来,由这种制度化保障个人自由和权利就是法治社会。政府的权力本质是法律的权力。"法律按其真正的含义而言与其说是限制还不如说是指导一个自由而有智慧的人去追求他的正当利益。"①国家和政府本身不是目的,而是保护个人自由权利的工具。这样,在洛克法治理念中突出了这么几个重要的观点②:① 人具有独立性,因为人的生命、自由、财产的权利是不能转让的,因此谁都不享有对他人绝对专断的权利。② 政府权力的性质和范围。政府的权力在最大范围内以社会的公共福利为限,立法者除了实施保护公共福利之外,没有其他的社会权力。③ 政府行为的方式。立法机关不能独揽权力,以随意的专断命令进行统治,而必须以通过颁布有效的法律,并由著名的法官执法来实现对社会的管理。④ 政府受制于契约。一个社会不可能有人人同意的政府和立法者,因此社会的一项行为要以其成员过半数的同意为依据。人们订立契约构成的政府与社会是不同的,政府为社会的幸福而存在,而不是社会为政府的权力和命令而存在,违背社会契约和社会愿望的政府可以消失、更迭或易人,但社会却可以有长久的道德秩序。⑤ 权力制衡保证社会稳定,即把国家权力分为立法权、执行权和对外权,反对君主独揽一切权力,否则每一个人在法律面前的平等就难以实现。

卢梭是法国的启蒙思想家,他被认为是近代法治理论的又一位重要代表,我们也对他的观点做些分析。卢梭的论证仍然是从社会契约论入手,他认为在自然状态下自由而平等的人民,由于生产力的进步和私有制的出现而产生了暴力的战争状态,为了摆脱这种状态,人民便订立社会契约。订立社会契约是"要寻找一种结合的方式,使它能以全部共同的力量来维护和保障每个结合的人身和财富,由于这一结合而使每一个与全体相结合的个人只不过是服从自己本人,并且仍然像以往一样地自由"③。卢梭认为,一个国家实行法治,总表达出主张自由平等、人民主权、合法政府等要求。社会契约奠定了合法政府的基础。而自由、平等是每个人生而具有的权利,这种权利是人区别于其他动物的根据所在。人民主权即反映出"统治者是法律的臣仆,他的全部权利都建

---

① [英]洛克:《政府论(下篇)》,叶启芳、瞿菊农译,商务印书馆1964年版,第38页。
② 参见李瑜青、李明灿:《契约精神与社会发展》,山西人民出版社1997年版,第55—59页。
③ [法]卢梭:《社会契约论》,何兆武译,商务印书馆1973年版,第23页。

立于法律之上"①的权利问题,主要是私权利的问题,也是卢梭法治思想的主题。

如果说西方人本主义理论的发展为法治思想提供了一个理论基础。在治国原理上,人本主义理论逻辑是构造法治所要求的公民权利保障的体系,那么传统儒学人文学说表现出其自身的特点,在治国原理上它更关注的是以人的主体至善为本作为其学说的归宿点。传统儒学所形成的这种理论,与当时特定的社会问题的影响有着密切的关系。当时可称之为是一个乱世,所谓"社稷无长奉,君臣无常位",但文化上却"百花齐放,百家争鸣",学者们都积极地试图运用自己的学说去影响世人,改乱世,提出治理的方案,建构他们理想的社会秩序。但传统儒学所主张的观点是:尽管在国家和社会的治理中,法律极为重要,以人的主体至善这是具有根本性的,即靠"道之以德,齐之以礼"的手段是实现目标最为重要的方式。孔子为此做有论证:"道之以政,齐之以刑,民免而无耻;道之以道,齐之以礼,有耻且格。"(《论语·为政》)传统儒学还强调,其实人人即可为君子,因此人的主体至善可以通过每个人的道德修养去实现。在传统儒学的理论中,对人的主体意识十分强调,人作为人可以意识到他与动物的区别,通过修德就可以造成"人禽之别"。虽然在"人性"问题上,孟子主张"人性善",荀子认为"人性恶",但他们理论目标却是一致的,认为通过后天的努力和作用人是可以改变自己的,孟子强调在这个过程中人的"先天禀赋",荀子则肯定"后天"教育的价值。

但在对传统儒学观点分析上,学界有一个代表性的观点,即认为传统儒学在治国主张上是反法治的。笔者认为,这样的观点是把一个复杂的问题简单化了。在传统儒学的创始人那里,由于当时时代的特殊性,其思想理论不可能具有我们当代所具有的法治的理念,但传统儒学所创设的这种文化作为一种文化资源来说,从今天法治建设的角度是有很多积极的内容可以加以挖掘,所以我们不应该习惯地给一个学说去"扣帽子",采取"一棍子加以打死"的机械化的文化态度。当代的法治其实是由很丰富的一些要素所构成的,其他不多说,仅以1959年1月在印度新德里举办的国际法学家会议上提出的法治宣言来分析。该份宣言认为,对法治要素要突出表达为两个方面,即无论法律的内容如何,国家的一切权力都应该要根源于法,而且要依法行使;法律本身应当

---

① [法]卢梭:《论政治经济学》,王运成译,商务印书馆1962年版,第9—10页。

以尊重人性尊严的崇高价值为基础。这个法治宣言的影响是很大的,后来的学者又把程序公正纳入法治要素中。但从这个具有权威性的法治宣言就可以看得很清楚,所谓尊重人性尊严的崇高价值就是一个道德上的要求,而传统儒学讲究仁义道德,坚持以仁义精神感染法律。以道德原则支配法律,无疑是法治所要解决的根本问题之一,即解决法律的道德基础问题。当然传统儒学并没有完成在把仁、义、礼、智、信的基本要求转化为普遍规范的同时,怎样转化为个人都可以主张的权利,但也正是在这个意义上,中国传统儒学所倡导的文化所要进行的制度安排走出了一条不同于西方法制文明的道路。对传统儒学所表达的人文文化理论,从治国的角度而言,有它不同于西方的思维路径,这种思维路径以特有的方式实际上在丰富法治的治国理念。儒学的一个特点是看重至善的价值,认为防恶是可以通过启发人的内心、人的主体的自觉而实现的,因此对具体制定人与人相防相制的外在强制规则并不重视。正如《礼记·礼运》所述:"大道之行也,天下为公。选贤与能,讲信修睦,故人不独亲其亲,不独子其子;使老有所终,壮有所用,幼有所长,鳏寡孤独废疾者皆有所养。男有分,女有归。货恶其弃于地也,不必藏于己;力恶其不出于身也,不必为己。是故谋闭而不兴,盗窃乱贼而不作,故外户而不闭。是谓大同。"

从法治在中国有效实现的角度,提出治道以人的主体至善为本具有重要价值。我们看到,当代中国通过三十多年推进法治的实践,虽然取得不少成绩,但对西方的法律采取了简单的移植,造成了在社会运作层面大量的"水土不服",而对西方法律文化的盲目崇拜或以为西方的法学话语是法治的唯一可能的话语,使当代中国的法治建设缺失了本身的个性,因此,全面地对当代中国的法治发展进行反省是时代所赋予我们学者的一个重要任务。但完成这个任务不在于喊口号,或说几句令人激动的话语,重要的在于要深入中国的传统文化,做深入细致的研究,揭示中国传统文化中与当代中国的法治文明相容的文化因素。传统儒学主张治道以人的主体至善为本,可以说是反映治道规律的观点。它在历史上产生过重要影响,而在历史上产生过重要影响的思想,因它反映事物的规律,其价值具有永恒性。这种思想或理论虽然在今天人们的议论中已经不再是以主流话语的方式表现出来,但它已经融于中国人的文化生活中,以它的一种现代性的方式呈现,在一定意义上它是最有生命力的中国人的生活本身,我们法治的发展必须要关注这种生活本身固有的精神,它也是中国在法治建设上展示给世界的重要智慧。

四、传统儒学人文精神主导思想及对法学中国化的价值

法学中国化的命题是中国法学发展走向成熟的理论反映。它所要表现出来的不应是简单地把西方的理论当作主体,并由此去找寻本土化的可能性;而是要张扬中国的法学理论在其中主体性的意义,在吸收、借鉴中西文化的基础上,去解决中国及世界的问题。但这样的一项工作,需要我们法学工作者必须特别重视传统文化的价值。法是具有自身的文化人格的①,任何国家的法所包含的规则从来都不是抽象的,它必定要与这个国家法所处的文化相互联系、相互影响、相互制约着存在和发展,而传统文化往往对一个国家来说是具有基础性的。以下从中国传统儒学人文精神主导思想入手,着重分析中国传统儒学人文精神的主导思想及其对中国法学的发展可能的理论价值。

(一)中国传统儒学人文精神的主导思想

中国传统儒学人文精神是以天人合一、关系至上的思想为主导来理解人之为人的问题的。

1. 人文精神以天人合一为思想主导的论证

天人合一是中国传统儒学人文精神重要的思想理论。关于天的内涵在中国文字中极为丰富②,但抽象地来分析,可分为自然之天和道德之天。传统儒学的思想家们由此来表达各自的主张。如孟子的天主要是某种道德存在,并以此作为天人合一的基础。孟子把这说成为"浩然之气"的境界,他说:"其为气也,至大至刚,以直养而无害,则塞于天地之间。其为气也,配义与道;无是,馁也。是集义所生者,非义袭而取之也。行有不慊于心,则馁矣。"(《孟子·公孙丑上》)荀子把自然之天作为基础,在天人关系上,他一方面指出,天与人是有分别的,"天行有常,不为尧存,不为桀亡",另一方面又指出人的作为的重要性,人能"制天命而用之""应时而使之""骋能而化之""理物而勿失之"(《荀

---

① 参见李瑜青:《论中国传统内在观念与当代法制精神的现实冲突及选择》,载姜剑云主编:《法律文化研究》,陕西人民出版社1995年版,第39页。
② 冯友兰先生做过分析,认为其意有五:曰物质之天,即与地相对之天。曰主宰之天,即所谓皇天上帝,有人格的天、帝。曰运命之天,乃指人生中吾人所无奈者,如孟子所谓"若夫成功则天也"之天也。曰义理之天,乃谓宇宙之最高原理,如《中庸》所说:"天命之为性"之天是也,《诗》《书》《左传》《国语》中所谓之天,除指物质之天外,似皆指主宰之天,《论语》中孔子所说之天,亦皆指主宰之天也。

子·天论》)。后来的董仲舒更对孔、孟、荀的有关论述进行了系统的总结和发挥,他所说的"天"既是自然之天也是道德之天,他明确地提出了"以类合之,天人一也"(《春秋繁露·阴阳义》)的说法。他还从"天人感应""人副天数"的角度论述了天人合一。他的学说中有宗教化甚至迷信化的倾向①。天人合一的理论对传统儒学人文精神的意义主要在于其对人的特殊地位和作用的论述上②。孔子说:"人能弘道,非道弘人。"(《论语·卫灵公》)这个观点是表明人的作用和价值,主张对当时时代的社会改造全在于其人文主义的道德选择。有学者称,孔子的贡献在于其将所有的理想都整合到统一的人文主义中。根据这种人文主义信念,人的最终幸福不在于不可思议的天命,而在于把这种天命视为人性的人本身,这个观点是极为深刻的。孔子对道德力量的自信,为孟子和荀子所进一步发挥。孟子说:"仁也者,人也。合而言之,道也。"(《孟子·尽心上》)他又说:"诚者,天之道也;思诚者,人之道也。"(《孟子·离娄上》)就是说天是道德之天,只要由尽心而知性、由知性而知天且由知天而事天就能达致天人合一的境界。荀子也说:"人有气、有生、有知亦且有义,故最为天下贵也。"(《荀子·王制》)"道者,非天之道,非地之道,人之所以道也。"(《荀子·儒效》)天人合一的思想由此为注重伦理道德修养、强调礼乐文化熏陶作用、反对一切"固执"、主张民本主义思想的传统儒学人文精神提供了思想基础。

2. 人文精神以关系至上思想主导的论证

群己关系的理论是传统儒学的重要学说。就中国古代社会来说,由于历史形成的某种特点,使得个人往往隶属于一定的家庭家族,儒学文化反映了社会关系的这个特点,其形成的人文思想不同于西方文化张扬个体本位和自由,而是特别重视从群与己的关系来思考问题。传统儒学在这个问题上的特殊贡献在于,既强调"礼"在群体组织中的控制作用,又重视"仁""义"等观念对人的行为的调节作用。有学者指出,仁、义、礼、智是儒学人文主义的基本范畴③,但这些范畴反映出的就是儒学人文精神从对人际关系的思索入手来强调人的人格升华问题。

---

① 参见冯友兰:《中国哲学史新编(中)》,人民出版社1998年版,第46—99页。
② 参见夏光:《东亚现代性与西方现代性——从文化的角度看》,生活·读书·新知三联书店2005年版,第124—159页。
③ 参见夏光:《东亚现代性与西方现代性——从文化的角度看》,生活·读书·新知三联书店2005年版,第124—159页。

为了论证儒学群己关系的理论如何作为了儒学人文精神的思想基础,本人简略地分析"仁""义""礼""智"这四个基本范畴在儒学中逻辑的展开。如前所述,"仁"是传统儒学核心范畴。孔子的"仁"的概念从一开始就表明了人是通过爱别人而同别人发生联系的,但仁是抽象的,只有和义、礼、智等概念相结合它的内容才逐渐得到说明。关于义,孔子没有直接给出定义,他只说:"君子义以为质,礼以行之,孙以出之,信以成之。君子哉!"(《论语·卫灵公》)"君子喻于义,小人喻于利。"(《论语·里仁》)孟子则认为仁和义是不可区别的,因此他说:"居恶在?仁是也;路恶在?义是也。居仁由义,大人之事备矣。"(《孟子·尽心》)但其实义还是别于仁,仁一般是从抽象意义上在表达人的和睦关系,义则是在家庭血缘关系以外作为人际关系处置的原则。因此孟子说:"父子有亲,君臣有义,夫妇有别,长幼有序,朋友有信。"(《孟子·滕文公上》)但仁、义是通过社会上的礼加以制度化的,礼的功能在于使人们的社会关系有序化,《礼记·曲礼》明确地表达了这个含义:"道德仁义,非礼不成;教训正俗,非礼不备;分争辨讼,非礼不决;君臣上下,父子兄弟,非礼不定;宦学事师,非礼不亲;班朝治军,莅官行法,非礼威严不行;祷祠祭祀,供给鬼神,非礼不诚不庄。是以君子恭敬撙节,退让以明礼。"但这些人际关系又是以智为基础的,因为"好仁不好学,其蔽也愚;好知不好学,其蔽也荡;好信不好学,其蔽也贼;好直不好学,其蔽也绞;好勇不好学,其蔽也乱;好刚不好学,其蔽也狂"(《论语·阳货》)。总之一个以仁和义为实质、以礼的形式制度化并有"智"为联系的和谐秩序是儒学人文主义所理想的社会。儒学思想家们为了处理好群己关系,强调群己关系的和谐,因而注重伦理道德修养、礼乐文化的熏陶、以人为本的教育等,群己关系的理论成为儒学人文精神的思想基础。但在儒学理论中并不否定人的独立人格的存在,儒学所想象的独立人格主要是道德上的。因此,孔子说:"笃信好学,守死善道。"(《论语·泰伯》)孟子更说:"居天下之广居,立天下之正位,行天下之大道;得志与民由之,不得志独行其道。富贵不能淫,贫贱不能移,威武不能屈,此之谓大丈夫。"(《孟子·滕文公下》)荀子也说:"入孝出弟,人之小行也;上顺下笃,人之中行也;从道不从君,从义不从父,人之大行也。"(《荀子·子道》)这些都论证了儒学人文思想所具有的内涵。

(二)中国传统儒学人文精神主导思想对法学中国化的价值

从历史上看,中国传统儒学思想也许更重视道德文化的作用,但我们有必要积极地吸收其中具有的合理的思想,来分析为我们法学中国化的建设可以提供哪些有价值的思想养料,笔者认为其中突出的有三个方面,这可能是中国的智慧对人类在作出贡献。

1. 天人合一、和谐与提升法治的思想境界

依法治国其实是一个中性词,类似的提法在历史上已有人提过,如中国古代的管仲就主张"以法治国"。德国纳粹当道时,也主张"国家依照法律统治"。因此,具体情况要具体分析。依法治国应当是良法治国,这才是问题的实质。历史上亚里士多德就提出过法治和良法结合的观点,他说,法治应当包含两重意义:已成立的法律获得普遍的服从,而大家服从的法律又应该本身是制定得良好的法律……就服从良法而言,还得分别为两类:或乐于服从最好而又可能订立的法律,或宁愿服从绝对良好的法律。① 后来的学者对良法有了更明确的解释或分析,如提出良法就是人民利益所需而又清晰明确的法律②,毫无疑问,依法治国作为治国的基本方略,维护社会秩序,保障社会长治久安是其基本的价值追求。但还是不完整的,因为秩序只有以正义、人权为基础才能得以维护;离开社会正义的长治久安实际上是不坚固的。强权不是真理,任何违背人民利益的秩序总是不长久的③。但依法治国与良法相结合,并不是一个就事论事的问题,其中内涵了法治的基本价值取向,即法治要追求的是一个社会的和谐,要建构的是和谐之法。而传统儒学人文精神以天人合一思想为基础,实际内涵了对和谐的主张。儒学人文精神可以提升法治的思想境界。这里的关键在于"和","和"最能体现儒学思想的精髓。但"和"的观念内容极为丰富。孔子说"和无寡"(《论语·季氏》),一个国家的强弱,决定性的因素不是人口的多少,而是君臣、军民关系的协和。孟子说:"天时不如地利,地利不如人和。"(《孟子·公孙丑下》)荀子也说:"和则一,一则多力,多力则强,强则胜物。"(《荀子·王制》)但"和"是事物各个成分之间的有机联系,万物都是多样性的统一。因此《中庸》说:"万物并育而不相害,道并行而不相悖。"荀子也说万物就是在这样的和谐的秩序中产生、发育的:"列星随旋,日月递照,四时代御,阴阳大化,风雨博施,万物各得其和以生、各得其养以成。"(《荀子·天论》)事物就在对立中达到协调并保持统一。有学者指出,"和"既有天道观的意义,也有

---

① 参见[古希腊]亚里士多德:《政治学》,吴寿彭译,商务印书馆1965年版,第199页。
② 参见[英]霍布斯:《利维坦》,黎思复译,商务印书馆1985年版,第271页。
③ 参见李龙:《良法论》,武汉大学出版社2005年版,第9页。

人道观的内涵①。从人道的意义上,"和"表现为人们交往的伦理原则或价值观念;从消极的方面看,"和"要求通过主体之间的相互理解、沟通,以化解紧张,抑制冲突;从积极的方面看,"和"则意味着主体之间同心同德,协力合作②。在以上关系上,特别值得注意的是"和"在已有的制度层面运作的意义。"礼之用,和为贵"是传统儒学的名言,这里礼本来涉及的是制度层面如仪式、政令、相处方式等的运作,但儒学却将这种制度的运作与"和"这样的伦理原则相联系,强调礼的作用过程,贵在遵循、体现"和"的原则,换句话说这里指出在体制、组织背后人与人之间关系的意义,以"和"的原则达到彼此的相互理解与沟通,从而消除冲突、同心协力③。

2. 群己关系、人伦情感与法治基础论的丰富

法治的理论不应忽略人伦情感的问题。虽然作为法治的基础,一般要强调在经济制度上的市场经济的要求,在政治基础上的权力制约和民主形式,文化基础上的理性文化,但法治也要求正确处理和对待人伦情感。法治主张的是良法,良法无疑不是反人性的。同时法治论也必须从法律万能论中走出来。法是国家或社会调整社会关系诸多规范中的一种规范,在主张法治的国家,法律在社会生活关系调整中起主导作用,但在有些社会关系的调整中,法律只能起辅助作用。亲情、人伦的关系,有一些是属于道德调整的,但它们不能淡出法治理论的视野。但在我们的法治理论中存在着把法治绝对化的倾向,其中突出的是陌生人的理论,认为法治所要求的生活是走出熟人社会人际关系,构造成陌生人的人际关系。这种从西方搬来的学说在我国学界很有市场。而在我们法治建设进步不大,分析存在的问题时,有学者就将其归结为我们的基础不好,没有构造起一个陌生人的世界。但这种理论本身的可靠性是值得怀疑的,下面我们来分析作为支持这种理论的有代表性的观点。

(1) 由身份社会向契约社会的转变带来的人际关系变化。传统社会是一个重身份的社会,人的关系被概括在"家族"关系中,个人的地位是以熟人社会为基础,由伦理原则来规定的。而在现代社会,每个人都是独立自由的个体,

---

① 参见杨国荣:《儒家"和"的观念及其内在意蕴》,载朱贻庭主编:《儒家文化与和谐社会》,学林出版社2005年版,第82—83页。
② 参见杨国荣:《儒家"和"的观念及其内在意蕴》,载朱贻庭主编:《儒家文化与和谐社会》,学林出版社2005年版,第82—83页。
③ 参见杨国荣:《儒家"和"的观念及其内在意蕴》,载朱贻庭主编:《儒家文化与和谐社会》,学林出版社2005年版,第82—83页。

都有自己特有的利益追求,人际的结合往往是陌生人之间"个人"自由合意的结果。英国学者梅因就说:"所有的进步社会的运动,到此处为止,是一个从身份到契约的运动。"①

(2)马克思的人的发展三阶段理论。这种理论认为现代社会是人发展的第二阶段。这个阶段的基本特征在于人走出了第一阶段的人对人的依赖,人的独立性得到发展,但这种独立性是以人对物的依赖为条件的,这个物也就是作为最一般等价方式存在的货币。人与人之间的关系由于走出了人对人的依赖阶段,因而人们之间不再主要以感情为媒介来进行联系,也不再通过纯粹的道德行为来表现自己的价值②。由于物对人的特殊意义,人们之间的利益关系突出出来,人对物的追求和崇拜也使人们越来越疏远感情,法律或约定成为唯一可能的人们之间最现实的联系方式③。

上述这些思考当然是很有意义的,它反映了社会在当代发展中具有的本质性的内容。同时,法治社会的发展也与市场经济的发展联系极为紧密。契约关系的普遍化,人们利益关系的凸显以及陌生人世界假设都有其现实的根据。正是在这个意义上法律控制成为社会有效控制的普遍方式。这里有法治社会构建中带有普遍性的因素。但我们也必须看到,作为本质的东西并不等于生活的全部。本质的事物是反映了事物发展到一定阶段的趋势性的因素,它和非本质的其他的事物相联系共同地存在着,当我们注意本质事物时,不能忽略非本质的其他事物的存在并在现实社会生活中的作用。同时,作为本质的东西在不同国家,它的表现方式上也有很大区别,我们不可以对本质的事物作简单并抽象化的理解或对待。我们国家在构建社会主义法治时,不仅应以社会主义市场经济为基础,以承认不同利益主体的存在为前提,肯定人的物质利益的正当性、合理性,而且还必须不能把这些因素绝对化,看作是唯一的。社会主义经济基础确定了社会经济体制的运作中要使人对物的依赖向积极方向发展,要兼顾社会效益、环境效益,维护人的价值,要使社会的精神文明、道德文明同步得到发展。人们之间要互相帮助、扶弱济贫,重视人权以及人们的情感沟通,积极参与社会的公益活动,遵守社会公德。这里体现的是具有社会主义性质的互助公益,也就是要求我们超越狭隘的契约关系的限制,而从整个

---

① [英]梅因:《古代法》,沈景一译,商务印书馆1984年版,第96—97页。
② 所谓"纯粹的道德之为",即指中国传统儒学中的成圣行为。
③ 参见李瑜青、李明灿:《契约精神与社会发展》,山西人民出版社1997年版,第8页。

国家或社会整体利益出发,这是每个公民应具有的权利和义务,也是包括国家在内的政治实体应具有的权利和义务。

因此,中国社会主义市场经济的发展,当然存在像马克思所设想的人的发展第二种形态的明显特征,但社会又会运用自身的力量或能力努力克服市场经济可能的消极作用。笔者认为这应当属于由第二形态向第三形态转化中的过渡环节。就具有第二种形态的特点看,是以"物的依赖性为基础的人的独立性",它相对于第一种形态进步是明显的,其中最为突出的在于,这里的"人"已不再具有依附性,而是有主体意识的独立个人,人有明确的自我意识,有意志和行动自由,人际关系上是平等的。但在这个阶段上,人和商品的矛盾很尖锐。一方面商品是人创造的,是人的本质和力量向外部世界的展示和投射,商品之中凝结着人类所创造的文明,体现了人从"最初的社会形态"向"经济的社会形态"发展的丰富内容;另一方面,商品被创造出来后,人又不能自由地支配它,甚至反过来被商品所支配,如出现货币拜物教、享乐主义和极端个人主义,市场以"看不见的手"支配着人的思想和行动。但社会主义市场经济则要通过多种调控手段,来克服商品经济发展中固有的局限性,要使人对物的依赖关系转化为使物更好地服务于人,而不是盲目地受物支配。强调在发展经济的同时要兼顾社会效益、环境效益,维护人的价值,从而为人的全面发展创造条件。从这个意义上说,社会主义市场经济基础上建立的法治作为出发点的不应是一个抽象的陌生人假设。社会主义的法治建设,也不接受把法治绝对化而忽略其他社会规范的作用;它在强调法治生活的重要性时,承认社会本身的丰富多彩,承认人们之间亲情、人伦关系的重要性。

正是上述的这些方面,使我们看到传统儒学人文精神理论可以为法治的基础理论提供新的思想来源。我们从传统儒学以仁学为基础的"亲亲"的理论来分析。有学者指出,传统儒学思想中,"亲亲"是一个十分重要的观点,它是整个传统儒学思想的基石和原始起点[①]。《中庸》指出:"仁者,人也,亲亲为大。"我们知道,作为儒学人文精神载体的儒学伦理由两方面的成分构成:其一即作为个人道德情感、道德信念、价值取向和精神境界的人文情怀和终极信仰;其二即作为规约个人行为的准则、社会治理的方式、社会秩序的安排以及基本的权利与义务认定的规则和理念,这两个方面都是以"亲亲"为起点的。

---

① 参见杨清荣:《经济全球化下的儒家伦理》,中国社会科学出版社2004年版,第140页。

"亲亲"首先是一个情感范畴。作为情感的概念,"亲亲"观念是基于自然情感而萌发的,但它又不断地丰富和充实自身,由自然情感(基于血缘关系)到恻隐之心(情感向非血缘关系推及,但还含有自然情感的成分)再到人文情怀(一种对待人际关系的精神品质),最后到"天人合一",达到"仁者与天地万物为一体",即达到"天人合德"①。仁与"亲亲"相联系,传统儒学还有作为规范体系的"礼",就有礼节、礼貌、礼仪等。"亲亲"范畴既是最基本的家庭伦理观念,又是国家政治伦理的逻辑起点,所以强调重亲情、重血缘、重自然情感,表现了这个范畴在最初产生时所反映的时代特点。但"亲亲"范畴强调人不是孤立的,人与他人总是处在相互联系、相互影响之中,人际关系从来就不是简单的冷冰冰的陌生人关系。我们要从人们之间的相互联系、相互影响来考虑法治的思想基础。同时在我们强调法治的重要性时,不能忽略人性道德培植的重要性。这些都对中国法治的基础理论的建设具有重要参考价值。

3. 重估德治、内倾修养与法治道德理论的发展

主张法治并不排斥道德规范在社会中的作用。但事实情况是人们总是只强化法治,而把道德建设当作法治的点缀品,正是因为这样,我们看到在前一阶段学界发生了就法治与德治关系问题的激烈的争论。为此,有必要重估德治的价值。

中国传统儒学人文精神理论中有很丰富的德治思想,而我们感兴趣的是:儒学人文精神在丰富法治道德理论方面的主要表现。笔者认为突出表现在以下三个方面:

第一,充分认识到道德作为社会规范的重要性。孔子明确指出,强制性规范控制只能使"民免而无耻",只有道德的教化才能使人民"有耻且格"。深入人心的道德伦理的培植,比限制人的行为的法律规范对维护正常的社会秩序更有效。因此,孟子也认为:"以力服人者,非心服也,力不赡也;以德服人者,中心悦而诚服也。"(《孟子·公孙丑》)儒学认为,一个国家成功而有效的管理不是使人们的行为合乎秩序的要求,不是禁止人们不做坏事,而是使人们自觉地遵守秩序,并能追求某种道德境界。要做到这一点,首先必须肯定人们都有追求德性的愿望和能力。

第二,重视个人德性特别是统治者个人德性在国家治理中的重要作用。

---

① 参见杨清荣:《经济全球化下的儒家伦理》,中国社会科学出版社2004年版,第140页。

孔子指出:"政者,正也。子帅以正,孰敢不正?"(《论语·卫灵公》)"苟正其身矣,于从正乎何有?"(《论语·颜渊》)只要是最高统治者以身作则,就可以收到上行下效的效果。故孔子讲:"上好礼,则民莫敢不敬;上好义,则民莫敢不服;上好信,则民莫敢不用情。夫如是,则四方之民襁负其子而至矣。"(《论语·子路》)"君子之德风,小人之德草,草上之风,必偃。"(《论语·颜渊》)"其身正,不令而行;其身不正,虽令不从。"(《论语·颜渊》)可见,当政者修身正行,不仅是为政的前提,也是为政的手段。孟子也明确指出,只有仁德的人,才有资格有位,才会无敌于天下,因为"一正身而国定矣"(《孟子·离娄上》),否则,"身不行道,不行于妻子"(《孟子·尽心下》)。汉代的董仲舒在他著名的《天人三策》中也指出:"为人君者,正心以正朝廷,正朝廷以正百官,正百官以正万民,正万民以正四方……四海之内闻圣德而来朝……而五道终矣。"(《汉书·董仲舒传》)君主通过"修身"与"修心"达到"修己以安人""修己以安百姓",最终方可实现王道,"而天下归之"。这就是儒家独特的政治哲学——"内圣外王"之学。

第三,强调内倾修养,提出了一系列道德修养的范畴①和方法。这些范畴如仁、义、礼、智、信、忠、孝、悌、恕、中庸、诚、耻等,是儒学人文精神宝贵的思想财富,它们之间有着内在的联系。同时,传统儒学不仅强调私德的修养,还注意方法,如笃志而固执、反躬内省、慎独、从善思过、推己及人、存心养性等。

五、中国法制传统中隐形系统价值再思考——以法制文化为视角

(一)问题的提出

法制的隐形系统是客观存在的。法制本身是一种社会的制度安排,但同时又内涵着精神、文化上的支持系统,如人类作为社会生活方式深层基础的思维方式、价值观念或行为模式等。法制这种社会制度归根结底以特定的精神文化为载体。美国学者克鲁克洪将文化分为显形文化和隐形文化两大结构,认为:历史上所创造的生存式样的系统,既包含显形样式又包含隐形样式;它具有为整个群体共享的倾向,或是在一定时期中为群体的特定部分所共享②。而显形文化的形式可以和建筑物的可见图样相对照,模式就是间架结构,是文化的屋脊,是有形的;隐形文化的形式更类似于建筑师心里的构想,它关注的

---

① 参见姜林祥、薛军度:《儒学与社会现代化》,广东教育出版社2004年版,第543—624页。
② [美]克莱德·克鲁克洪等:《文化与个人》,高佳、何红、何维凌译,浙江人民出版社1986年版,第4页。

是建筑师所期望达到的整体通盘的综合效果,是无形的。

但在我们过去的法制研究中,并不重视法制的隐形系统。形成这种认识的原因在于没有把法制进行结构性分析,形成在法制建设上显形系统与隐形系统两张皮现象,造成显形系统和隐形系统发展极不平衡。从显形系统而言,它包括法律规范、法律制度和法律设施等方面。改革开放近40年以来我国在法制显形系统建设上可以说成绩斐然。确立了依法治国基本方略,基本形成中国特色社会主义法律体系,完善了依法执政、依法行政和依法司法等的设施条件。而内涵于显形系统中的隐形系统,因主要通过道德、习惯、法律思想、价值观念等反映出来,在我们这个主要是通过国家行政推动形的法制模式条件下,隐形系统和显形系统明显存在不一致,比如现在法制所代表的公正、秩序还尚不能为民众信服,遇到社会纠纷时人们更倾向于寻求"人情""社会关系"来搞定,寻求"法外开恩"就属于隐形的系统。行政执法过程中,经常发生有法不依、执法不严、粗暴执法等现象,行政执法人缺乏基本的法律素养,也属于隐形系统的问题。中国法官的犯罪现象严重,犯罪内容多与职权有关,并呈现犯罪案件的集体性、规模性特点,这样的犯罪特点对于法制社会的建设所造成的影响极为恶劣,对我国司法权威的树立将起到更为恶劣的影响,这种法官知法犯法也是隐形系统的问题。

但法治的实现过程总是与一个国家、民族及其公民固有的生活方式、思维方式、行为模式息息相关。阿历克斯·英格尔斯认为,痛彻的教训使一些人开始体会和领悟到那些完善的现代制度以及伴随而来的指导大纲,本身是一些空的躯壳。如果一个国家的人民缺乏一种能赋予这些制度以真实生命力的广泛的现代心理基础,如果执行和运用这些现代制度的人自身还没有从心理、思想、态度和行为方式上都经历一个向现代化的转变,失败和畸形发展的悲剧是不可避免的。再完美的现代制度和管理方式,也会在一群传统人的手中变成废物一堆①。因此,隐形系统需要起到对显形系统支撑和深化的作用。如果一个国家的公民不能够从心理上接受一国的法律制度,那么显形系统在实现对人们行为的规范作用自然大打折扣。任何一个国家在建立一种法律制度和法律设施时,都应当考虑到与之相适应的社会道德、习惯、法律思想、价值取向等

---

① 吴丹红:《一定要重复漫长的观念更新进程吗?——由制度与理念之悖论看刑事诉讼法的再修改》,载《检察日报》2008年3月17日。

隐形系统的问题,使得有形的法律规范制度与无形的法律文化精神能够相互协调适应,使得显形系统和隐形系统协调一致。而本文从中国法制传统隐形系统及其特点入手,揭示其对当代法制建设的价值。

(二) 以礼入法、礼法融合法制传统

以礼入法、礼法融合是中国法制传统。据考察,礼法结合经历三个阶段:第一阶段为夏、商、西周的"礼治"时代,此时"法"仅仅作为礼治体系一个组成部分。夏、商、西周,尤其是西周"礼"分为两部分:一是"礼义",即礼的宗旨、礼的精神、习俗习惯等,是礼的隐形部分。二是"礼仪"或"礼制",这其中包括了法的内容。这时"法"或"刑"构成礼治的一部分,还未从"礼"中分离出来。第二阶段是春秋至秦的时代。当时礼治崩溃一直到秦统一,儒法两家之争使原本依附于礼的"法"获得独立发展。但"法"在当时泛指制度,偏重刑罚。第三阶段为汉中期以后。汉武帝开创的"独尊儒术"使儒家思想成为统治中国两千多年唯一正统思想。儒家吸纳法家的思想,礼法融合逐渐成为中国古代法制的传统。

礼法融合中礼的内容包含了当时法制隐形系统。礼,源于古代氏族社会求神祈福的祭祀习俗。《说文解字》中说:"礼,履也,所以事神致福也,从示,从丰。"原始社会的人们在历次的祭祀活动中逐步形成有关饮食、衣着、音乐等礼仪规范,后来这些礼仪规范又进一步扩展到其他社会生活领域。国家产生之后,奴隶主对这些礼仪规范加以选择、改造并赋予国家强制力,这样就变成了奴隶制社会的习惯法。传说中的"周公制礼"就是国家对习惯法进行了整理的工作。这种礼法从社会生活中生长或形成,与当时礼的精神、礼的原则及社会结构相吻合。"周公制礼"时期的西周社会是一个以宗法家族为本位的血缘等级社会。因此当时的"礼治"的两个最基本的原则就是"亲亲"和"尊尊"。"亲亲"维护的是血缘家族内部的父子兄弟关系,该原则要求子弟孝顺父兄,即父慈子孝、兄友弟恭,核心是"孝"。"尊尊"维护的是上下等级秩序,要求下级必须尊敬和服从上级,特别是天子或国君,不得僭越,不得犯上作乱,其核心是"忠"。先秦儒家继承了西周的礼治思想,将礼作为调整五伦(君臣、父子、夫妇)关系的行为准则。后来汉代大儒董仲舒将礼之精神概括为"三纲"(君为臣纲、父为子纲、夫为妇纲)作为立法的指导思想。总的来看,由于当时的社会是一个等差社会(无论是家庭或家族还是奴隶制国家或封建制国家),所以产生于该种社会中的治理手段"礼"的功能就是维系这种差异,从而达到维持社会稳定的目的。比如"夫礼者,所以定亲疏、决嫌疑、别同异、明是非也"(《礼记·曲礼上》);礼者,"序尊卑、贵贱、大小之位而差外内、远近、新故之级者也"(《春秋繁露·奉本》);"上下有义,贵贱有分,长幼有等,贫富有度,凡此八者,礼之经也"(《管子·五辅》);"非礼无以节天地之神也,非礼无以辨君臣、上下、长幼之位也,非礼无以别男女、父子、兄弟之亲,婚姻疏数之交也"(《礼记·哀公问》)。从中可以看出,礼所遵循的是差异性原则,即因每个人的社会地位和身份地位不同而制定不同的行为规范。因此以礼为指导原则而制定的法必然也不可能是体现一致性的规则。这在以礼入法的集大成者《唐律疏议》中有集中的体现。比如"八议""请""减""赎""官当""免官"制度就集中体现了法律维护官僚的特权地位,"五服"制度即根据血缘上的尊卑亲疏用不同的法律进行调整,还有在良贱之间实行同罪异罚等。作为隐形系统的礼主要有两条作用途径:一是立法以儒家提倡的伦理道德为指导;二是在司法实践中引经决狱,体现礼所提倡的精神。因此,自汉以后,人们所说的"礼"多偏重于礼义,即礼的宗旨与精神,是属于隐形系统的范围。虽然从现代的角度来看礼法传统有很大的历史局限性,但其礼法统一的经验却很有价值。

(三)明德慎罚法制传统

明德慎罚也体现中国法制传统隐形系统的价值。过去我们对中国古代传统明德慎罚,有学者认为是反法制的并予以批判,但笔者认为其实它具有很积极的价值。从资料上看,最迟在西周时期"明德慎罚"原则被确立起来,《尚书·康诰》有"惟乃丕显考文王,克明德慎罚"记载。后来"德主刑辅"的思想的形成即导源于此。从周公"明德慎罚"到孔子"为政以德"及汉以后"德主刑辅"可以说是一脉相通,所反映的是隐形系统的道德的作用及与法(刑罚)的关系,突出了以下几个方面的观点。

(1)重视隐形系统道德教化的作用。明德慎罚原则认为,重刑是以力服人,以刑威人,不能得民心,只能得到压服的暂时效果;而施德教,行德政,才能得民心,求得尊卑、上下、亲疏、远近等人际关系的和谐,这更有利于国家的长治久安。孔子对这一观念表达得最为明确:"道之以政,齐之以刑,民免而无耻;道之以德,齐之以礼,有耻且格"(《论语·为政》)。《唐律疏议·序》中说得更明白:"德礼为政教之本,刑罚为政教之用,犹昏晓阳秋相须而成者也。"即礼德为本,法刑为末。明德慎罚原则,不仅在教化和刑罚这两种治理手段之间更倾向于选择前者,而且他们强调只有在教化不起作用的时候才能使用刑罚,先教后诛,反对不教而诛。比如孔子就说过"不教而杀谓之虐"(《论语·卫灵公》),提倡"有教无类"(《论语·尧曰》)。当然,以明德慎罚原则在强调德教的第一位时,并没有完全排斥法制显形系统的作用。比如西周统治者虽然是"秉德"治国,但也对老百姓适当运用刑罚。周公就曾对康王说:"告汝德之说,于罚之行。"(《尚书·康诰》)儒家代表人物孟子更是明确提出:"徒善不足以为政,徒法不足以自行。"(《孟子·离娄上》)不过在一般情况下,以明德慎罚原则还是认为刑罚是教化的辅助手段,其作用在于促成德治,即"刑者德之辅"。

(2)对实施教化者提出了更高的品德要求。以明德慎罚者的主张,认为"唯仁者宜在高位",要求君主应具备圣贤之品德。因人君有"不忍人之心",才能行"不忍人之政"(《孟子·公孙丑上》),而且人君的道德风范、表率作用是使庶民接受教化和推行政令法禁的重要条件。只有内圣才可外王。统治者以缓和的教育方式对民众宣传教化、引人向善,更加应当注重自身的思想道德修养,为民表率,这正是隐形系统的问题。对当今社会的执政者有极为重要的借鉴意义,执政者不仅应当负责对国家民众的思想教化和道德建设水平负责,而且应当严以律己,身先表率,以德的标准要求自己,防止知法犯法、以权谋私的现象①。

(3)"宽减刑罚"的主张。这一主张是儒家提倡的"仁"在立法和执法上的重要表现。"仁"的最基本含义,就是"爱人",即重视人的生命。因而,欲施仁政则必须减轻刑罚,废除苛法酷刑。汉文帝废除枭首、宫刑等酷刑,推行刑制改革都是以"仁"为理论根据的。因此中国成为世界各文明古国中率先废除肉刑的国家。另外主张"原心论罪""执法原情"的司法原则,反对简单的机械地审理案子,主张要重视行为的动机是否符合道德的问题,这仍然反映对隐形系统功能的重视。

"明德慎罚"的传统强调道德教育等隐形系统的作用,有助于我们打破"法律万能主义"的神话,有利于社会的稳定。人类社会中调整社会关系的手段是多方面的,在强调法制的条件下,要注意显形系统和隐形系统所起的不同作用。但近些年来由于过分对法制的理解没有从结构的角度做分析,对显形系

---

① 参见赵克军、江立新:《儒家的犯罪预防思想》,载《中国监狱学刊》2007年第4期。

统的作用强调的多,这种显形系统主要表现为"他律"的力量,其实隐形系统如道德等主张靠"自律",靠内在的自觉来发挥作用。显形系统是事后处罚,具有惩戒功能;而隐形系统如道德是泯灭于未然,具有预防功能。两者各自具备不同的特点,决定了两者可以相互补充、相互配合,最大限度地发挥作用。历史证明,单纯地、孤立地强调法制显形系统或隐形系统都不可能将国家治理好。我国法制传统思想中重视隐形系统道德教化的作用,主张加强思想道德教育的功能,提出把引导教育放在第一位的观点,无疑有其积极的现实意义,对于我们今天那种单纯看重政治手段或一味强调法制显形系统功能,而忽略教化预防的观念是一种矫正,应该成为我国现代法的精神的重要内涵。

另外,"明德慎罚"强调要慎刑恤民以及统治者自律等方面也有可取之处。主张"先教后诛",反对"不教而诛",反对严刑苛法都体现了"亲民""爱民"的民本(人本)主义思想。虽然当时儒家主要是站在统治者的角度来提出"仁者爱人"的思想,目的也是为了能使封建统治秩序维持得更久,但是,这种"仁者爱人"所包含的珍惜人的生命、尊重人的人格的人本主义精神却可以超越时代局限性,为任何一个时代所吸收。另外,"明德慎罚"传统还强调统治者本身要用道德的高标准来修炼自己,只有成为内圣才能为外王。一个好的统治者还必须是道德的楷模。这对于我们当代也有启示作用。即使在现代社会中,榜样的作用也是不容忽视的。用道德评判为政者的优劣和为政的得失正是中国传统文化的开明之处,这一传统的更新利用将有利于形成群众对干部违法违纪行为的监督,杜绝某些干部以权谋私。

(四) 明德无讼、重视调解的法制传统

关于明德无讼也体现中国法制传统重视隐形系统的价值。主张明德无讼者一般认为其法制显形系统是隐形系统如道德教化没有效果才万不得已采用的下下之策。他们的理想是通过隐形系统中道德等作用,达到一种"无讼"的境界。孔子首先提出"无讼"的理想,他说:"听讼吾犹人也,必也使无讼乎。"(《论语·颜渊》)后来朱熹在《论语集注》中引用他人之说对孔子的这一思想解释道:"范氏曰:听讼者,治其末,塞其流也。正其本,清其源,则无讼矣。"所以,"圣人不以听讼为难,而以无讼为贵"(朱熹《论语集注》引杨氏语)。从此,明德便与无讼联系在一起,成为政治清明的表征和执政者追求的目标。因此,由明德必然会派生出重视隐形系统在解决纠纷中的功能。无讼的理想,反映了隐形系统的价值：一是可以以德化民，正风俗，端人心，使人产生以讼为耻的耻讼、厌讼心理，从而达到以德去刑的目的；二是通过调处使轻微刑事和民事诉讼案件消灭在公堂之外。我国的调解传统也由此发展而来。

在周代，官制中就已设有"调人之职，司万民之难而谐合之"，即设有专门负责调解事务的官员。此后各朝代，无论是官吏还是普通百姓都乐于用调解解决纠纷。在我国古代历史上，调解分为民间调解和诉讼调解两大类。民间调解包括乡里调解、宗族调解和邻里亲友调解等。乡里调解，是指乡老、里正等最基层的小吏调解一乡、一里的民事纠纷和轻微刑事案件。乡里调解是历代统治者予以法律确认的调解形式，调解达成的协议对双方当事人有法律约束力，当事人不得以同样的理由和同一事实重新提起诉讼。宗族调解，是指家族成员之间发生纠纷时，族长依照家法、族规进行调解决断。官府一般承认家法族规对于调整家族内部关系的法律效力，也认可族长对于族内民事纠纷的裁决。邻里亲友调解，是指纠纷发生以后，由地邻亲友、长辈或者办事公道、德高望重的人出面说合、劝导、调停，以消除纠纷。诉讼调解又称司法调解，它是指司法机关的官吏在审理案件时，当堂对纠纷双方当事人进行调解，解决纷争。在诉讼过程中，调解劝和是司法官吏的普遍做法。传统调解制度具有以下几个特点：其一，调解所处理的案件是民事纠纷和一些轻微的刑事案件，至于十恶、强盗、杀人等重大刑事案件不适用调解。其二，调解所依据的是礼俗、家法、法律。其三，调解具有强制性，即调解并非都出于当事人的自愿，尤其是诉讼调解，它是一种强制调解，不论当事人是否愿意都要接受司法官吏的调解。其四，调解较诉讼而言，处于被广大民众和各级官吏优先考虑的地位。其五，调解机制淡化纠纷双方的权利义务关系，要求当事人忍让，通过劝和的办法折中妥协地解决私人之间的纠纷，从而达到息事宁人的目的。传统调解制度的产生有其文化和社会背景，其文化背景就是在我国传统"天人合一"的哲学观下形成的"和合文化"。"天人合一"追求的是人与自然的和谐，将之推衍到人类社会生活，便是人与人之间的和谐，即人际和谐、社会和睦。孔子曾说："礼之用，和为贵，先王之道斯为美。"（《论语·学而》）在这种以和谐为核心内容的和合文化背景下，古代中国必然会形成不同于西方的解决纠纷的解纷方式或解纷机制。在西方社会，人们往往寻求诉讼方式解决纠纷，而在古代中国，诉讼意味着对和谐的破坏，对和谐秩序的背叛，这是因为诉讼本身意味着双方当事人的矛盾冲突与对立。于是，无讼状态是古代中国社会的必然要求甚或是理想状态。然而,无讼本身并不表明社会不存在冲突和纠纷,一旦遇到纠纷,人们自然会选择既能解决纠纷又能保持和谐的解纷机制,这种解纷机制就是调解。传统调解制度的产生还有其深厚的社会基础。主要是包括自然经济和宗法制度。在以自给自足的自然经济为基础的社会是一个封闭的、非流动的、相互依赖、强调义务的熟人社会,在这种熟人社会里,人们往往缺乏应有的独立性,权利意识极为淡薄,而且表现出求安定、求稳定的社会心理。由于诉讼观念的强弱一定程度上是同权利意识的强弱成正比的,因此,在此社会里生活的人们不太可能选择诉讼作为主要的解决纠纷的方式①。同时,由于"家族本位"的宗法社会结构及其观念的影响,民间纠纷也多诉诸家族调解,而尽量避免对簿公堂。当然,诚如有些学者所指出的那样,人们息讼减讼、倾向调解的原因也在于害怕诉讼。长期以来,在老百姓的心目中,法就等同于刑。此外,"八字衙门朝南开,有理无钱莫进来"、"一年官司十年仇",这些都是被人们广为接受的祖训。因此老百姓渐渐形成了惧法、厌法的心理。

这种无讼的价值取向以及重视调解的法制传统对我们当今法制建设也有着正反两方面的意义。消极影响在于:其一,这种无讼的价值取向往往使人们形成以讼为耻,以讼为结怨的观念,不容易树立起现代法治所倡导的用法律来保护自己合法权益的法律意识。目前社会上出现的"私了"现象很大程度上就是受这种息讼厌讼思想的影响。这些不借助法律来解决纠纷,而诉诸法律以外的手段的私了现象与现代市场经济所要求的把社会的政治、经济、科学、文化、教育以及人们日常生活的重大环节都纳入法制轨道是根本对立的,与国家的法制建设也是背道而驰的。其二,传统调解制度是以义务本位为价值取向的,这也是与现代市场经济和法治要求相悖的。传统调解制度重义轻利,企求息事宁人之效果,不利于维护当事人正当的权利和利益,会扼杀人们权利意识或权利观念的生成,不利于现代法治的形成。其三,传统调解制度侧重于道德教化,即以礼俗、家法等为依据进行道德说教、劝和。这种重道德轻法律的传统调解制度极不利于培养人们的法律观念,同时也妨碍了专门从事法律职业的律师群体的形成。

但我们也应看到其中的积极意义:其一,在观念上确立"和为贵""中庸之道"的价值取向,主张形成社会中人与人之间相互宽容、谅解的风尚,造成和谐

---

① 参见刘敏:《论传统调解制度及其创造性转化》,载《社会科学研究》1999年第1期。

自然的人际关系,这是属于法制隐形系统的内容,对现代社会在处理人与人矛盾、纠纷的预防或解决上具有借鉴的意义。其二,调解过程重视人们的习惯习俗、道德心理等,使法制隐形系统的功能得到充分发挥,发育形成了法制隐形系统运作的配套机制。它对于促进人际关系的和谐,维护当时社会生活秩序发挥了不可低估的作用。在现代市场经济条件下,我们仍然需要人际关系的和谐、社会的和睦以及社会秩序的稳定有序,调解制度在这一方面仍然有其重要作用。不过我们在吸收传统调解制度的精神的同时也需要进行一定程度上的创造性转化。

第二章　法治文明实践中法治德治关系

一、从何种意义上理解法治文明——法治与德治关系的一种思考

学界存在把法治与德治相对立的观点，其实这是误解。在治国的方略上，不存在所谓和法治相对立的德治，法治是与人治相对立的。在国家治理的决定性条件上，是主张建立一个良好的有权威的法律和制度，还是寄希望于出现一两个明君圣贤；国家或社会是依靠公平、正义之法律来治理，还是依照少数领导者个人的智慧和德性，并通过施"仁政"来实现；国家对人的行为的规范，主要是依靠一般性的法律规则，还是主要依靠个人的具体情况具体指引；国家在政治制度上是实行民主还是专制，便是法治与人治对立的实质。而在法治状态下，强调法律的至上性，任何人和组织的行为都必须接受法律的规制。这时，法治中内涵着一定德治的内容。这里所谓"德治"，即主张以道德规范来约束人们的行为从而达到社会秩序的国家治理观念和方式，而道德规范的约束是以一种非正式制度约束出现的，与法治相结合使得德治的内容被确定。笔者在这里从对法治文明的解读，对上述的观点做出论证。

（一）何为法治文明

法治，其实不能仅仅看作是治理国家的一种方法或手段。一个国家或社会在建设过程中，有多种社会控制的方法，特别强调法律规范在社会控制上的作用，这主要是从手段上理解法治。但法治还要强调这个国家或社会把法律推崇为最高的统治力量，以约束政府权力并对社会进行有效的治理。这时法治作为治理国家的方式是与人治相对立，反映出它独特的治理国家的价值取向[1]。正

---

[1] 参见李瑜青《论"德治"对法治文明的精神功能》，载上海市邓小平理论研究中心编：《论"德治"与"法治"——学习江泽民同志"以德治国"思想论文集》，上海人民出版社2001年版，第319页。

是在这个意义上,我们看到虽然一定国家在历史上也提出依法治国的观点,但当这种观点主要是把法律当作治国的工具,遵循的最高原则乃是"君主至上",其内涵的思想属于人治而不属于法治的范畴。法治内涵的价值趋向,我们可以从《牛津法律大辞典》对法治的说明中看出,即认为法治是"一个无比重要的但未能定义、也不是随便就能定义的概念,它意指所有的权威机构、立法、行政、司法及其他机构都要服从于某些原则。这些原则一般被看作是表达了法律的各种特性,如正义的基本原则、道德原则、公平和合理诉讼程序的观念,它含有对个人的至高无上的价值观念和尊严的尊重。在任何法律制度中,法治的内容是:对立法权的限制;反对滥用行政权力的保护措施;获得法律的忠告、帮助和保护的大量的和平等的机会;对个人和团体各种权利和自由的正当保护;以及在法律面前人人平等……它不是强调政府要维护和执行法律及秩序,而是说政府本身要服从法律制度,而不能不顾法律或重新制定适应本身利益的法律"①。这样法治的实质性含义就十分清楚,它强调了政治民主、社会正义、保障人权、公民平等自由等原则。一个国家或社会的建设体现这些价值原则,社会成员对这些原则普遍认同,并成为维系社会合作、规范人们行为的基础,这个国家或社会实行法治,也就进入了法治文明状态,这时法治的一些要素被沉淀下来,增强了人们对客观世界的适应、认知和精神追求,并成为社会的公序良俗。

这里我们涉及对几个相关概念的解释。我们看到其实法治作为一种治国的思想要转变为现实是一个历史过程。用美国学者庞德的话说:法律是和一定时间、空间的文明联系的。法律在不同阶段所表达的文明有所不同。法治文明是法律文明的高级形态的表达。而文明我们不能理解为只是制度形态的东西。文明从词义上是与野蛮、蒙昧相对的概念,所反映的是人类在征服自然的过程中在文化上取得的种种进步,这种进步不仅反映在物质形态、制度形态上,也反映在精神、思想形态上。

因此,当笔者在这里用法治文明这个概念来讨论问题时,是要主张法治文明实际是一个时代的命题。法治文明的实现的最为深刻的根据在于社会的经济发展及相关的政治、文化生活的发展的内在要求上。从历史上看,当人类还普遍处在自然经济或半自然经济条件下,由于自然经济的特征,以及相关的政

---

① 《牛津法律大辞典》,法律出版社 2001 年版,第 790 页。

治、文化因素的作用,不可能出现法治文明。就自然经济特征而言,这种生产是为了满足生产者个人或某些特定社会集团的需要,而不是为了交换,生产活动的封闭性、保守性,使得社会主体的活动以血缘为纽带展开,这时血缘、家族为基础的伦理规范的整合功能在社会生活中具有很重要的意义。与此相关的是政治生活的专制和独断,所谓的国家规范或法律,这时占主导的在很大程度上实际是家族伦理的放大,这在古代的中国和当时世界其他国家的发展中我们都能看到这样的时代内容。人们对家长的尊重被神圣化为对皇帝或国王的崇拜,皇帝或国王是最大的家长。在文化上,血缘情感、伦理道德等成为一个国家通行的主体精神和社会规则。从理论上作一抽象,我们说那是人类还处于"自然文明"或"伦理文明"的时代[①]。

而法治文明的时代则不同。市场经济或扩大了的商品经济与法治的联系,不是一种历史的偶合,而是具有内在的必然性的。就运行机制而言,市场经济是以市场作为资源配置的主导方式的经济,这种经济活动看上去只是人们经济生活的方式变化了,其实深入分析则是改变了人的生存方式,即人们的生产不只是为了满足生产者或某些特定社会集团的,生产从一开始就具有交换性、等价性、平等性,开放、流通、竞争等经济活动的特点使一切自然人、法人与国家一样,都必须以独主的权利主体出现,在市场上求得生存和发展。这样,市场经济客观上需要一种表面上凌驾于社会之上的力量,赋予市场主体维护自身利益,保障自己追逐自身利益合法权利的社会力量。市场经济所需要的规则具有一定品格上的要求,只能由法治承担这个角色。人们的经济生活反映到政治及文化上,民主政治、社会正义、公正平等、保障人权等价值原则,就成为这个社会存在和发展的客观的要求,并取代把血缘情感、伦理规则、血缘共存等观念绝对的伦理时代。反映到治国模式上,就要求政治的理念、制度和权力的运行行为需要法律来加以确定、保护和制约,运用长效的法治机制防止野蛮政治从而保障社会文明的发展[②]。

我国在社会主义建设过程中,将"依法治国,建设社会主义法治国家"作为国家的一项根本方式和奋斗目标确定下来,是具有极为重要的里程碑意义的。

[①] 参见李瑜青《论"德治"对法治文明的精神功能》,载上海市邓小平理论研究中心编:《论"德治"与"法治"——学习江泽民同志"以德治国"思想论文集》,上海人民出版社2001年版,第320页。

[②] 参见李瑜青《论"德治"对法治文明的精神功能》,载上海市邓小平理论研究中心编:《论"德治"与"法治"——学习江泽民同志"以德治国"思想论文集》,上海人民出版社2001年版,第320页。

传统中国缺乏法治的基础,法律是以皇权为中心,以"重刑轻民"为表征。这个历史起点,对社会主义新中国的法治建设以极为深刻的影响,使得在改革开放之前社会主义法律制度建设出现过多次挫折。究其原因,我们可以从政治、经济、文化等多方面分析,但笔者认为特别有必要指出的是,法的发展在当时自身受到的限制,这种限制使人们不能马上意识到法在社会生活中的重要作用。对法的作用的这种限制,当然与当时社会经济发展的特点密切相关。从经济上说,社会主义新中国由于原来工业化的基础很薄弱,国家或政府不得不扮演直接的"经济组织者和管理者"的角色,通过直接的计划和行政指令最大限度地集中资源,并进行资源配置,以推进工业化进程。但在完成了社会主义改造,建立了社会主义公有制经济基础后,由于历史的惯性和受原苏联模式的影响,形成了以指令性计划为主的经济体制。这种体制由于国家享有至高无上的权力和几乎无所无包的渗透力量,在社会生活中行政控制力量占据了主导地位,法只是作为行政的辅助力量而起作用,这使得封建的法律虚无主义的文化传统在社会主义条件下又以新的特殊方式表现出来。造成了在社会主义建设中不少悲剧性的事件。因此,经过思想的解放运动和反思"文化大革命"的痛苦经历以及改革开放、确定的现代化发展的历史主题等,促使了法的现代转型。邓小平同志作为中国改革开放的总设计师十分重视社会主义法治建设。随着中国社会主义市场经济的建设和改革的深入发展,中国共产党在20世纪90年代初郑重地将"依法治国,建设社会主义法治国家"作为治国方略确定下来并写进宪法,这是中国社会历史进步的重要里程碑,说明中国社会在中国共产党人的领导下,在经历了历史反复、不断总结经验的基础上,遵循社会发展的客观要求,自觉地推进中国社会的现代文明的发展。而党的十八届四中全会以全会方式做出的决定,即《中共中央关于全面推进依法治国若干重大问题的决定》,则把法治文明推向更全面发展的方向。

(二)法治文明价值寻问的重心

在讨论了法治文明内涵后,有必要深入讨论法治文明价值寻问的重心问题。也就是要讨论支持法治文明的价值基础。一般说,价值论与认识论或实践论所思考的角度有很大区别。认识论所要解决的是人们认识外部事物是何以可能的,人们认识外部事物的过程及其规律性等问题。实践论是说明人在改造自然(物质生产劳动)或狭义的社会交往或精神生产等活动过程的内容、结构及其与社会有机体互动中的规律等问题。而价值论则不一样。价值论要说明一定事物对人的意义、评价的方式及其实现等问题①。

对价值一词内涵的不同理解是引发人们众多异议的根源。根据《辞海》所载,价值是"指凝结在商品中的、无差别的一般劳动","引申为意义、有用性"。显然,前者是经济学意义上的价值,后者则是泛指一般价值,法治文明的价值所指的正是一般价值。在我国学界对价值的具体含义的认识有不同的视角。一种是侧重于主体,着重于从主体的地位和作用去认识价值,强调价值因主体而产生,是主体所赋予客体的,因而是一种主观性的东西;二是侧重于从客体角度认识价值,认为客体的属性和功能是产生价值的主要依据,也就是说客体之所以能满足主体的需要,是由于它具有一定的功能和属性。但大多数学者主张应将上述两种观点联系起来,着重从主客体之间的关系去理解价值,把价值当作一种属于关系的范畴,因为价值是从人们对待满足他们需要的外界物的关系中产生的,只有主体的需要或只有客体的功能都不能形成价值。因此,马克思说:"价值这个普遍的概念是从人们对待满足他们需要的外界物的关系中产生的"②;它"表示物的对人有用或使人愉快等等的属性","实际上是表示物为人而存在"③。笔者也主张这个观点。

但价值还存在一个评价问题。人们总要说明一定事物价值存在的根据所在,这是在做价值评价。所谓的价值评价是指价值在意识中的反映,是一定事物对主体需要的估计、测量和评判④。价值评价是具有主观性的,它往往受到人的习惯、认识水平、外在影响、个人情绪等因素的作用。然而,我们不能由此认为价值也不具有客观性。价值客观性的根据就在于,客体与主体需要之间的价值关系本身是实践关系,其结果是主观与客观的一致。

与价值评价相联系,人们在具体分析一定事物时,就涉及价值基础的概念。一个事物的存在,它不仅表现为它与其他事物的关系,而且也表现为对自身的关系。前者可说是一个事物的外在价值,后者可说是一个事物的内在价值。外在价值由内在价值所决定,内在价值通过外在价值表现出来。一个事物对其自身需要的内在价值关系,是一定事物存在并发展的最为重要的根据。

---

① 参见《简明社会科学词典》,上海辞书出版社1982年版,第352页。
② 《马克思恩格斯全集(第十九卷)》,人民出版社1972年版,第406页。
③ 《马克思恩格斯全集(第二十六卷)》,人民出版社1972年版,第139、326页。
④ 参见李瑜青主编:《法理学》,上海大学出版社2005年版,第276页。

当然,一个具体事物的内在价值不是抽象的,它总是与人相关,具有自身客观的社会性质。虽然人们评价时会有不同,但我们要把价值评价与科学认识相区别。价值评价是价值判断、情感体验和意志作用的综合反映,是以主体的需要为条件的一种思维形式。而科学认识则要以抽象思维的形式来反映客体的本质和规律,从而揭示一定事物自身的价值基础。科学认识是价值评价的重要前提。这样,就可以使我们对事物的价值认识建立在正确思维的基础上。

作为法治文明价值基础的寻问,我们要强调其历史性的表达,唯这种历史性的表达才可能反映这种价值基础寻问的深刻性。笔者在这里试图从思想的发展史的角度对这个问题作出说明。笔者不赞成有学者认为的古代社会没有法治思想。其实,在古代中西法制发展史上,主张"良法之治"的观点、"以法限权"的观点等是典型的法治思想的表达。据考察,西方历史上法治思想源于古希腊的梭伦立法,但明确提出法治主张并系统阐述法治理论的思想家是柏拉图、亚里士多德等。他们的理论中对"良法之治""以法限权"等观点做了多方面的论证。古希腊的法治思想具有早熟的特征,到古罗马时期法学家所主张的法律统治,虽在设计上形成了自己的模式,但法治思想的重心没有改变。中世纪则是以神学法学的方式来表达古希腊亚里士多德等人的主张。而中国古代社会,也并非像有学者所认为的绝然不存在法治思维,只是这种法治思想是以雏形的形态表达的,通过如中国古代关于"天""道""理"永恒法的思想、"民本"至上的自然法思想、"祖训"至上的习惯法思想及以"礼"为代表的行为规范思想等,以"不成熟"的法治思想雏形的方式表达出对当时君权进行限制的观点。中国古代存在的这种法治思维雏形,也对当代中国法治思维的践行提供了重要的文化资源及深入思考的路径。

而人类进入近代社会之后,由于商品经济发展引起的观念上的变化及对封建的压抑人性的历史的深刻反思或批判,当时进步的启蒙思想家打出"理性""民主"和"法治"的旗帜,并就何谓法治、何以需要法治、如何实行法治等问题进行了系统的理论阐释和论证,一些民主制度和法治制度在当时相对发达国家也迅速建立起以法律限制权力的管理模式等。有代表性的如洛克、孟德斯鸠、卢梭、杰斐逊等一批启蒙思想家,积极张扬其法治的思想。英国的洛克主张自由主义的大旗,在法治上提出了分权和权力制约理论。法国的孟德斯鸠则在洛克分权理论的基础上明确提出三权分立的理论构想。卢梭则强调国家构成的基本要素不是官员而是法律,以法律来监督统治者、官员的执政,以法律来界定其权能和职能。法律面前人人平等是法治的基本要求。美国思想家杰斐逊则明确，法治的前提是法律本身必须体现人民意志，立法权属于全体人民等。上述启蒙思想家继承了古代法治思想的积极内容，并且使这种法治思想转化为治理国家的实践探索。而中国近现代史中所张扬的法治内容可以说与西方具有相通性。

而历史进入当代之后情况显得复杂。就西方社会而言，由于经济危机的频繁爆发，垄断在很多领域代替了自由竞争；政治方面，阶级矛盾加剧，政治斗争与民权运动此起彼伏。在这种背景下，西方思想家的法治理论更加关注于具体、微观的问题，法治理论出现了重要转向，突出的首先在于法学家们开始从不同路向、多角度探究法治，呈现大致三种意义上对法治的理解：

其一，法律意义上的法治(形式法治)。这是职业法学家对法治的认识，他们一般愿意就法治论法治，或者把法治问题限定在法律领域内讨论和研究。他们普遍关注法律的形式化，普遍从实证意义上探讨法治的标准。新实证主义法学家拉兹认为，法治包括两方面的含义：① 人们应当用法律来统治并服从法律；② 法律应当能够引导人们的行为。为了保证法律具有引导人的行为的能力，拉兹又提出了法治的若干原则。这些原则也就是为实现法治所要求的法律形式要件，其中包括：① 所有法律都应该是不溯及既往的、公开的和明晰的；② 法律应当是相对稳定的；③ 特别法的制定应依据公开、稳定、明晰和一般的规律为指导；④ 司法独立必须予以保证；⑤ 自然正义应予遵守；⑥ 法律应当具有审查权力，以保证其他原则的实施；⑦ 法院应当是容易接近的；⑧ 不应允许预防犯罪的机构利用自由裁量权歪曲法律。其中前三个原则是对法律本身的要求，后五个原则是对法律实施机构的要求。

其二，价值意义上的法治(实质法治)。这主要是政治伦理学家的法治认识，它的基本特点是从伦理观念出发认识法治，努力揭示法治的政治伦理含义，规定法治的终极目标即正义、善和个人权利和自由。新自然法学派的代表人物罗尔斯和德沃金、新自由主义法学派的代表人物哈耶克持有这样的认识路向。美国哈佛大学教授罗尔斯于1971年出版《正义论》一书，该书被西方学者推崇为20世纪政治哲学、法哲学的最伟大成就。罗尔斯的正义理论是社会正义理论。他提出两个正义原则：第一，每个人都具有这样一种平等权利，即与其他人的同样自由相容的最广泛的基本自由；第二，社会和经济的不平等将是这样安排的：① 合理地指望它们对每个人都有利，② 加上地位和官职对所有人开放。第一个原则被称为平等原则,第二个被称为差异原则。平等原则主要考虑确立和保障公民的平等自由;差异原则适用于收入、财富和社会地位的分配,即如何对待人们之间的不平等。其突出特点是,罗尔斯强调一切社会经济不平等只有对所有人,特别是对处于最不利条件的人来说有利的情况才是合理的。而对由于社会或自然条件造成的不平等,社会应采取补救措施。可见,罗尔斯的社会正义原则追求的是实体的正义。他还提出了正义的四个原则:法律的可行性;类似案件,类似处理;法无明文规定不为罪;自然正义观。因此,在他看来,法治是实施正义的前提。德沃金于1977年出版了《认真对待权利》一书,该书系统阐述了权利论法哲学。德沃金所说的权利,不是每个人所理解的权利,它们可以是法定的权利,也可以是道德或政治上的权利,也就是说,它们既是实证上的权利,又是"自然权利"。在所有权利中,他认为最重要的是关怀和尊重的平等权利。他指出,政府必须以关怀和尊重的态度对待其所治理的人民,政府不仅关怀和尊重人民,而且要平等地给予关怀和尊重。也就是说,政府绝不能以某些公民值得倍加关怀而使他们有资格获得更多的商品和机会,也绝不能因某些团体中某个公民的更好生活观念使他比其他人高贵或优越,从而限制他人的活动。无疑,德沃金也反对形式上的平等,强调实质上的平等,主张给不利地位的群体和个人以更多的保护。哈耶克是新自由法学派的代表人物,他的法治理论建立在完整的社会秩序观之上。他的法治思想包括以下内容:第一,法治是一种自由秩序,法治是个人自由的必要条件,而非障碍。第二,法律面前人人平等,任何法律都应平等地适用于任何人。他主张的是真正自发的平等,法律应该以平等地增进所有人的机会为目标。第三,民主的政府应该是受限制的政府,即应严格限制在合法范围内。值得一提的是,哈耶克对法治之法应具备的属性作了详尽的论述。他认为法治之法的原则要素为:法的一般性与抽象性,法的公知性和确定性以及法的平等性。所以,就认识和研究的路向而言,哈耶克坚持的是一条综合统一的认识路向,即不仅从法律的层面,而且从价值层面对法治进行探讨,因此,哈耶克的法治思想则是形式法治和实质法治相结合的模式,深化了现代法治理论。

其三,社会意义上的法治。这也就是社会法学家或法社会学家关于法治的认识,也即从整个社会的大背景下或法律或社会的关系中发现法治得以形成以及维持的规律和真实原因。当代法学家昂格尔基本坚持这样的认识方向。美国批判法学派代表人物昂格尔在其力作《现代社会中的法律》一书中,从历史转变和现代社会的转折两个层面上透视法律,阐述了法在复杂社会中的地位。昂格尔从实证意义上研究西方自由资本主义条件下的法治标准。他认为法治秩序下的法律不仅具有公共性和实在性,更重要的是具有普遍性和自治性,而法律的普遍性和自治性属法治的根本标准。法律的普遍性,是指立法的普遍性和适用法律的一致性。昂格尔指出:"为了确保普遍性,行政必须与立法相分离;而为了确保一致性,审判必须与行政相分离。实际上,这两个分离恰恰是法治理想的核心。"法律的自治性表现在实体、机构、方法和职业四个方面,即存在一套独立的法律规则体系,这是法治的首要前提;保持司法独立;法律推理具有一种有别于科学解释以及伦理、政治经济论证的方法或风格;存在一种相对独立的法律职业集团。在探讨法治产生的社会历史条件时,他认为,现代法治形成需要两个前提条件:一是集团多元化,二是自然法观念。只有将两者结合起来,才导致法治理想的形成。可见,昂格尔的法治思想一方面关注法律的形式化,另一方面注重法律来源于社会,既要考虑社会组织的特性因素,又要考虑文化及社会意识模式的因素。随着行政权力的扩张以及国家对社会经济干预的加强,近代法治理论已经不能解释国家权力在法律制度中出现的新变化,行政机关的自由裁量权必须在法治视野下做出重新解释。英国当代著名宪法学者詹宁斯就提出,法治并不意味着必然与政府的自由裁量权相矛盾。他说:"并不意味着只有当赋予立法机关以广泛的自由裁量权时,才会存在法治,而当广泛的规程制定权——为贯彻一般立法和应付紧急状态制定行政规则的权力——为执行或行政官员拥有时,就不存在法治了。"相反,"保障法治也许要求——英国臣民的人身财产应予完全处于当权者的自由决定与裁量之下"。近代法治理论强调应当依据法治原则成立限权政府,但强调国家权力的有效规范与制约,必然抑制了国家权力主观能动性的发挥,势必影响国家权力快速应变的效率。现代西方学者也认为要保护公民权利就必须控制政府权力,但强调政府权力与公民权利的平衡,认为政府在自己的权限范围内行使权力是保障公民权利的最主要的手段,实现了由"消极限权"向现代"积极控权"的转变。"限权"是从静态的角度消极地划分政府权力以及行使权力的方式。"控权"则是在静态划分的基础上根据社会生活的实际需要扩大政府权力的范围,并通过有效的控制手段实现对政府权力的调控。美国当代法学家弗里德曼也指出:"回到与海克或基顿的法治概念相应的'守夜人'国家去,太脱离现代民主社会的现实了。"他认为,问题的关键应是如何设法在一个权力扩大的社会中维护法治和个人自由。为此,他提出五个原则:① 要有用以防范公共权力的非法干预和滥用自由裁量权的行政管辖。② 规定一些肯定的标准作为公共权力对私人权利干涉范围的界限。③ 对合法利益必须进行不可预见的干预时应予赔偿。④ 政府的活动必须要伴之以取消政府和一般公共权力所享有的不追究法律责任的豁免权。⑤ 高级行政当局以及最终由议会行使对公共权力的监督。这些积极控权的原则无疑成为现代西方法治理论的组成部分。

由此,在法治文明价值寻问的重心中,人并非作为法的对立面而存在的,人永远是法治的目的,法治总体现着独特的人性立场,表达着对人的基本价值、人的生存意义、人格尊严的人文关怀,说明德治内涵于法治文明中,是法治的价值基础。

(三) 法治文明所内涵的德治内容

就法治文明所内涵的德治内容,我们有必要进行提炼:

1. 在处理人与法的关系上主张以人为本,反映法治文明所内涵的德治内容

我们都知道,人是社会的主体,是推动社会不断进步的根本动力,人为世界就是人类根据自身生存和发展的需要而构筑的。而在相关的法的理论中,唯法治的理论,明确接受如此的思想,认为法无论是作为对历史经验的归纳与传承,还是作为现代需要而进行的理性建构,它都是由人创造的,是人为世界的一种存在,自然法则并不具有人类社会法的含义;法调整的是人与人之间的社会关系,它通过对人与人的权利与义务的配置,来协调人与人之间的矛盾和冲突;法为人所创造之后,其执行和遵守的整个实施过程仍需要人来支撑,并以人的现实生活场景为其实现的时间和空间的纬度。没有人就无所谓法;离开了人,法也就失去了存在的必要。因此,人是法的起点,是法的价值主体,也是法的实践主体。同时,法治理论主张法不仅产生于个人的现实生活,它也构成个人生存和发展的环境。一如在个人基础上形成的社会与国家(政府)等社会机制,并在更大的程度上和更广阔的范围内,构成个人生存和生活的重要部分。在这个意义上,可以认为法与个人之间的内在联系远比社会与国家(政府)之间的联系更为真实而紧密。因此,法治无论作为一种思想理念,还是作为一种制度安排,它的根基与灵魂就在于其人文的价值荷载以及相应的人文

信仰,正是在这个意义上,法治理论主张"良法之治""依法治权""以法控权",从而使法律体现其以人为本的要求。以人为本的价值理念这种德治的思想是法治文明的思想基础。

2.张扬人性具有战胜自我的能力,反映法治文明所内涵的德治内容

法律要体现正义,就要认识人的本性。考问人的本性是法治理论的逻辑起点。不管人性本善或本恶,相信人性具有战胜自我的能力,而不需要借助外在的某种神秘力量,这是法治文明始终内涵的文化的品格。

古希腊的德谟克里特很早就从人性的角度论证法治,柏拉图和亚里士多德则在当时条件下把这种观点进一步完善。德谟克里特认为人性本恶。城邦之所以需要法治是维护人类自身的需要。因为人与人之间总是相互敌视、相互倾轧、相互妒忌,人性的这些弱点往往是把社会引向分裂和内乱的根源[①]。人类的本性是追求一种快乐的生活;但人非圣贤,自私自利的人和损人利己的事总存在。但人性的伟大之处在于创设法治,"对那些遵从法律的人,法律显然是适合他本性的美德"[②],使人们能够和谐生活,过幸福生活的愿望得以实现。柏拉图提出法治的构想是他理想国的实践遭受挫折,开始承认人性的力量和法律在政治生活中的作用,他在这方面的思考为亚里士多德所发展。亚里士多德在《政治学》中明确指出:"法律是最优良的统治者","法治应当优于一人之治"。他的这一著名论断就是以人性的弱点为逻辑起点进行推导。亚里士多德列举了人性中的恶:人的本性中都有感情,所以个人容易感情用事,容易偏私;人容易信口开河,今天这样讲,明天那样讲,缺乏稳定性。但人的本性中还有高于自然本性的理性,法治使人的欲望受到限制。正视人性的冲突是法治建立的基础。

西方法治发展到近代获得了更加成熟的理论内容,一批资产阶级思想家如洛克、孟德斯鸠等人对人性、对法的问题都有过重要论述。一般来讲,近代思想家主要从人的自我保护的自然本性出发,考察法治理论的人性基础。英国思想家洛克是法治分权理论的创立者,他认为:"如果同一批人同时拥有制定和执行法律的权力,这就给人们的弱点以绝大的诱惑,使他们动辄要攫取权力,借以使他们自己免于服从他们所制定的法律,并且在制定和执行法律时,

---

[①] 参见北京大学哲学系编译:《古希腊罗马哲学》,生活・读书・新知三联书店1957年版,第119页。
[②] 北京大学哲学系编译:《古希腊罗马哲学》,生活・读书・新知三联书店1982年版,第67页。

使法律适合于自己的私人利益,违反了社会和政府的目的。"①我们要通过制度的设计,使人性向善的方面得到发展。孟德斯鸠在论及利益和人性的关系时说道:"假如有上帝,他必须不能不是正直的;因为,假如他不正直,就有可能成为一切人中最坏的、最不完善的一个。"而人不是上帝,有人性的弱点,所以"人人都有可能做非正义之事,因为这样做,对他们有利;他们宁愿满足自己,不愿意满足别人。一切举动,均出于对自己的考虑,没有一个毫无作为的坏人。必定有一个理由决定一切,而这种理由,总不外乎利益"。"人人并非永远看得见这种关系,往往甚至看见了还故意远而避之,而利益所在,人人眼明,却永远如此。正义发出呼声,但是人之七情,纷纭错杂,正义呼声很难听见。"②因此,法律作为正义的准则来调整人们的利益关系是必要的。任何一种社会秩序类型都以对人性的特殊设定和估价为前提,但法治理论又相信人性具有战胜自我的能力,人的世界可以通过人自己的力量,而不需要借助于外在的神灵或世外高人,人通过制度的设计就可以使社会生活处于有效的状态。法治张扬人性具有战胜自我的能力,体现了德治思想是法治文明的价值基础。

3. 强调人的理性在法律生活中的重要性,反映法治文明所内涵的德治内容

理性是人们所内具的不同于感性认知方式和感性驱动行为方式的另一种认知方式和对行为控制、驱动的思维方式。法治是理性之治,理性不仅催生出西方法治主义的诞生,追求理性也成为西方法治始终如一的关怀。

理性是自然法的本质,自然法与理性紧密联系是西方自然法理论的传统。在历史上,自然法学者对理性与法律关系的认识经历了从天上到人间的复归过程。古代的自然法学家常常把理性与自然相等同,强调理性的普遍性与永恒性。早在古希腊,亚里士多德在《政治学》一书中将法律定义为"不受主观愿望影响的理性",他认为,法律不会说话,不会像人那样信口开河,今天这样说明天那样说,法律具有稳定性,是"没有感性的智慧"③。斯多葛学派认为,维系宇宙的基本原则是理性,自然法即是理性,理性是判断善恶、是非的标准,自然法是判断人为法的基础。虽然斯多葛学派将理性与自然等同,将普遍理性与正义和法律相衔接,但对自然、理性与正义和法律关系进行系统论证的是西塞

---

① [英]洛克:《政府论(下篇)》,叶启芳、瞿菊农译,商务印书馆1964年版,第89页。
② [法]孟德斯鸠:《波斯人信札》,罗大冈译,人民文学出版社1958年版,第145页。
③ 参见[古希腊]亚里士多德:《政治学》,吴寿彭译,商务印书馆1981年版,第163页。

罗。罗马法学家西塞罗第一次明确提出自然法的本质就是正确的理性。西塞罗认为，人是自然界里最特殊的动物，其特殊性就在于人是所有生物中唯一具有优越的理性的种类，"人和神具有同种德性，任何其他种类的生物都不具有它。这种德性不是别的，就是达到完善，进入最高境界的自然"，自然予人以理性，理性是上帝与人类的共同财产，是人与上帝沟通的桥梁。"法律是最高的理性，是自然生出的指导人们应做而不应做，这种理性在人类理念中稳定而充分发展便是法律。法是一种自然的权利，是理智的人的精神和理性，是衡量正义与非正义的标准"①。由此可见，理性主义构成西塞罗自然法思想的精髓，在西塞罗的思想中，法律、自然、理性三者之间存在着某种同一性，而其中的正当理性就是宇宙的主宰力量。

西方的理性主义发展是曲折的，在古希腊才开始萌芽的西方法治理念在中世纪遇到挫折。中世纪是一个非理性的时代，以神性取代人性的神治主义笼罩欧洲大陆，神是世界的主宰，人是没有任何独立性的躯壳。就其现实的人的生活而言，人的自由几乎被完全剥夺，封建等级制度与基督教神学相互结合，使人的独立、尊严及自由遭受到普遍的压抑和否定。在这种背景下，要形成法治主义，必须恢复和重建人类理性。于是以反对神性、呼唤人类理性为宗旨的人文主义揭开了人类解放的序幕。人文主义者用人道来反对神道，提倡个性解放、个人幸福，反对封建束缚，肯定了人的尊严、人的伟大，这一时期人文主义张扬人性、反对神性，为理性主义在西方的恢复奠定了基础。

17、18世纪是一个启蒙的时代，启蒙即光明之意，而这个光明即是理性之光，所以"理性"是启蒙时代的汇聚点和中心。启蒙思想家们称自己所处的时代是"理性时代"，他们以理性对抗神学，以人权反对神权，以知识消除蒙昧，以建立合乎理性的社会和培养理性的个人。他们认为理性是人类的一种自然的能力，是"自然的光亮"，这种"自然的光亮"在中世纪被淹没了，现在理性时代来临了，他们要用理性来启迪人类。他们坚信人能够通过理性之光来完善自身和社会，他们憧憬着一个更为自由、更人道、更理智的社会，相信社会是进步的。在启蒙运动中作为一种认知活动意义上的理性具有了新的内涵：① 从认识的主体来说，理性主义者认为一切认知活动的起点都是"人"，人是认识的主

---

① ［古罗马］西塞罗：《论共和国　论法律》，王焕生译，中国政法大学出版社1997年版，第193页。

体,外部世界是客体,并且人的理性保证了人类获取的知识具有客观性和真实性,因此一切科学知识、社会制度的合理性、合法性的尺度就是理性。② 从认识对象来说,理性主义者相信客观世界充满了必然的因果联系,一个有序的体系和结构隐藏在纷乱的表面现象之下,客观世界存在着必然的、普遍的规律。③ 从认识的方法来说,理性主义者认为数学的方法是一切科学的楷模。在笛卡尔看来,数学的方法就是从公理和自明的原则开始,以这种原则为出发点进行推理,如果推理在逻辑上是正确无误的,那么如此演绎出来的结论和命题就会同原则一样确实①。

伴随着文艺复兴、启蒙运动兴起和商品经济的发展,17—18世纪,自然法学说达到了顶峰。古典自然法理论对法律中的"理性"范畴作了修正。在文艺复兴的人文主义推动下,他们强调"理性"是人的理性,是天赋人权、平等、自由、博爱等,试图以新的自然法理论重新规范人与人、人与社会、人与国家的关系。在他们看来,理性作为人的一种自然能力,是人们评价是非善恶的标准,是人们达到幸福所依据的方法,是人类行为和信仰的正当理由。诚如古典自然法学派代表人物格老修斯所言:"自然法是政治的理性准则,它指示任何与我们理性和社会相一致的行为就是道义上公正的行为;反之,就是道义上罪恶的行为。"②在这里,格老修斯把自然法、道德、理性和人的本性联系起来,不再把法律的基础归于上帝或宇宙自然,而是从人的理性之中寻找法律的根源。在他看来,一切法律均根源于人的本性,具体的实在法渊源于自然法,自然法又渊源于人性。作为人的本性的理性就是法律之母。他从正当理性的角度对自然法作出了道德正义性的价值评价。无论是格老修斯,还是洛克、霍布斯、孟德斯鸠、卢梭,古典自然法学家普遍认为,人类理性是自然法的内在特质和终极目标,自然法的基本原则就是突出人的价值和尊重人的基本人格,自然法体现的是人的平等、自由、公正,正是这种理性法使得西方人以关怀人、尊重人为第一要素。在启蒙运动中崛起的新兴资产阶级,经历了理性主义的熏陶后,很大程度上接受了自然法思想,并以此形成了一套理性主义的法的观念、价值、原则、制度,创立了一整套资产阶级法律体系和法治社会模式。虽然进入当代这种理性主义思想传统还有过波折,但它一直是法治理论的重

---

① 参见[美]梯利:《西方哲学史》,葛力译,商务印书馆1995年版,第308页。
② 张宏生:《西方法律思想史》,北京大学出版社1990年版,第217页。

要内容。而对理性的张扬是一种德治思想的理论表达并成为法治文明的价值基础。

4. 对自由、平等、人权、正义的思想追求,反映法治文明所内涵的德治内容

法治表现为制度,内在于精神。自由、平等、人权、正义等是法治价值的基准和理想目标,仔细考察西方法治价值目标的确立过程和西方思想史的形成过程,就会发现西方法治的价值取向与西方人文精神的基本内容是基本一致的。发轫于古希腊,到文艺复兴时期以人文主义为主题和启蒙运动时期以近代平等、自由等为核心的人文精神,铸就了西方法治的价值取向。

古典法治观念已经存在尊重人和关怀人的传统。早在公元前5世纪,以普罗泰戈拉为代表的智者学派,开始改变自然哲学家注重研究事物的客观性和神的本性,开始了对人和社会的研究。在研究中,他提出了"人是万物的尺度"这一人文命题,表达了最早的人类中心思想。正是在这一人文命题的指导下,普罗泰戈拉反对政治、法律上的"自然论",而坚持"约定论"。他主张,所谓正义与非正义,荣誉与可耻,事实上是法律使然的。公民可以根据自己的需要和意志来废除传统的法律、道德,制定合乎自己利益的法律、道德。也就是说,法律道德的存废都应当以人为其衡量的尺度。从人的需要出发,以普罗泰戈拉为代表的希腊智者们提出了法律正义与平等的要求。他们认为,法律必须是大家同意的,是正义的准则和善恶的标准。苏格拉底深受智者学派人文思想的影响,他提出"美德就是知识"的著名论断,他说,"知识即德性,无知即罪恶"[①]。最高的知识就是对善的这个永恒的、普遍的、绝对不变的概念的知识。正是在这个道德观念的基础上,苏格拉底指出正义是法律的一种美德,正义的法律合乎人们的利益,能够促成人们美好而公正地生活。在柏拉图和亚里士多德时代,希腊哲学的主流已经由自然的哲学转变为人的哲学。柏拉图和亚里士多德的学说就是转变的产物。在柏拉图的政治哲学中,人既是它的出发点,也是它的最终归属。以人为逻辑起点,他首先提出了人治,但为了人的现实利益和幸福,他最终接受了法治。与柏拉图相同,亚里士多德的主张也建立在对人的认知和关怀上。他认为,追求美好的生活和幸福,这是人的本性。又因为人的本性中有恶的存在,他提出了法治的主张。此外,根据人的需要,他又对法律的统治提出了若干要求,如良法必须是符合公众利益而非只是谋求

---

① 苗力田、李毓章:《西方哲学史新编》,人民出版社1990年版,第54页。

某一阶级或利益的法;良法不可能是限制和剥夺自由的法;良法必须是能够促进和建立正义和善德的政体,并为维持和巩固这种政体服务。对人类自身关注的倾向,在普罗泰戈拉、苏格拉底、柏拉图、亚里士多德的学说中都可以发现,并且逐渐从一种学说演化成一种气质,那就是西方最初的人文精神。

中世纪,人文精神的萌芽被与之相对立的以神为本所中断并取代。中世纪以神为本以神创论为依据,认为神创造了人,人因神的存在而存在,把现实社会发展的一切统统归结为神与上帝。神本论不仅认为历史是上帝创造的,而且认为历史是为上帝服务的。它否认了社会的物质基础,更否认了人是历史的创造者。在中世纪基督教文化中,人性被淹没在神性中,人的价值和尊严被践踏。随着生产力的发展、人们对现实的感受与思想的觉醒,以神为本受到人们强烈而广泛的批判。14世纪至17世纪中期,在欧洲掀起了以人性解放为宗旨的文艺复兴运动。欧洲的文艺复兴运动是当时进步的思想家、文学家、艺术家、教育家和科学家、史学家发动、组织和领导的。这些人文主义者强烈疾呼以"人"为世界的中心,反对以"神"为中心的世界观和人生观,主张以"人性"取代"神性",以科学、知识取代愚昧无知;以积极的人生态度和奋发进取的精神取代消极悲观和避世的人文哲学。人文主义者在反对神学的斗争中创立了人文主义思想,他们以人文主义思想为斗争武器,向反动的封建势力及其精神植株展开了斗争,由此开始了一场资产阶级新文化运动。欧洲文艺复兴的先驱但丁大胆地歌颂了人的价值和尊严,他说:"人的高贵,就其许许多多的成果而言,超过天使的高尚。"他认为"人类作为一个整体而言,它的本分工作是不断行使其智力发展的全部能力",人的智力发展甚至比天使还强[①],反映了新兴资产阶级争取生存权利的愿望和乐观精神。欧洲文艺复兴时期的人文主义大力提倡发展人的意志自由和个性自由。人文主义者宣扬人的意志自由和个性自由,反对基督教主张的禁欲主义和蒙昧主义;提倡个性自由和平等,反对神权和专制主义。但丁是文艺复兴时期第一个肯定"人类是自由的","人类一旦获得充分自由,就能处于最佳状态"[②]。意大利人文主义者瓦拉在《自由意志论》一书中,主张每个人都有自己的思想自由,只有独立的个性自由,才能创造出人间的奇迹,造福于人。荷兰人文主义者伊拉斯莫在他的代表作《愚人颂》

---

① [英]但丁:《论世界帝国》,朱虹译,商务印书馆1985年版,第4页。
② [英]但丁:《论世界帝国》,朱虹译,商务印书馆1985年版,第16页。

中,认为自由意志是专属于人的专有名词,只有自由、快乐、知识和理性是组成道德和良心的重要因素。法国人文主义思想家蒙田的"我考虑我自己"的名言在欧洲广为流传,深刻地表达了人文主义对意志和个性的追求。文艺复兴倡导的人文主义要求冲破神权和王权压抑人的主体性和藐视人的尊严、价值、生命、权利的状况,从人本身出发,关注人的本质及人与自然的关系,更强调人的地位、尊严、作用和价值;恢复和维护人的本真的存在,强调人的主体性、意志自由性。人文主义者大力张扬自由、平等的思想,为资产阶级法治确立的自由平等原则提供了思想准备。

继文艺复兴后,18 世纪在西方又开始了一场思想文化的大争鸣即启蒙运动。这个世纪出现了大批彪炳史册的人物,他们大胆的言论,深刻的思想,使许多新的政治观念得到极大的普及,并震撼着一代又一代人的心灵,使自由、平等、民主法治等观念深入人心,深刻改变了西方人的法治观念和思维方式。文艺复兴后,人道主义逐渐取代人文主义一词,并广为流传。到 18 世纪时,资产阶级接过文艺复兴时代人文主义精神的接力棒并继续前进,使人道主义成为启蒙运动的指导思想。以孟德斯鸠、伏尔泰和卢梭等为首的启蒙思想家,针对"王权神授"说,提出了"天赋人权"的观念,申明了自由、平等的思想。这一思想的前进,是基于资本主义经济的发展,而表现在政治上,也是从文艺复兴时期向封建神权挑战,发展成为直接指向封建等级制的特权。启蒙思想家普遍认为特权制度一贯依靠的不是契约而是暴力和专横,所以应该加以根除而取而代之以自然、合理的共和制度,以保障人们的权益。

文艺复兴时期的人文思想在启蒙时代具体化为"自由、平等、博爱"等内容。卢梭是对西方近代思想有着深刻影响的人物,他的"每一个人都生而自由、平等"和"人生而自由,却无往不在枷锁之中"的格言,点燃了为自由、平等而奋斗的烈火。卢梭对自由平等是这样解释的:"自由是因为一切个人的依附都要削弱国家共同体同样大的一部分力量;平等是因为没有它,自由便不存在。"[①]"一个人抛弃了自由,便贬低了自己的存在;抛弃了生命,便完全消灭了自己的存在。因为任何物质财富都不能抵偿这两样东西,所以无论以任何代价抛弃生命和自由,都违反自然同时违反理性。""放弃了自己的自由,就是放弃自己做人的资格,就是放弃人的权利,甚至就是放弃自己的义务。对于一个

---

① 《西方法律思想史资料选编》,北京大学出版社 1983 年,第 67 页。

放弃了一切的人是无法加以任何补偿的。这样一种弃权是不合人性的,而且取消了自由意志的一切自由,就是取消了自己行为的一切道德性。"①"法律面前人人平等"原则正是在这一思想背景下写进资产阶级宪法的。自由、平等并不排除法治。"人是自由的,尽管屈服于法律之下,但那只不过是服从既属于我自己所有也属于任何别人所有的公共意志,……法律的条件对人人都是同等的。因此就既没有主人,也就没有奴隶。"②

在思想界,洛克的自由主义思想奠定了西方自由主义法治传统的理论基础。洛克认为,人生来就享有完全自由的权利并不受控制地享受自然法的一切权利和利益,人们在自然状态下拥有天赋的自由、平等权利,人们同等地享有一切权利,人们可以自由活动、自由地追求财富、自由在自然状态下决定自己意志和行动的权利。在社会状态下,它是在不妨碍他人的前提下个人所拥有的一切权利。洛克还认为,公民还具有在法律面前一律平等的权利。法律以自然法为依据,它是对全体社会成员的要求和准则。洛克把法律看作是自然法在社会状态下的要求,它的意义在于维护和保护公民天赋的自由和平等。他指出"法律的目的不是废除或限制自由,而是保护和扩大自由。这是因为在一切能够接受法律支配的人类的状态中,哪里没有法律,那里就没有自由"③。洛克更多地强调了个人自由,主张把个人的天赋人权——生命、自由财产等认作立法的原则。他把自由、平等的权利上升到自然法的层次,并把它理解为自然法的要求。洛克对自由、平等的界定,构成了近代自由主义思想的基本框架,也正是洛克的自由主义的理论为资产阶级的民主政治和法治的形成提供了依据。

资产阶级的革命运动最终确立了法律在社会生活中的地位,确立了人本思想。从法国的《人权宣言》到美国的《独立宣言》,都是对长期存在的对人的自由、平等权利的不懈追求的结晶。而且,西方法治社会所确立的私权神圣、契约自由、罪刑法定等法律原则和制度,无一不是弘扬自由、平等权利的一种体现。可以说,西方的法治文明表现出对人的尊严、自由、平等和权利的张扬和保障,在精神层面上获得了符合时代需要的内容。法治文明从文化内核的角度表现为对自由、平等、人权、正义的思想追求,体现了人文精神是法治文明

---

① [法]卢梭:《社会契约论》,何兆武译,商务印书馆1982年版,第137页。
② [法]卢梭:《社会契约论》,何兆武译,商务印书馆1982年版,第24页。
③ [英]洛克:《政府论(下篇)》,叶启芳、瞿菊农译,商务印书馆1964年版,第36页。

的价值基础。

我们从西方法治思想的分析入手说明人文精神是法治文明的价值基础,是由于西方法治思想的发展有其典型性。但事实上,在人类社会发展过程中始终贯穿着"人"的思想,只不过在不同的历史时期、民族国家和文化传统中,有着不同的表现形式。中国人文传统,颇具"早熟"性,远在周代,与殷商时期的尊神重鬼相对应,"重人""敬德"观念应运而生。先秦典籍所谓"惟人万物之灵"(《尚书·泰誓上》),"人者,天地之德,阴阳之交,鬼神之会,五行之秀气也"(《礼记·礼运》),便是中国式的人文精神的先期表述。之后,以孔孟为代表的儒家学说推崇重视人的"仁"学思想,提出"民贵君轻"的"民本"思想。西汉时期出现了儒家大一统的儒家文化,具有民本主义因素的德治思想取得正统地位,对人及社会的关怀提到一个新的高度。魏晋时期的思想家比较重视人的个性发展和情感生活。汉唐比较强调人的气质、修养,重视奋发有为的社会意识。宋明时期则稍有不同,其以人的品格的具体抽象化、天理的思想去概括,使人文精神从人间飞到天上。明末清初,由于西方文明的输入拓宽了人们的眼界,出现了一股反礼制规范的人文的潮流。自清代严复提出"主权在民"思想以来,中国的人文主义思想进一步发展。尤其是"五四"新文化运动中提出的"民主"和"科学"思想,其核心就在于要打破封建礼教和封建枷锁,争取人性的解放和个性发展,争取个人独立自主的权利①。因此,中国有着丰富的人文文化。

但是,纵观中国传统文化,尽管包含了"人本""民本"人文精神,但与西方的人文精神相比较,却有自身独特的路径。有的学者概括:① 从本性上讲,中国传统人文精神不是一种超验的、独立的和纯粹的精神,而是从属于世俗权威的伦理精神或政治精神;② 中国传统人文精神注重情感,情与理模糊不清;③ 中国传统人文精神特别注重人的内在德性的培植②。另外,中国的人文传统注重人文与天道的契合,以伦理为中心,民本与尊君形成一体。人不是社会主体的人,只是全体的一分子。我国学者庞朴对中国传统人文文化作了精辟的表述:"把人看成群体的分子,不是个体,而是角色,得出人是具有群体生存需要,有伦理道德自觉的互动个体的结论,并把仁爱、正义、宽容、和谐、义务、

---

① 参见吕世伦、张学超:《"以人为本"与社会主义法治》,载《法制与社会发展》2005年第1期。
② 参见汪太贤、艾明:《法治的理念与方略》,中国检察出版社2001年版,第158—165页。

贡献之类纳入这种认识中，认为每个人都是他所属关系的派生物，他的命运同群体息息相关，这就是中国人文主义的人论。"①这种人文文化对法治文明所要求的如和谐、秩序要素提供了价值基础，因此不能说中国文化中没有现代法治文明所要求的成分，但中国的人文传统总难以突破故道，它在自然经济所规定的文化系统运转，未能直接引出近代的文化精神。人们的生活长期处于专制政体中，滋养出的主要是以人情、伦理来判断行为的正当性，以社会身份决定人的地位和权利的思维方式。而法律则寄生于现实政治，形成一种对政治权威的依附性，法的价值在很大程度上也局限在工具上。

因为长期深受人治的影响，当代中国渴望建立一种高于或优于人治的理想社会。推行法治、借鉴西方法治经验、建立社会主义法治社会是必然选择。然而，长久以来，我国在法治建设的过程中，注重了法律制度的建设，却忽视了对人文价值、人文理想的关怀和建构。其实思想、观念的建设是具有根本性的，我们看到在某些地方有些人法治意识淡薄，社会在很大程度上也存在不知法、不懂法、不守法现象。有些人对法律采取规避的方法，法律在人民的心目中还远没有形成一种至高的权威。同时，在中西法文化碰撞、交流、磨合和整合的过程中，有的人盲目地崇拜西方法律文化和其市场法则，又使得人们在摆脱自然经济条件下对"人的依赖关系"的同时，又滑入对"物的依赖关系"之中，产生人的"异化"现象。由此，使有的人丧失了人生的终极目标和理想，导致极端的利己主义、机会主义、短期行为等现象的泛滥，这一切反映出市场经济浪潮中人文精神在某些地方的失落和人文素质的下滑。从西方法治传统和人文精神的关系中可以看到，人文精神是法治的精神基础和核心。人文精神是人类共同的精神财富，它对人的价值的关怀和人生意义的追求是人类创设一切制度的动因。人文精神在过去哺育了西方的法治文明，在当代也将是我国法治建设的精神支柱。中国在推进法治化的进程中，必须培育现代人文精神。

无论是移植西方人文精神的内容，还是继承中国传统人文精神的精华、对中国传统人文精神进行创造性转化，我们认为，作为一套观念体系，重构的中国现代人文精神应有其基本的理念，笔者赞成有的学者所提出的观点，这个基本理念要人文精神"一切从人出发，以人为中心，把人作为观念、行为和制度的主体；人的解放和自由、人的尊严、幸福和全面发展，应当成为个人、群体、社会

---

① 庞朴：《中国文明的人文精神（论纲）》，载《光明日报》1986年1月6日。

和政府的终极关怀;作为主体的个人和团体,应当有公平、宽容、诚信、自主、自强、自律的自觉意识和观念。人文精神以弘扬人的主体性和价值性、对人的权利的平等尊重和关怀为特质"①。也就是说法治社会应构建"以人为本"的人文精神。面临当前的人文精神危机,如何在中国本土重构人文精神,如何形成中国特色的法治精神,以此推动我国社会主义法治文明的实现,也就成为当代法治理论面临的重大问题之一。

二、法治进路中国话语的创造性探索——法治德治讨论的又一个视角

笔者认为,进路一词指的是前行的门路或路径。如当铁路上列车由一个地点到另一个地点所运行的经路叫进路。而一国的法治建设,也有其进路。由于不同国家文化传统的区别,法治建设的进路会有差异。因此必须批判存在的对法治过于形式化的倾向,把握好一国法治与一国文化传统的互动关系。不仅要重视一国法治建设在自身内部的文化流动,还要重视它与社会其他系统文化的流动,这是法治进路思考的基础性要求。正是在这个意义上,一国法治的自我表达总具有个性化特征,是以具有浓烈地方性知识的形式反映出时代内涵。而党的十八届六中全会在全面依法治国条件下从严治党形成的相关文件,笔者认为是中国共产党人法治中国建设中就法治进路问题所做创造性探索。当然,这首先有必要来讨论西方法治进路的思想特点及这一进路在实践中存在的问题。

(一) 西方法治进路的思想特点

如前所说,进路一词指的是前行的门路或路径。西方的法治发展是由西方人文主义思想所伴随②,以特有社会契约论理论思考社会生活的本质为基础并围绕私权利保障为进路而展开。对这个观点当然有必要作出论证。

其实,任何对国家治理的思考都必须解决对社会生活本质的认识这个前提。而西方文明的发育,当时特定的社会、自然环境,使得人个体独立、自由,政治权威合法性等观念得到发展。"社会契约说"的思想是当时解决对社会生

---

① 张文显:《法哲学范畴研究(修订版)》,中国政法大学出版社2001年版,第389—390页。
② 参见李瑜青等:《人文精神与法治文明关系研究》,法律出版社2007年版,第3—5页。

活本质认识的最为重要的理论。经考察,"社会契约说"思想早在古希腊智者学派那里就有论述,而在古希腊晚期伊壁鸠鲁那里第一次得到较为系统的理论阐述。伊壁鸠鲁借用"原子"理论的张力,以形而上的方法宣布了人的自由的本质、国家起源的契约性质。正是以社会契约论理论思考社会生活的本质为基础,也就有了在古罗马时代西方围绕私权利保障为进路的法治理论的构建。当然,古罗马通常指从公元前9世纪初至在意大利半岛中部兴起的文明。它历经罗马王政时代、罗马共和国,于1世纪前后扩张成为横跨欧洲、亚洲、非洲的庞大罗马帝国。到395年,罗马帝国分裂为东西两部。西罗马帝国亡于476年。东罗马帝国(即拜占庭帝国)变为封建制国家,1453年为奥斯曼帝国所灭。古罗马法广义的指通行于当时罗马统治的整个地中海世界的法律制度,而狭义的指古罗马公民法。对古罗马法所取得的成就恩格斯有极为深刻的论证,认为是商品生产者社会的第一个世界性法律。虽然当时实际上的古罗马世界还处于奴隶制时期,但这个特定条件下早熟的简单的商品经济发展却给古罗马法文化以深刻影响,以当时社会契约论思想对社会生活本质的解释为基础,在古罗马法文化观念中把国家和个人作了区别,认为每个古罗马公民个体都是独立、自由的法律实体,有其自身的权利义务,而国家必须对每个个体的特性和权利表示尊重,因此在这个意义上盖尤斯进行了论证:"一切权利都是从人民来的。皇帝的命令何以有法律的效力呢？因为皇帝地位是由人民给他的;官吏为什么有权力呢？因为官吏是由人民选举产生的。"[①]由此以私权利保障为进路的西方法治逻辑得以展开。我们再关注古罗马的另一位法学家西塞罗,他同样反映了上述古罗马时期法治思想的特点。有学者作了概括,西塞罗的法治思想主要沿着两条线索展开:一是继受古希腊哲学家的理论思辨传统,从法的理性推出法律统治的正当性;二是从各个国家或民族的成文法律的实证考察中提炼出建立法治的重要原则[②]。而解决公民权利的保障是西塞罗学说的核心所在,但西塞罗认为抽象地讨论公民权利问题是没有意义的,必须寻找法治在政治社会的立足点。国家是由法律建立起来的一个平等、自由的实体,大致来说有三种不同的类型,即君主制、贵族制和民主制。一个国家中,公民的自由、权利能否真正实现,首先取决于使用何种政体[③]。从本质上

---

① 陈允、应时:《罗马法》,商务印书馆1931年版,第5页。
② 汪太贤:《西方法实证主义的源与流》,法律出版社2003年版,第58页。
③ [古罗马]西塞罗:《国家篇 法律篇》,沈叔平、苏力译,商务印书馆1999年版,第36页。

而言,国家是基于正义的人的联合,这个时候法律才具有其正义。官吏是什么?官吏是代表国家履行治理职能,但其行为以法律授权为依据。

经过中世纪的黑暗,当西方社会进入近代文明曙光的时候,法治理论又一次活跃起来,涌现了如格老秀斯、霍布斯、斯宾诺莎、普芬道夫、沃尔夫、洛克、孟德斯鸠、卢梭等一大批思想家,但就法治进路而言,仍然以社会契约论为基础围绕私权利保障而展开。我们着重探讨其中两位最有代表性的学者洛克和卢梭。洛克被称为西方法治主义的奠基者。洛克在社会契约论上反对霍布斯的理论主张,认为人的一切权利与生俱来,在自然状态下人们享受的这些权利却很不稳定,不断受到他人侵犯和威胁,为了保护人们的生命、自由和财产等天赋权利不受侵犯,人们由此通过协议自愿放弃一部分自然权利建立社会。但洛克认为人们的像生命、自由和财产的权利并没有放弃。法治社会是通过制度化方式保障个人自由和权利。因此,国家和政府本身不是目的,而是保护个人自由和权利的工具。"法律按其真正的含义而言,与其说是限制还不如说是指导一个自由而有智慧的人去追求他的正当利益。"①这样,洛克法治理论突出如下重要观点:① 人具有独立性,人的生命、自由、财产的权利是绝对的,谁都不享有对他人专断的权力。② 政府的权力在最大范围内以社会的公共福利为限,立法者除了实施保护公共福利之外,没有其他的社会权力。这是政府权力性质和范围所在。③ 立法或最高机关不能以随意专断命令来进行统治。必须通过颁布有效的法律,并由著名的法官执法来实现对社会的管理。这是政府行为方式所在。④ 社会和政府不同,政府为社会的幸福而存在,而不是社会为政府的权力和命令而存在。违背社会契约和社会愿望的政府可以消失、更迭或易人。⑤ 国家权力可分为立法权、执行权和对外权,权力制衡以保证社会稳定,反对君主独揽一切权力,任何对公民正当权利践踏的行为都是不公正的。法治以私权利保障为主要内容。

卢梭被认为是近代法治理论的又一位重要代表,而他仍然从社会契约论入手进行论证。卢梭认为在自然状态下自由而平等的人民,由于生产力的进步和私有制的出现而产生了暴力的战争状态,人民订立社会契约是为了摆脱这种状态,寻找一种结合的方式,使它能以全部共同的力量来维护和保障每个结合者的人身和财富,由于这一结合而使每一个与全体相结合的个人只不过

---

① [英]洛克:《政府论(下篇)》,叶启芳、瞿菊农译,商务印书馆1964年版,第35—36页。

是服从自己本人,并且仍然像以往一样地自由①。他认为,一个国家实行法治,总表达出主张自由平等、人民主权、合法政府等要求。而自由、平等是每个人生而具有的权利,这种权利是人区别于其他动物的根据所在。社会契约奠定了合法政府的基础。人民主权即反映出"统治者是法律的臣仆,他的全部权力都建立于法律之上"②。权利问题,主要是私权利的问题,是卢梭法治思想的主题。

而进入当代之后,西方的法治理论主要以新实证法学、新自然法学、法社会学为代表,涌现一批新的学者,但以社会契约论方式思考社会生活的本质,围绕私权利保障构建其法治的路径仍然是其主要特点。

(二) 西方法治进路在实践中面临的问题

如果说西方法治进路以其人本主义理论为基础。在治国原理上,以社会契约论方式思考社会生活的本质并由此构造私权利保障的体系,那么这个法治进路的系统在进入当代中国实践后虽然有力地促进了中国法治的发展,但留下的问题不少,并且这些问题是全球性的。所留下的问题当然与法治面对市场经济文化某些消极因素的挑战有关,从而使当代法治所隐含的对私权利的保障却转换成一种生活伦理,消解了法治在现实社会中的实现。我们结合中国的实践来分析问题。

法治面对市场经济文化的某些消极因素,笔者在这里概括地说,就是商品经济或市场经济的发展所内涵的"物欲化"文化。所谓物欲化文化即体现出的一种对物质的过分崇拜、过分迷恋的倾向,由此它使人从自由自在的生命主体沦为崇尚享乐,没有情趣和理想,为消费与欲望所支配或满足的工具。这种"物欲化"文化当然是人文精神所要反对和批判的③。过去我们拿起人文精神的旗帜批判封建文化对人性的践踏,而现在我们同样要拿起人文主义的旗帜,批判对人欲的过分张扬。这实际上是商品经济或市场经济推行中所面临的一种文化矛盾。中国在推行商品经济或市场经济中面临的这方面的矛盾,是我们不能忽视的。必须承认商品经济及其文化在人类历史上较之自然经济极大

---

① [法] 卢梭:《社会契约论》,何兆武译,商务印书馆1973年版,第23页。
② [法] 卢梭:《论政治经济学》,王运成译,商务印书馆1962年版,第9—10页。
③ 参见李瑜青:《人文精神问题的实质、运行和途径》,载《上海大学学报(社会科学版)》2000年第6期。

地促进了人的发展,因而具有伟大的社会进步作用。如果说自然经济的生产主要是使用价值的生产,商品经济或市场经济则主要是交换价值的生产,获利是其经济活动的基本动力。对此,马克思深刻地揭示了商品生产的动力机制:"劳动的目的不是为了特殊产品,即同个人的特殊需要发生特殊关系的产品,而是为了货币,即一般形式的财富。"①这也是交换价值之所以在再生产过程内部结构中具有实在的根本意义,因此资本只有在实现交换中才能达到自我增值。而交换关系总是表现为某种"物"即货币,货币是同商品并存的一种普遍起作用的社会存在形式,这样也就产生了人与人关系的"物化"即人的独立性是借助于货币这种"物"来实现或表现。人类的生产这时出现二重性格:一方面,由于市场经济有效地发挥和调动了人的主体的积极性,所创造的巨大物质财富为人类个性自由发展创造了前所未有的条件,人类开始有了越来越多的时间可以从事科学、学术、文化等精神活动。另一方面则形成了人对物的依赖代替人对人的依赖。历史上所存在过的以血缘为纽带的人身依附关系被打破了,造就了人的独立性,但它是以物的依赖性为基础的人的独立性,人表现为完全屈从于货币的权利。这就是物欲化存在的根据。就是说,市场经济发展、资本的生产,虽然为文化的发展提供了物质手段和自由时间,但市场上资本的生产方式的目的又有其对立的一面,即它不是从对人的发展的意义上,而是从资本增值的角度来衡量的。商品经济原则渗透于社会生活的一切方面,并力图按照商品的形象来改造整个世界。一切人都依赖商品而生活,或者说,在一定程度上,一切人都成为商品,形成一种独特的经济统治或"政治强制"。物欲化成为社会市场经济最为本质的内容之一。

物欲化正在造成人的发展的片面形式,这可以从多方面作出说明:其一,把人当作"物"来看待。资本关心的是交换价值的交换,对人而言其要求可以满足他人和社会的需要,即具有相当的使用价值,可以成为实现资本增值的工具,这是物欲化下的人存在的特征。其二,主客体关系发生颠倒。本来人和物的关系上,人是主体,现在物则成为支配人的主体。可以表现人的主体性的,比如劳动、才能、名誉、良心、爱情等,在物的诱使下已变成商品可以自由买卖和交换。人的主体性消失了,转化成受物支配的客体。其三,人的精神生活萎缩。本来人的精神生活丰富多彩,但在物欲化的影响下,那些不具有直接使用

---

① 《马克思恩格斯全集(第四十六卷)》,人民出版社1989年版,第174页。

价值、不能构成商品的许多精神的东西,因为没有供需市场而受到挤压。其四,人的物质需求和物质生活变得极度膨胀。这在观念上即反映为拜物教,对商品和金钱的崇拜已成为一种时代性的社会心态。另外,人对自然的无节度的索取也在对自然平衡和社会可持续性发展造成严重破坏。由此可见,在物欲化的诱惑和压力下,如果缺乏"我是人"的自我意识,不能在物化世界中保持人的独立性,那就很容易把人降低到物的水平上。如何引导人超越有限的物质生存实践,不断寻求更开阔的人生意义和价值世界,是市场经济时代必须解决的一道难题。

而西方法治进路以私权利保障为逻辑建构的原理系统,对此一筹莫展,反而是以独特方式强化了私权利至上理念。比如流行所谓法律无规定即可为,在有些地方找法律空子成为法律职业人的一种时髦。也正是在这个意义上,中国法治推进实践中,一方面是法律体系日趋完善,而另一方面则是违法犯罪现象居高不下,更有太多高级干部铤而走险,司法系统也存在较为严重的腐败问题。当然这种情况在西方国家也严重存在。中国在20世纪90年代宣布推进法治建设,依法治国时,学界曾是那样的欢声雀跃、一片欢呼,但以西方模式推进的实践必须要寻找新的思想、新的话语。

(三)法治中国话语的创造性探索

可以说当代中国马克思主义学说的发展,在法治实践中要积极探索解决商品经济发展中人与物的矛盾,构建起新的法治进路是实践所提出的重大理论问题。笔者认为,中国共产党人积极从中国传统文化资源中去吸取思想养料,在充分肯定西方法治建设经验的基础上,同时开辟了以人的主体至善为本的法治进路。这是法治中国话语的创造性探索。

党的十八届六中全会上所形成的《关于新形势下党内政治生活的若干准则》,依据中国的实际,提出:"办好中国的事情,关键在党,关键在党要管党、从严治党。党要管党必须从党内政治生活管起,从严治党必须从党内政治生活严起。"而文件所提新形势,当然指全面依法治国的当代中国实践,而突出了法治实践中党的表率作用,"关键少数"的表率作用。可以说这是法治中国智慧的话语,是中国共产党人从中国传统文化资源中吸取思想养料并进行了创造性转换。

以人的主体至善为本的法治进路的思想当然与中国传统儒学思想有内在

联系。中国传统儒学作为传统文化的重要组成部分，与现代文明之间是存在冲突，但任何在历史上产生过深刻影响的理论或思想都不会真正死去，总有某种具有生命力的因素为后来的历史所延续。而在治国原理上关注以人的主体至善为本作为其学说的归宿点，正是传统儒学有价值的重要思想。但对传统儒学，学界有一种误解，认为传统儒学在治国主张上是反法治的。这个观点在前面的讨论中，已经从多方面的角度做了解答，其实这个问题很清楚，主张这种观点的学者是用西方的观点作为唯一的度量衡，没有思考各国法治的实践由于社会条件的差异，它的实现方式自然会存在差异性。西方国家在法治建设的过程中，由于它的地理环境、社会条件的某些特殊性，在古希腊罗马时期，学者们就对法治所要求的人的自由、权利等文化要素，予以了特别的重视，当然，在当时的条件下，所指谓的人的自由、权利也只是在一个特殊的人群中所表达的概念，但毕竟这样一种文化概念随着西方社会的不断发展，得到了比较充分的演绎。而从法治的要素来讲，西方法治文化的发展所凸现出来的这部分内容，不能等同于法治的全部要素，而是其中的重要的要素之一，如果片面地夸大这样的一种文化要素的价值，法治国家或社会的建设也会走到它的反面去。而中国传统儒学所倡导的以人的主体至善为本的国家治理路径，它对法治所要求的道德、伦理要素的张扬，在今天中国法治建设的过程中，其实可以在吸收的基础上做新的改造或创新。

因此，我们必须对我们中国的文化传统表现出一种崇高的敬意，我们都是从历史中来的，并带着历史走向一个新的世界。从历史上而来，我们看中国传统儒学所倡导的以人的主体至善为本的治国进路给了我们什么，给了我们什么我们在前面的论述中已经有多次陈述，概括地说就是，传统儒学讲究以仁义精神感染法律，以道德原则支配法律，它要解决法治所要解决的一个根本问题，即法律的道德基础。传统儒学由此对人的主体的自觉能力有高度的信任，因此，孔子说"仁远乎哉？我欲仁，斯仁至矣"（《论语·述而》），每个人都有成仁的能力，追求至善上人是不分贵贱贫富的。《礼记·礼运》中更表达这种主体至善路径的境界："大道之行也，天下为公。选贤与能，讲信修睦，故人不独亲其亲，不独子其子；使老有所终，壮有所用，幼有所长，鳏寡孤独废疾者皆有所养。男有分，女有归。货恶其弃于地也，不必藏于己；力恶其不出于身也，不必为己。是故谋闭而不兴，盗窃乱贼而不作，故外户而不闭。是谓大同。"但依据传统儒学的思想逻辑，人的主体至善中统治者要起率先示范的作用。因为"政者,正也。子帅以政,孰敢不正?""其身正,不令而行;其身不正,虽令不从。""子为政,焉用杀?子欲善而民善矣。君子之德风,小人之德草,草上之风必偃。"(《论语·颜渊》)但强调人的主体至善,其实完全靠主体的自觉是不够的,传统儒学在这方面的观点存在历史所特有的局限性。中国的历史经过了多少年的反复,在治国的理念上太多的思想家进行了探索,有的甚至付出了沉重的代价。而当代中国法治的实践中,人们又在一个新的立场上,对传统儒学所提出的这个观点进行批判性的思考,而这个所谓的批判性思考首先就是因为它有价值,如果没有价值我们就不要对它进行批判了,它在历史中存在,也在历史中死去,在历史中死去的东西实际上很多很多,但今天我们怎么还会去讨论这个曾经在历史上存在的东西呢?因为它是有生命力的,这种生命力表现在今天社会生活的各个方面,它以其极强的影响力,制约着我们这个国家或社会的发展,这样批判就成为必需的了。通过批判,我们对这样一种国家治理方式进行解剖,或者说对这样的一种治理方式它的合理性、它的不合理性,进行一番由表及里的分析,从而根据新的社会发展条件的要求使它以新的方式再生,这就是我们应当采取的理论立场。我们必须要找到法治中国建设的中国路径,创造法治中国建设的中国话语。

笔者认为,当代中国共产党人正在沿着上述的思路进行创造性的探索。我们可以看到,党的十八届四中全会以来,就中国法治建设所提出的一些新的建设性的观点,比如根据中国的实际情况,治国和治党要统一起来,依法治国首先要依法治党,党规和国法在依法治国的实践中都具有重要的价值和作用,而我们的法治国家的建设首先要抓好法治中的"关键少数",其实这一系列的观点都是对传统儒学以人的主体至善为本的法治进路的新时期改造,中国的法治建设正在创造出中国独特的话语,这些独特的中国话语有可能会成为法治的中国智慧而引领整个世界的法治的建设。而在这方面的探索是一个过程,笔者在这里集中来分析把从严治党作为法治建设的首要任务,中国共产党人在这个方面所做的努力。有学者已经在这方面有很好的概括,党自改革开放以来的每次六中全会几乎都集中于从严治党问题。1981年党的十一届六中全会形成《关于建国以来党的若干历史问题的决议》,涉及对党的若干重大历史问题的拨乱反正,从从严治党的角度打开未来发展的局面。1990年十三届六中全会的《中共中央关于加强党同人民群众联系的决定》,特别强调党的建设中群众路线问题,从从严治党角度解决党和群众关系。2001年十五届六中全会的《中共中央关于加强与改进党的作风建设的决定》,从从严治党的角度系统提出解决党在作风建设上问题的具体方针。另外,1986年十二届六中全会和1996年十四届六中全会,两度聚焦于精神文明问题,从从严治党的角度强调中国共产党人对精神文明建设的认识和担当。2006年十六届六中全会和2011年十七届六中全会提出和谐社会建设及国家建设上文化软实力问题,而在这些方面同样涉及从从严治党的角度提高中国共产党人模范带头作用问题。而十八届六中全会在从严治党上通过《关于新形势下党内政治生活的若干准则》和修订后的《中国共产党党内监督条例》等文件,做出坚持思想建党和制度治党的重大安排,以推进全面从严治党为重要抓手,开创法治中国建设新局面。全面推进依法治国,要求国家法律法规和党内法规制度相辅相成、相互促进、相互保障。法律是对全体公民的要求,党内法规制度是对全体党员的要求。我们党是先锋队,对党员的要求更为严格。因此,通过加强党内法规的制度建设,靠党的制度、党的纪律和规矩去规范党员的行为,去惩处违反党的性质和宗旨、违反党的纪律和规矩的行为,使党员在党内守纪律、讲规矩,在社会上带头遵守国家法律法规。党内法规既是管党治党的重要依据,也是建设社会主义法治国家的有力保障。一方面要依据宪法法律治国理政,另一方面也要依据党内法规管党治党。各级党组织和全体党员尤其是党员领导干部,必须受到党规党纪的刚性约束。以依规治党带动依法治国,要求我们唤醒党章党规意识,在守纪律、讲规矩上作出表率。当然,中国共产党人在法治建设中突出人的主体至善为本的进路,强调执政党的地位和作用,强调法治建设中"关键少数"引领的价值,还必须要努力形成有效的工作机制。这样的探索反映出中国共产党人在积极吸收丰富的中国传统文化资源基础上,就法治建设进行了创造性思考,是中国智慧的深刻体现,必将对法治文明发展产生巨大影响。

(四)一个结论

这里有必要明确的是治国以人的主体至善为本的思想是属于德治的范畴。所谓治国之道在宏观上体现的是一种治国的原则、治国的理念,在中微观上表现为具体的治理制度。笔者已多次论证法治是一个时代命题[①],但当我们

---

① 参见李瑜青等:《人文精神与法治文明关系研究》,法律出版社2007年版,第1页。

说法治与德治这一对范畴时的法治,与我们前面所说的法治并非同一个词义。法治相对于德治,强调的是国家治理中的两种手段。而法治作为时代命题的提出所说的法治,则是相对于人治而言,意味着法律至高无上,并要张扬人的自由和民主,是一种社会制度的进步。这样,这其中的两个法治,前者是作为手段意义上表达的,后者是作为理念或制度意义上表达的。其实法治和德治的结合不是简单的附加,而是法治时代都应包含其中的重要内容。德治不是凌驾于法治之上的,也不是否定、削弱法治的,而是对法治进一步的肯定和支持。加强道德建设,提升个人修养和群体的精神内涵,形成社会良好道德环境,可以为民主法治建设提供基础,使法律拥有其权威性,使法治中国的目标得以实现。法治的核心是人民意志至上并由此限制权力,德治则尤其要注重官德的建设。把代表人民治理国家的党政干部手中的权力管好,让党政干部率先垂范遵守道德,两者是相统一的,缺一不可。法治强调权利的保护,德治则重视义务,法治与德治相结合能更好地实现对权利义务关系的调整和规范。对人类历史上治国理念的观点,有学者做了很好的概括,比较有代表性的如德礼之治,主张的是依靠道德规范治国,推崇者是中国古代儒家以及古希腊时期的苏格拉底等学者;律法之治,肯定法律规范在治国中的决定性作用,其代表有中国古代法家以及古罗马时期罗马法学者等;神明之治以及宗教之治,主张依靠宗教、神明的信仰力量治国,突出的有佛教、基督教思想的传播者等①。诚然,这些治国理念在各个历史阶段的实践中存在内涵的差异,因而不能一概而论,但是其理念一脉相承、不断发展,亦在当代国家治理的舞台上有广泛的应用。但这些主张在不同时代其表现的内容、特点有很大不同,都必须具体分析。在当代中国依法治国实践中,法治和德治相结合包含于国家治理体系中,两者缺一不可。这里的法治作为相对于德治的概念,与法治理念、法治国家的"法治"应当区分,强调的是依靠法律治国的手段。法律和道德都是治理国家过程中使用的工具,基于法律和道德的关系,法治和德治虽然表现不同但又相辅相成,互为补充。有的学者认为法治与德治具有巨大的区别,认为法治是国家强制力保障的、外在的、讲程序的民主之治,其核心在于限制权力;认为德治是社会支撑的、影响内在的、具有随意性的少数人之治,其核心在于治民。这

---

① 神明之治、宗教之治这两者和德礼之治有一定的交叉,那些基于特定的信仰区分出的群体拥有自己的道德。但是,德礼之治强调人的特殊性和道德规范普遍性,而非神明或宗教的信仰。

就没有真正理解现代化的社会主义国家治理体系中的德治,而是将对于过去人治社会中德治的理解生搬硬套。我们所强调的德治,是一种国家认可的、内心外在同时规范的、具有特定程序的多数人之治,其核心在于治官。这种德治之所以被共产党提出和提倡,就是基于其先进性,基于现在尚未实现以德治国的状态,而如果作错误的理解,就产生了我国长期以来都在不自觉地走以德治国的道路的错误认识。我们所强调的法治和德治的结合,就是把两者的价值理性和工具理性相结合,法治和德治作为两种不同的手段,统一在共同的价值追求即法治的意义之上。可以说当代中国马克思主义学说的发展,在充分肯定西方法治建设经验的基础上,同时开辟了法治中国话语的新的创造性探索。

三、德治对法治文明的精神功能

（一）法治不能仅仅看作是治理国家的一种方法或手段

讨论法治与德治的关系,首先有必要确立对社会发展趋势的理解和把握,要对法治有一个全面的认识。一个国家或社会在建设过程中,除了需要用法律规范来调控外,还需要用道德等其他规范来调控,这是无可非议的。就法治而言,一般是指一个国家或社会把法律推崇为最高的统治力量,以约束政府权力并对社会进行有效的治理。这时法治作为治理国家的方式与人治相对立。对法治的这种理解,其实只是指出了它的形式方面,而在其背后更为重要的是它内涵的价值。《牛津法律大辞典》对法治作这样的说明:一个无比重要的但未能定义、也不是随便就能定义的概念,它意指所有的权威机构、立法、行政、司法及其他机构都要服从于某些原则。这些原则一般被看作是表达了法律的各种特性,如正义的基本原则、道德原则、公平和合理诉讼程序的观念,它含有对个人的至高无上的价值观念和尊严的尊重。在任何法律制度中,法治的内容是:对立法权的限制;反对滥用行政权力的保护措施;获得法律的忠告、帮助和保护的大量和平等的机会;对个人和团体各种权利和自由的正当保护;以及在法律面前人人平等……它不是强调政府要维护和执行法律及秩序,而是说政府本身要服从法律制度,而不能不顾法律或重新制定适应本身利益的法律。这里对法治的实质性含义说得十分清楚,它强调的是政治民主、社会正义、保障人权、公民平等自由等原则。一个国家或社会的建设体现了这些价值原则,社会成员对这些原则普遍认同,并成为维系社会合作、规范人们行为的基础,这就表明这个国家或社会基本进入了法治文明状态。由此可见,法治不仅仅是治理国家的一种方式或手段,而且是一个时代的命题。

法治作为一个时代的命题,就是说它并不是人类理性随意的创造,法治的最为深刻的根据在于社会的经济发展及相关的政治、文化生活发展的内在要求。这是特定历史阶段的产物。从历史上看,当人类还普遍处在自然经济或半自然经济条件下,由于自然经济的特征,以及相关的政治、文化因素的作用,不可能出现法治文明。就自然经济特征而言,其生产主要是为了满足生产者个人或某些特定社会集团的需要,而不是为了交换。生产活动的封闭性、保守性,使得社会主体的活动以血缘为纽带展开,这时伦理规范的整合功能在社会生活中具有很重要的意义,与此相关的则是政治生活的专制和独断。这时所谓的国家规范或法律,占主导的实际上是家族伦理的放大,这在旧中国和世界其他国家的历史中我们都能看到这样的时代内容。人们对家长的尊重被神圣化为对皇帝的崇拜,皇帝是最大的家长。在文化上,血缘情感、伦理道德等成为一个国家通行的主体精神和社会规则。这种现象从理论上作一抽象,可以说那时人类还处于"自然文明"或"伦理文明"的时代。而法治文明的时代则不同。市场经济或扩大了的商品经济与法治的联系,不是一种历史的偶合,而是具有内在的必然性。就运行机制而言,市场经济是以市场作为资源配置的主导方式的经济,这种经济活动看上去似乎只是人们经济生活方式的变化,而实质上是改变了人们的生存方式,即人们的生产不只是为了满足生产者或某些特定社会集团的需要,生产从一开始就具有交换性、等价性、平等性和开放、流通、竞争等特点,使一切自然人、法人与国家一样,都必须以独立的权利主体出现。这样,市场经济客观上需要一种凌驾于社会之上的力量,以保障市场主体能维护自身利益。同时,市场经济的规则所需要的一定的品格要求,只有法治才具备。这样,人们的经济生活反映到政治等上层建筑上,也就使民主政治、社会正义、公正平等、保障人权等价值原则,成为社会存在和发展的客观要求,并取代把血缘情感、伦理规则、血缘共存等观念绝对化的伦理时代。

我国在社会主义建设过程中,将"依法治国,建设社会主义法治国家"作为治国的基本方略和奋斗目标确定下来,是具有里程碑意义的。传统中国缺乏法治的基础,法律以皇权为中心,以"重刑轻民"为表征。这个历史起点,对社会主义新中国的法制建设有极为深刻的影响。改革开放前我国社会主义法律制度建设出现多次挫折,其原因固然很多,但有必要指出的是,当时法的发展受到自身的限制,使人们难以意识到法在社会生活中的重要作用。这种限制从根本上说是由当时社会经济发展的水平所决定的。社会主义新中国由于工业化的基础薄弱,国家不得不担负起直接的"经济组织者和管理者"的角色,通过直接的计划和行政指令最大限度地集中资源,并进行资源配置,以推进工业化进程。但在完成了社会主义改造,建立起社会主义公有制经济基础后,由于历史的惯性和受苏联模式的影响,形成了以指令性计划为主的经济体制。这种体制由于国家享有至高无上的权力和几乎无所不能的渗透能力致使在社会生活中行政调控力量占了主导地位,而法可以说是行政的辅助力量,这使封建的法律虚无主义的传统在社会主义条件下以特殊方式表现出来。

党的十一届三中全会推动的思想解放运动和确立的进行现代化建设和实行改革开放的路线,使我国的法制建设走上了科学的、健康的康庄大道。邓小平作为中国改革开放的总设计师十分重视社会主义法制建设。随着我国社会主义市场经济的建设和改革开放的深入发展,以江泽民同志为代表的党中央郑重地将"依法治国,建设社会主义法治国家"作为治国方略确定下来并写进宪法,这是中国社会进步的重要里程碑,说明中国社会在中国共产党人的领导下,在经历了历史反复,不断总结经验的基础上,遵循社会发展的客观要求,自觉地推进着中国社会沿着社会主义现代文明的发展方向前进。

(二) 作为法治文明的国家,德治是其重要组成部分和内在要求

我们知道,相对于人治而言的法治强调的是制度层面的内容,而就人类社会系统而言,除了制度层面,还有器物层面和观念层面。器物层面的发展构成为物质文明的内容,制度及规则层面的发展构成为制度文明的内容,智力及观念层面的发展构成为精神文明的内容。法治即法律主治,法制与制度有天然的联系,法律化就意味着社会生活制度化。这样它表现出两个显著的特征:其一,它提供就一定范围内的所有的人或事都普遍适用有效的规范或模式,从而对人由个别的指引转化成一般的指引;其二,由于法律规则具有持续性的作用,它使人们不再生活在充满偶然性的环境中,社会生产或生活趋于稳定而有序。但必须看到法律制度是靠人建立并不断地加以完善的,社会法治化的推进及其实现程度,很大程度上取决于提高和完善人们的道德水平和社会风尚,如培养人们权利和义务统一的观念、良好的责任意识和主人翁意识、遵纪守法的自觉性和同违法犯罪行为作斗争的法律意识及法制观念等,这些都是以道德为主的精神文明建设的重要内容。因此,依法治国不仅不能排斥德治,而且

必须凭靠德治力量对人的行为的深刻影响和对人的思想的强烈净化作用。

这里,必须对德治作一科学的诠释。我们今天讨论的德治不是中国传统意义上的德治。在传统意义上,中国曾被界定为是一个以德治国的国家,举世闻名的"礼仪之邦"。所谓德治即主张用伦理道德来治理国家、统治人民。这是儒家的一种政治理想。孔子就明确指出,在德、礼、刑、政四种治国手段中,德、礼最重要,"道之以政,齐之以刑,民免而无耻;道之以德,齐之以礼,有耻且格"。以后的不少思想家,都继承了孔子的这个观点,形成了"德主刑辅"的封建正统治国思想。应当看到,德治主张"为政以德""平政爱民",施政要讲仁义道理,为庶民多做好事,这在历史上有它的进步意义,它在一定程度上削弱了当时封建专制苛政的残酷性,在一定程度上缓解了劳动人民遭受压迫和剥削的疾苦。但由于封建国家的伦理道德本质上是家族伦理道德的放大或社会化,"家者,国之本也""家国同构,家国一体"等正是这种家庭血缘伦理的明证,因此其本质上仍然是人治。中国古代的"德治"命题不仅仅是社会治理方法的概念,也是反映当时时代特征的概念。而今天我们实行的德治,主要是从治理方法上而言的。由于德治的社会基础、性质、特点都发生了根本性变化,今天的德治已与社会主义法治精神相统一,德治已成为法治文明应有的内容。

第一,德治对法治文明的评判作用上,法律和道德由于同为上层建筑,因而有着共同发生、发展的基础。道德作为人对自身和他人行为的评价,目的在于判别行为的善恶。在现实生活中,善恶并非抽象原则,而是依据人们的利益来确定的。社会主义道德精神与法律精神具有一致性,它们都凝结着社会主义和共产主义的理想要求,在市场经济和对外开放条件下,社会主义道德所崇尚的顾全大局、诚实可信、互助友爱、机会平等、人道主义、效率优先、兼顾公平等的原则规范,也是法律所要包含的内容。这样,使得道德对法治的评判有了实在的根据。同时,法律一经确定,就成为一种事实状态,具有确定性和稳定性,具体的法律规范总是确定地对应于一些具体的行为,并且因其稳定而不断地得到贯彻和落实。而现实生活是不断变化、发展的,法律规范的确定性、稳定性处理不当就可能蜕变为僵化性,因此法本身存在缺陷或疏漏的情况难以避免。这样,道德的评判就十分重要,通过道德及其他意识形态力量的作用,使法律不断地根据条件的变化调整自己。人们在实践过程中,甚至司法实践中,有时也需要运用道德对某些事情作出评判。

第二,德治通过社会舆论方式来维护法治文明。一般说,道德与法律在现实生活中的实现方式有所不同,法律与该社会主导的道德虽然都是统治阶级意志的表现,但法律是以"国家意识"的形式出现的,要通过一定法定程序制定,一经产生就具有普遍遵行的强制力,并通过一定法律程序修改或废除。这样,法律在现实生活中往往表现为一种事实状态,这种事实状态是以反映现实的广泛性要求为主要内容。而道德则以群众意识、社会舆论的形式出现,其发生一般是在阶级的先进分子中首先形成,然后逐步为整个社会所接受。这样,社会主义道德通过它的宣传、舆论的作用或力量有助于法治文明的建设,使人们逐步形成行为的自觉性。具体说,道德通过影响人们的观念意识来引导人们的外在行为,通过社会舆论的谴责、批评、赞成或反对以及唤起行为者的内心信念,培养善恶判断能力和道德责任感等方式,引导行为者借助于自我认识、自我批评和内心立法把外在的道德要求转化为自愿的行为活动。这个问题在今天的中国显得特别重要,因为现实生活中不可否认存在着不同道德价值的冲突,人们对改革的不同理解或存在的某种困惑等已严重影响了法治文明的发展。随着改革的深入、生产的发展、交往的扩大、生产方式的不断革新,必然冲击着旧的经济关系及建立其上的各种社会关系,促使人们的生活方式发生变革,并带来人与人之间利益关系的重组。然而,变革过程并非一蹴而就,新旧力量在相当长时间内往往处于纵横交错之中,这是造成道德困惑、道德冲突的根本原因。这些客观现实使我们在推行社会主义市场经济和依法治国过程中,需要进行广泛深入的宣传、教育,通过道德舆论的工作,提高人们认识和逐步形成维护法治的自觉性。

第三,德治可以进入人的内心世界,通过各种交流方式实现社会调控。法律以国家名义规定基本规则,在社会生活的调整上,起着主导作用,大部分社会关系由法律手段进行调整。但有些社会关系的调整,法律只能起辅助的作用,主要依靠其他手段,如思想、信仰等领域。因为法律作为制度,突出尺度的统一性、规范性,严格以事实为根据,考察主体行为对客体产生的实际效果、作用及行为主体应负的责任。法律制度不诉诸良心,不允许渗入主观因素,也不干预和惩办人的思想。而道德行为作为一种价值判断,它虽然也考虑人的行为的社会后果,但关注更多的是人的内心,是行为主体由自身利益和文明素质熔铸而成的思想动机,带有较为强烈的主观色彩。道德通过对话等交流方式实现社会调控是十分重要的。因为任何社会或国家都需要有一种主流道德文化,它可以起到维护社会稳定、保持社会延续的精神支柱作用。一般说来,这种道德文化的社会作用,是通过塑造与特定社会制度要求相一致的人,从而达到维护社会的同一性和稳定的目的。道德之所以能起这种作用,因为它属于精神生产,它可以通过语言文字以及其他物质载体,使其由个人意识变为社会意识,由主观精神变为客观精神,从而形成为一种社会的道德文化环境。我们每个人都生活于这种社会道德文化环境中,它将对我们每个人的一生产生巨大的影响。所谓人的社会化过程,就是要求人接受这种社会道德文化的培训和熏陶的过程。主体道德文化的重要作用,就在于它是培养一代又一代人对该社会制度的归属感和认同感。

(三)以德治国重点在倡导文化的主旋律

以德治国对法治文明具有精神功能,对这种精神功能作抽象的概括,重点在倡导文化的主旋律。因为无论是德治对法治的评价,还是通过舆论方式维护法治文明及人的思想的对话交流,都是以倡导文化主旋律的方式实现的。

当代中国社会的转型,使政治、经济、文化等各方面都发生了巨大变化,对我们所弘扬的文化主旋律也提出了挑战。其主要表现在以下几个方面:其一,社会结构由简单到复杂的变迁,使社会整合面临的群体基础发生了重大变化,人们利益之间的矛盾冲击凸显出来。改革前,中国社会群体结构比较简单,社会主要由农民、工人、知识分子三种身份系统形成,由于实行的是国家统制的分配方式,人们之间的利益差距也不突出。但现在则出现了多种经济成分并存的局面,原有的那种较为简单的身份系统变得复杂化了。社会成员由于处于不同所有制以及各单位经济效益不同,使得利益上的不平衡成为一种普遍的社会现象。其二,社会经济、政治等制度建设上的发展不平衡造成某种社会机制运作上的不健全。改革前,由于中国的经济、政治等结构都处于计划经济统一的框架下,具有相对稳定性和统一性,具体表现为经济上的单一所有制,政治上的高度集权,社会采取行政命令和权力调控相结合的方式。改革后,社会主义市场经济体制逐渐代替了传统的计划经济模式,多种经济成分并存的所有制结构代替了单一的所有制结构,与市场经济相适应也逐步建立起一系列新的具体的社会体制,但是由于种种原因,政治体制改革滞后于经济体制改革。其三,社会整合途径的变化,行政调控的力量有所下降。改革前,组织高度单位化,每个单位又都依赖于国家,单位的生产及其职工的生活、福利等也都基本由国家统一安排,因而社会整合途径比较直接、单一,由行政直接进行调控。但改革开放后,社会组织发生变化,组织的开放度扩大,社会成员的流动日益频繁,过去那种行政指令作用大为削弱。其四,思想观念上存在的多元倾向和社会整合的思想基础发生变化。社会结构的变化,利益上多元以及政治、经济等社会制度调整、发展的不平衡,为社会成员思想价值观念的多样化提供了条件。由于社会成员有了进行价值判断和价值选择的自由,人们都根据自己的条件和需要,选择适合于自己的价值取向,并表现出个性化、世俗化、现实化等特征。

在这样的社会背景下,我们必须加强主旋律道德文化观念的建设,否则势必会影响依法治国,建设社会主义法治国家的进程。为此,邓小平在1985年就警告说:"社会主义精神文明建设,很早就提出了。……不过就全国来看,至今效果还不够理想。主要是全党没有认真重视。我们为社会主义奋斗,不但是因为社会主义有条件比资本主义更快地发展生产力,而且因为只有社会主义才能消除资本主义和其他剥削制度所必然产生的种种贪婪、腐败和不公正现象。这几年生产是上去了,但是资本主义和封建主义的流毒还没有减少到可能的最低限度,甚至解放后绝迹已久的一些坏事也在复活。我们再不下大的决心迅速改变这种情况,社会主义的优越性怎么能全面地发挥出来?我们又怎么能充分有效地教育我们的人民和后代?不加强精神文明的建设,物质文明的建设也要受破坏、走弯路,光靠物质条件,我们的革命和建设都不可能胜利。"①应当指出,在社会转型期,人们道德价值观出现某些波动是难免的,但必须明确道德价值观念的更新并不是要否定社会主义的基本道德价值,基本的经济制度决定了基本道德的价值观及其导向,基本的道德价值观对于一个稳定的国家或社会来说总是一元的,而反映现代市场经济要求的道德价值观,如效率、信息、竞争、开放、能力等观念,也受基本道德观念的影响。社会主义市场经济以公有制为主体这一基本经济制度决定了它必然以最广大人民群众为价值主体和评价主体的社会主义集体主义为基本道德价值取向。

理直气壮地弘扬社会主义集体主义道德,积极建立集体主义道德体系,是中国社会主义法治文明国家建设具有历史性意义的任务。坚持发展社会主义市场经济与倡导为人民服务价值思想的统一,在实践中应当处理好以下几个问题:首先,坚持义和利的统一。这对国家来说,也就是在抓物质文明建设的

---

① 《邓小平文选(第三卷)》,人民出版社1993年版,第143—144页。

同时,搞好精神文明、制度文明建设,促进社会全面进步。对于个人来说,也就是在追求正当物质利益时不损害国家和他人的利益,努力把个人价值的实现与国家、人民的利益统一起来,融会到为人民服务之中去。其次,坚持先富和共富的统一。发展社会主义市场经济的目的,是实现广大人民群众共同富裕。为了达到这个目的,我们提出了一部分地区、一部分人通过诚实劳动和合法经营先富起来的政策,并积极倡导先富带动后富,先富帮助后富,推动整个国民经济不断地波浪式向前发展。我们应当在这个问题上,进一步去找到切实的具体的方法。最后,坚持等价交换和无私奉献的统一。发展社会主义市场经济,必须遵循等价交换的基本原则,这是市场经济具有必然性的客观要求。然而,社会的发展,人类的进步,又需要有无私奉献的精神。实际上只有当社会成员的奉献大于索取,社会才有积累,才能不断地进行扩大再生产,推动人类社会的不断进步。社会主义市场经济不同于资本主义的重要特点之一,就是人们既遵循等价交换的原则,又不成为金钱的俘虏或奴隶。当然,这项工作是艰难的但又必须要做的。通过弘扬社会主义集体主义道德,必将有力促进我国社会主义法治国家的建设步伐。

四、法治文明与人文精神的张扬

法治不能看作只是对社会进行控制的方式,它也是一种价值取向。法治文明与人文精神有着内在联系,这也是我们在建设社会主义法治国家时要强调德治的重要根据。

(一)法治作为一种社会文明实现的客观条件

讨论法治与人文精神的关系,首先有必要形成对法治的较为明确的认识,当然也要分析法治作为一种社会文明实现的客观条件。法治意味着不只把法看作是治理国家的一种方法或手段。一个国家或社会在建设过程中,有多种社会控制的方法,特别强调法律规范在社会控制上的作用,这主要是从手段上理解法。但法治则特别要强调的是这个国家或社会把法推崇为最高的统治力量,以约束政府权力并对社会进行有效的治理。这时法治作为治理国家的方式是与人治对立,反映出它独特的治理国家的价值取向,它其中内涵了政治民主、社会正义、保障人权、公民平等自由等要素。正是在这个意义上,我们看到虽然中国古代的法家也提出依法治国的观点,但他们主要是把法律当作治国的工具,遵循的最高原则是"君主至上",他们的思想属于人治而不属于法治的范畴。一个国家或社会的建设体现这些要素或价值原则,社会成员对这些原则普遍认同,并成为维系社会合作、规范人们行为的基础,这个国家或社会实行法治,也就进入了法治文明状态。

对法治价值取向和文化内容的强调,就在说明法治的这种治国方式在现实中有一个历史的实现过程。法治实际上是社会历史发展到一定阶段文明的表现,当人类社会还普遍处于自然经济或半自然经济的情况下,这种自然经济或半自然经济的特征并由相关的政治、文化因素的作用所形成的文明,不可能是法治文明。笔者就自然经济或半自然经济的特征,曾从理论上做出概括,这种生产活动,生产是为了获得使用价值的活动,也就是说生产者的生产不是为了交换,这就使得这种生产活动具有其固有的封闭性、保守性,而从最初的形式来说,往往以家庭作坊式的,以血缘纽带方式而展开的,因此,当时伦理规范的整合功能的作用具有决定性的意义,笔者认为这可以说是一个伦理文明的时代。经济活动的这个特征,自然制约和影响了当时社会的政治等因素,其政治生活就表现出专制和独断。当时的国家也有法律,法律作为政治上层建筑的一部分,由于社会分工的不充分,社会中其他的一系列的要素缺乏独立或者说从属于当时的政治,这样法律从表现的形式上来说,它主要是压制型的,法律的主要内容就是刑法。

而法治文明的时代则不同。法治文明的一个基础是商品经济的高度发展,商品经济的高度发展也就是我们现在所说的市场经济。我们一般说,所谓的市场经济是以市场作为资源配置的主导方式的经济,这句话的含义是极为深刻的,首先就在于,对市场进行配置,引导经济活动的展开,不再以某个特殊权贵的安排或决定。经济活动的主体在以一定的经济信息的引导下,可以自由地与其他的经济活动主体一样,进行独立的活动和选择,这个时候每个经济活动的主体,它的生产都是为了进行交换,它要获得的是价值,而生产的使用价值不过是为了获得价值的一种工具或者手段,而这种经济活动的方式使得生产从一开始,就要求具有交换性、等价性、平等性、开放性、流通性、竞争性等内容。市场经济活动的特征影响到这个社会的政治等因素,使得政治生活必须从过去专制和独断的方式中解决出来,政治的民主性是市场经济所要求的,也是唯一可能的生活方式。而法律作为政治上层建筑的重要组成部分,必须超越过去的这种压制型法律状态,不仅法律不再只是刑法、民法、商法等大量的民事活动中的法律,逐渐地成为法律形式中数量最多的法律;而且,法律的权威性凸显出来了,法律要成为凌驾于社会之上的力量,法律要具有良法的品质,从而来保障以市场经济为基础的政治生活、经济生活、文化生活、社会生活各方面的活动。也正是在这个意义上,我们就可以理解,市场经济是法治经济这个概念。

当代中国自十一届三中全会之后,进行了一系列的改革,其中尤为重要的是在20世纪的90年代,中国共产党明确提出了"依法治国,建设社会主义法治国家"的目标,这个具有里程碑意义上的国家目标的确立,是对传统中国的一个全新的超越。我们一般说传统中国缺乏法治的基础,这个所谓的缺乏法治的基础,是对当时中国法律的品质而言的。传统中国主要指的就是中国古代社会,当时的法律是以王权为中心,"重刑轻民"是其基本的表征。当时法律表现出来的这个特征是和当时中国社会处在自然经济或半自然经济的状态有着内在的联系,这样的一种经济方式制约了当时中国的政治和文化。学界对中华人民共和国成立以后,中国的法律状况进行过很多的讨论,也发表过一些有价值的观点,当然,从现在的角度来看,批判的比较多,有的批判还极为严厉。但如果深入地进行分析,我们必须要看到一个事实,中华人民共和国建立之初,当时的政权是以中国的新民主主义革命的方式取得的,但中国为什么是新民主主义革命,而不是传统的民主主义革命?这个问题实际上已经有了结论:就是中国特有的国情。从历史上看,中国的近代史比西方世界晚了200年,当中国的民族资本集团发展起来的时候,它面临着两个重要的力量,一个是已经发达起来的西方资本主义集团,它们并不希望中国的民族资本集团能够发达;一个是作为民族资本集团对立面的中国工人、农民,他们又有自己的利益要求。这样中国的民族革命以传统的方式就不可能取得成功,新民主主义革命是中国唯一的可能,而新民主主义革命,它通向的是社会主义,并且必须由中国共产党来领导。但在对这个问题的这样的分析之后,在相当长的时期,人们却忘记了一个简单的事实,中国这个社会并没有经过商品经济的充分的发育,而商品经济作为一种经济形式,是我们进入法治文明必须要求的基础性阶段。因此,当中华人民共和国成立以后,我们曾经在理论上对商品经济有一个误解,认为它是可以被跳跃过去的,这样,有些所谓的带着社会主义帽子的法律方式、管理方式,表现出一种传统中国习惯的特点,造成了在社会主义建设中不少悲剧性的事件。党的十一届三中全会所开启的中国的改革开放,从这个意义上来说是跳跃性的,中国共产党人已经意识到,在社会主义建设中,对一些基本理论问题认识上存在的偏差。在这个问题上,笔者曾多次指出,中国的改革开放实际上是中国共产党人把中国的历史汇入世界史的过程,当代世界发展的本质是进行现代化的建设,而现代化的基础是以商品经济或市场经济为基础条件的。法治建设是市场经济的客观要求,我们可以看到的可喜的一点是,自党的十八届四中全会以来,在法治建设上,中国共产党人很认真地总结了过去的实践经验,正在根据中国的实际需要进行法治的中国话语式的独特创造。当然,这样的中国话语式的独特创造,现在只能说是刚刚开始,我们还有很多的路要走,但前途是光明的。

(二) 法治文明与人文精神是紧密联系的

法治作为一种治国体系其内含的价值取向是与人文精神的思想内容相通的,法治文明与人文精神两者是紧密联系的。这可以先从人文精神在历史的发展与法治思想的关系来说明。对人文精神,学者有不同的理解,但笔者认为它总是反映了特定时代的文化及当时人们对人的地位或价值的强调和关注。我们看到,在古代社会,对人与自然区分的敏感,思想家们反复告诫人们要有自我意识,与当时神灵、迷信活动相对立的教育、道德活动反映出人文文化的特点,并形成了独特的人文思想。中国的孔子开创"学在民间",他的教育包括礼、乐、射、御、书、数六艺,并以道德修养为主线造就君子人格,孔子人文思想对中国文化发展产生深刻影响。古希腊罗马思想家们也十分重视人文教育,有所谓"七科""九科"的说法。中西思想家都对人的道德问题提出了一系列观点或命题,以体现人不同于自然的本质特性。这种人文精神直接影响当时治国的思想,尽管中国古代以人治为主导,但也强调"为政以德""平政爱民"的施政要求。在西方主张法治的最重要代表亚里士多德则明确指出,当法作为一个国家或社会的主导时,法则必须是良法,法的制定不是仅以某一阶级或个人的利益为依归,而是以整个社会的利益为依归;臣民服从法律不是由于某种武力强制,而是出于臣民的自愿。古罗马法学家也对法治理论作出了贡献,其中尤以西塞罗为代表,他有一名句言:"我们是法律的仆人,以便我们可以获得自由。"古罗马在思想领域不同于古希腊的一个重要区别在于,他们更注重人们团体政治生活的法律特征,但他们接受法律应服从正义和自然,公道和正义是成文法的目的。法律的原则就是过诚实的生活,不伤害任何人。无疑,这些法治观点体现了当时的人文理想。

人文精神在近代则是以反对蒙昧主义,张扬知识就是力量和人的独立、自由为主要道德内容。因为随着社会的发展,人们开始对古代社会"人对人的依赖关系"提出反驳,并对中世纪的神学权威或具有宗族色彩的道德教化进行反省。西方社会当时掀起的文艺复兴,对与神学相对立的人文学科的关注和人的真实生活的呼唤如所提出的"我是人、我只要求属于人的光荣"的口号以及后来启蒙运动"知识就是力量"观点被普遍接受,反映了这个时代的内容。而中国当时一批思想家则以知识反对泛道德主义的蒙昧,强调尊重人的感性生活和个人的权利,主张"公天下",认为"万民之忧乐""百姓之生死"是最为重要的,同样表达了特定时代人文精神的内涵。人文精神的这些思想极为深刻地影响到治国理论中,使近代法治理论进一步完善。洛克被誉为近代法治主义奠基人,他明确指出法治的侧重点在于个人的自由的权利,"法律按其真正的含义而言与其说是限制还不如说是指导一个自由而有智慧的人去追求他的正义利益";"政府所有的一切权力,既然只是为社会谋幸福,因而不应该是专断的和凭一时高兴的,而是应该根据既定的和公布的法律来行使;这样,一方面使人民可以知道他们的责任并在法律范围内得到安全和保障,另一方面,也使统治者被限制在他们的适当范围之内,不致为他们所拥有的权力所诱惑"[①]。卢梭则进一步提出了"主权在民"的思想,他认为人们服从法律之所以是自由的,是因为法律不过是我们自己意志的记录,政府是"行政权力的合法运用",它的职责是执行法律并维护社会及公民的自由。

近代的发展有几百年的历史,现在不少西方发达资本主义国家由于客观条件的成熟已经逐步建立起自己的法治国家,但在当代,人对自身状态的反思、人文精神的发展,又对治国的理论提出新问题。这其中突出的是商品经济和社会化大生产在创造了巨大社会财富的同时,它也造就了人对物的依赖关系,等价交换的原则渗透到社会生活的一切方面,并形成一种独特的经济控制或"政治强制",人这个自由自在的生命主体沦为没有情趣和理想,均为消费和欲望所支配的工具。这也是现代一批主张人本主义理论思想家的学说有其生命力的缘由。这些都是那些主张法治的思想家所必须深入思考的,而法学家也表现重新审视自己的立场,因此我们看到现代社会生活中法律社会学的兴

---

① [英]洛克:《政府论(下篇)》,叶启芳、瞿菊农译,商务印书馆1964年版,第35—36页。

起,新分析法学取代分析法学在观点上的调整,新自然法学对法律责任的表白,这些都这样或那样反映了人文精神思想通过一种独特方式为法治理论所吸收并成为法治理论系统重要的文化要素。比如法律社会学尽管最初的提出背景比较复杂,但这些法学家的观点几经调整已引起人们深入的思考,它的代表人物之一的埃利希指出:无论现在和其他任何时候,法律发展的重心不在立法,不在法学,也不在司法判决,而在社会本身。法学家要走出法律的象牙塔,把根扎在现实的社会生活中,提供给人们的那些规范使个人能够实施目标合理的社会行动,以实现他们的自身利益。这对我们怎样建设法治国家是有启发的。

法治文明与人文精神的内在联系还可以通过法治的现实作用来说明。一般说,法治是通过诸多的法律规则来实现的,这些规则一经确定下来,它就成为一种事实状态,具有了确定性和稳定性,具体的法律规则总是确定地对应于一些具体的行为,并且因其稳定而不断地得到贯彻和落实,这些法律规则当然不应是人们主观观念和权力意志的任意构造,而是客观事实的综合表现。法律制度的本质及其内在的生命力,当然在于它要确认和反映社会物质生活的真实内容和发展规律,这其中物质生活条件的因素是从归根结底的意义上起作用的,这个社会人们的习俗、社会心理、道德认知等伦理因素及哲学理念等也起着十分重要的作用,同时人类在长期发展中沉淀下来的反映人类普遍性要求的人文精神也是其中的重要因素。

(三) 法治文明必须加强道德建设

研究法治文明与人文精神的关系使我们看到在建设社会主义法治国家时,加强道德建设的重要意义。人文精神的张扬属于道德文明的范畴。我们主张法律至上,但并不等于法律万能,法治文明必须依靠道德力量对人的行为产生深刻影响和对人的思想产生强烈净化作用。在我们改革开放深入发展的条件下,形成这种意识是十分重要的。

人文精神问题属于道德文明范畴,一定社会占主导的道德反映了这个社会特定的内容。而就人文精神或道德文明对法治文明的作用,有两点可以特别指出:

(1) 人文精神或道德文明通过社会舆论方式维护法治文明。一般说,道德与法律在现实生活中实现方式有所不同。法律与这个社会主导的道德虽然都表现统治阶级的意志,但法律是以"国家意识"的形式出现的。法律要通过一定法定程序制定,一经产生就具有普遍遵行的效力,并通过一定法律程序修改或废除。这样,法律在现实生活中往往表现为一种事实状态,这种事实状态以反映现实的广泛性要求为主要内容。而人文精神或道德则以群众意识、社会舆论形式出现,其发生一般是在阶级的先进分子中首先形成,然后逐步为整个阶级甚至全社会所接受。这样,通过社会主义人文精神或道德的宣传及它本身具有的社会舆论的作用或力量就有助于法治文明的建设,使人们由外向内地发展,逐步形成行为的自觉性。具体说,人文精神或道德通过影响人们的观念意识来引导人们的外在行为,通过社会舆论的谴责、批评、赞成或反对以及唤起行为者的内心信念,培养善恶判断能力和道德责任感等方式,引导行为者借助于自我认识、自我批判和内心立法把外在的道德要求转化为自愿的行为活动。而这个问题在今天的中国就显得特别重要。因为不可否认,现实生活中存在着不同道德价值的冲突,人们对改革的不同理解或存在的某种困惑等已严重影响了法治文明的发展。随着改革的深入、生产的发展、交往的扩大、生产方式的不断革新,必然冲击旧的经济关系及建立在经济关系基础上的各种社会关系,促使人们的生活方式发生变革,并带来人与人之间的利益关系的重组。然而,变革过程并非一蹴而就的,新旧力量在相当长时间内往往处于纵横交错之中,这是造成道德困惑、道德冲突的根本原因。就我国农村为例,经过40年左右的改革,一大批农民摆脱了对土地的依赖,商品生产和交换关系大量渗入农村,但在不少地方,商品经济与原有的自给自足的小农经营方式却是和平共处的,在某些地方存在的家族势力、地方保护主义等,这些客观现实使得我们在推行社会主义市场经济和依法治国过程中,要在农村中进行广泛深入的宣传、教育,通过道德舆论的工作,提高人们的认识和逐步形成维护法治的自觉性。

(2)人文精神或道德教育可以进入人的内心世界,通过对话、交流方式实现社会控制,从而对法治文明起促进作用。可以看到,法律以国家名义规定基本规则,在社会生活的调整上,法律起了主导作用,大部分社会关系要由法律和其他手段进行调整。但有些社会关系的调整,法律只能起辅助的作用,主要应依靠其他手段,如思想、信仰领域。因为法律作为制度,突出尺度的统一性、规范性,严格以事实为根据,考察主体行为对客体产生的实际效果、作用及行为主体应负的责任。法律制度不诉诸良心,不允许渗入主观因素,也不干预和惩办人的思想。而道德行为作为一种价值判断,它虽然也考虑人的行为的社会后果,但更多的是关注人的内心,即行为主体由自身利益和文明素质熔铸而成的思想动机,因此带有较为强烈的主观色彩。道德或人文精神的教育通过对话、交流方式实现社会控制是十分重要的。因为任何社会或国家实际都需要有一种主流道德文化,它可以起到维护社会稳定、保持社会延续的精神支柱作用。一般说来,这种道德文化的社会作用,是通过文化塑造与特定社会制度要求相一致的人,从而达到维护社会的同一性和稳定的目的。道德之所以能起这种作用,因为它属于精神生产,它可以通过语言文字以及其他物质载体,使其由个人意识变为社会意识,由主观精神变为客观精神,从而形成为一种社会文化环境。我们每个人都生活于某种文化体系处于主导地位的社会中,它将对我们每个人的一生产生巨大的影响。所谓人的社会化过程,就是接受文化的培育和熏陶的过程。所以主体道德文化的重要作用,是培养一代又一代对该社会制度的归属感和认同感。

五、德治"关键少数"

在中国,以德治国内在要求以德治党。道理很简单,中国共产党是国家的领导核心,是执政党,以德治党搞好了,就能带动以德治国。党中央总结十八大以来全面从严治党的实践,制定、颁布、实施《中国共产党廉洁自律准则》和《中国共产党纪律处分条例》,把依规治党和以德治党相结合提到了十分重要的地位。以德治党,是全面从严治党的内在要求,只有依规治党和以德治党相结合,才能搞好新的历史条件下党的建设的伟大工程。以德治党,关键是培育好各级领导干部的德,为从根本上端正党风打下坚实的基础,即德治"关键少数"。"关键少数"的德培育好了,党风、政风、社会风气就会得到好转,政治生态就能得到改善,以德治国的目标就能实现。这就是本文提出和研究这个问题的意义所在。

(一) 德治"关键少数"的基本内涵

"关键少数"指党和国家各级领导干部,特别是党的高中级领导干部。但德治"关键少数"中的"德治"一词,在这一语境下的内涵还有待进一步阐述。

把握中国共产党对"关键少数"德的重点要求是研究德治"关键少数"的重要前提。党的十七届四中全会通过的《中共中央关于加强和改进新形势下党的建设若干重大问题的决定》明确规定:"从政治品质和道德品行等方面完善干部德的评价标准,重点看是否忠于党、忠于国家、忠于人民,是否确立正确的世界观、权力观、事业观,是否真抓实干、敢于负责、锐意进取,是否作风正派、清正廉洁、情趣健康。"①这里讲的干部德的评价标准,可以被认为是中国共产党对各级领导干部基本的道德要求和道德遵循。2013年6月,习近平在全国组织工作会议上提出了好干部的五条标准:信念坚定、为民服务、勤政务实、敢于担当、清正廉洁。这五条标准讲的也是对"关键少数"德的重点要求。而正是党的这些要求,为德治"关键少数"指明了方向。

全心全意为人民服务是共产党人的立德之基。因为全心全意为人民服务,是党的根本宗旨,是检验和评价领导干部德的根本标准。一个领导干部有德无德、德高德低,首先看他是不是心中有民、心中有党、心中有国,始终把维护人民根本利益、国家整体利益放在首位,做到忠于人民、忠于党、忠于国家,党的利益、国家利益和人民利益高于一切。对党、对人民忠诚老实,最重要的是要坚决贯彻执行党的路线方针政策,始终与党中央保持高度一致。全心全意为人民服务是领导干部的政治立场,也是道德立场。

确立正确的世界观、人生观和价值观是共产党人的修德之本。有正确的世界观、人生观和价值观,就会有正确的权力观、地位观、利益观、政绩观。一个领导干部坚持用辩证唯物主义和历史唯物主义观察世界、分析问题,牢记一切权力属于人民,把自身的价值追求融入党和人民事业的奋斗之中,在利益面前始终坚持以党、国家和人民利益为重为首,为民用权、为民谋利、为民执政、全心全意为人民服务。确立正确的世界观、人生观和价值观,是中国共产党对其各级领导干部德的一个根本要求,是"关键少数"育德的一个根本性内容。

真抓实干、敢于负责、锐意进取是共产党人的修德之要。因为真抓实干是实现党的奋斗目标的关键,敢于负责、锐意进取是攻坚克难、开创工作新局面所必需的精神条件。只有具备真抓实干、敢于负责、锐意进取的德,才能做出经得起实践、人民、历史检验的实绩,也才能体现出一个领导干部德的水平。真抓实干、敢于负责、锐意进取的精神,是衡量领导干部修德实践的重要标准。

作风正派、为政清廉、情趣健康是领导干部的修德之重。领导干部的作风

---

① 《中共中央关于加强和改进新形势下党的建设若干重大问题的决定》,载《人民日报》2009年9月28日。

关系到党与群众能否保持血肉联系。一个领导干部作风正派、清正廉洁、情趣健康，就会得到人民群众的拥护和爱戴。作风是道德的外在表现。道德高尚，必然作风正派、清正廉洁、情趣健康。反之，缺乏道德坚守，势必经不起权力、金钱、美色诱惑而越过道德底线，势必走上贪污腐化的犯罪道路。因此，党必须把作风正派、为政清廉、情趣健康作为领导干部德的要求。

从以上分析可以看出，德不仅指道德品质，首要的是指政治品质，包括政治方向、政治立场和政治纪律。德治"关键少数"的基本含义，一是政治品质与道德品质的培育，实现政治品质与道德品质的有机统一；二是使党的各级领导干部的言行符合政治规范与道德规范。德治"关键少数"，就是要不断提高领导干部坚持中国特色社会主义道路、理论和制度的自觉和自信，不断坚定忠于党、忠于国家、忠于人民、全心全意为人民服务的立场，不断增强执行党的路线方针政策的自觉性，不断提升个人的道德修养，使德治成为党保持先进性、纯洁性的重要工具。

(二) 推进德治"关键少数"的重大意义

中国共产党对"关键少数"德的重点要求，已经决定了德治"关键少数"的重要性。我们可以从推进德治"关键少数"与中国共产党的建设、与中国特色社会主义关系的角度分析德治"关键少数"的重大意义。

思想建党与制度治党相结合，是十八大以来党的建设的新创造，无疑将大大推进新形势下党的建设。德治"关键少数"既蕴含在思想建党中，又是制度治党的题中应有之义。中共中央颁布实施《中国共产党廉洁自律准则》和《中国共产党纪律处分条例》，把党的十八大以来从严治党的实践成果总结提炼，转化为道德和纪律要求。廉洁自律准则重在德治，集中体现了党对"关键少数"和广大党员德的要求，目的是坚定党的各级领导干部和全体党员的理想信念，提升他们的道德力量。纪律处分条例重在规治，划定行为边界，明确行为底线，目的在于严明党纪党规，保证德治落到实处，纯洁党的组织。颁布实施《中国共产党廉洁自律准则》和《中国共产党纪律处分条例》足以表明推进德治"关键少数"的极端重要性。我们在落实思想建党与制度治党相结合的过程中，在落实《中国共产党廉洁自律准则》和《中国共产党纪律处分条例》的过程中，需要切实把德治"关键少数"提升到应有的认识高度，把德治"关键少数"摆上重要的议事日程。因此，对推进德治"关键少数"的重大意义进行理论分析和论证是十分必要的。

(1) 德治"关键少数"是坚持和发展中国特色社会主义的关键所在。列宁曾经指出:"道德是为摧毁剥削者的旧社会、把全体劳动者团结到创立共产主义者新社会的无产阶级周围服务的。"①列宁对道德重要作用的论断一再为中国革命、建设、改革的实践所证明。坚持和发展中国特色社会主义,关键在中国共产党,而中国共产党能否承担起带领全国各族人民坚持和发展中国特色社会主义的历史使命,关键在党的各级领导干部即"关键少数"。正如党的十八大报告所指出的:"坚持和发展中国特色社会主义,关键在于建设一支政治坚定、能力过硬、作风优良、奋发有为的执政骨干队伍。"②在这一论断中,除"能力过硬"讲的是"才"外,政治坚定、作风优良、奋发有为讲的都是"德"。德才兼备,以德为先,是我们党一贯的选人用人思想。这里的"德"不仅仅指道德品质,首要的是政治品质。也就是说,"关键少数"必须是由一批德才兼备的优秀人才组成,这是承担起带领全国各族人民坚持和发展中国特色社会主义的历史使命所必需的。推进德治"关键少数",关系中国共产党能否承担起带领全国各族人民坚持和发展中国特色社会主义的历史使命,关系到社会主义中国的长治久安。

(2) 德治"关键少数"是推进以德治国的内在要求。一个国家、一个社会道德水平的高低、社会风气的好坏,首先取决于"关键少数"的道德水平。孔子曾经说过:"政者,正也。子帅以正,孰敢不正。"(《论语·颜渊》)"其身正,不令而行,其身不正,虽令不从。"(《论语·子路》)"苟正其身矣,于从政乎何有? 不能正其身,如正人何?"(《论语·子路》)在当代中国,"关键少数"是以德治国的积极倡导者、引领者和示范者,他们能否以身作则,对推进以德治国至关重要。"关键少数"践行什么样的道德,是一个国家、一个社会道德的风向标。看一个国家、一个社会的道德水平,不仅要看宣传上倡导什么样的道德,更重要的是要看"关键少数"的行为奉行什么样的道德。因此,只有搞好德治"关键少数",才能振奋人们的精神状态,弘扬社会主义道德,形成良好的党风和社会风气,实现以德治国。德治"关键少数",无疑是推进以德治国的客观需要、内在要求。

---

① 《列宁选集(第四卷)》,人民出版社 1995 年版,第 290 页。
② 胡锦涛:《坚定不移沿着中国特色社会主义道路前进 为全面建成小康社会而奋斗》,人民出版社 2012 年版,第 52 页。

(3) 德治"关键少数"是建设法治中国的重要基础。中国特色社会主义法治道路是依法治国和以德治国相结合的道路,法治和德治在国家治理中如车之两轮、鸟之两翼,缺一不可。建设法治国家,必须运用法律和道德两种力量,发挥法治和德治两种功能。法治中国建设离不开以德治国。道德滋养法治精神,为法律被敬畏、被认同、被遵行提供思想基础,为法治有效实施创造良好条件。不仅立法要体现社会主义道德规范的要求,而且法律实施更要以社会主义道德规范为指引,充分体现社会主义道德规范的导向。"关键少数"是全面推进依法治国的组织者、推动者和实践者,他们的道德水平直接影响法治中国建设的进程。法治和德治对"关键少数"的治理是统一的。法治要求限制权力、保障权利,但仅仅依靠法治,只能实现底线性的指引和事后性的罚则。反之,仅仅依靠德治,"关键少数"可以任由道德的恣意。只有法治和德治相结合才能真正达到治理的目的,使"关键少数"的用权、行政在法律和为人民服务的道德要求下进行。"关键少数"的道德水平越高,就越能以高尚的道德指引法律的实施,准确把握法律规范体现的道德导向和道德内涵,保证法律实施的立法宗旨和正确方向;就越能使整个社会认同法律蕴含的道德价值,从而认同法律,遵守法律。强调德治"关键少数",是以提升掌权者、立法者、司法者、执法者等"关键少数"的道德素养为核心,全面提升治国主体的道德素养,从而为依法治国提供良好的道德环境。在这个意义上讲,德治"关键少数"搞好了,就为法治中国建设奠定了重要基础。

(4) 德治"关键少数"是形势、任务和现实的必然选择。当今世界正处在大发展大变革大调整时期,政治多极化、经济全球化、社会信息化在深入发展,各种国际力量博弈更加复杂,综合国力竞争、不同力量之间的政治、经济和思想文化竞争日趋激烈。西方国家对我国进行西化、分化的战略图谋,使得我国维护国家主权和安全面临的挑战更加复杂,周边地区政治安全形势更加复杂,国际舆论环境更加复杂,面临的外部矛盾更加复杂。世界形势的深刻变化对我们党的执政环境产生重大影响,要求党的各级领导干部坚定政治立场,保持共产党人的先进性。从"关键少数"的现状看,领导干部队伍的学历层次高了,知识本领强了,这是与现代化建设相适应的需要,是发展中国特色社会主义的内在要求。但由于他们中的多数是改革开放以后成长起来的,客观上缺乏重大政治风浪考验和严格的党内生活锻炼,在党性和作风等方面明显不足。不少党员干部出问题,都是出在德上:在政治品质上,有些党员干部政治方向不清,政治立场不稳,政治纪律松弛;党性不纯,对党不忠,对国家不忠,对人民不忠;在道德品质上,有些党员干部包养情妇,玩弄女性,道德败坏。这充分说明德治"关键少数"的紧迫性、重要性。因此德治"关键少数"既是全面治党面临的重大课题,也是关系人心向背、国家长治久安的重大课题。只有把"关键少数"的德培育好了,才能使我们党朝气蓬勃、锐气昂扬、正气浩然,赢得人心,成为中国特色社会主义事业的坚强领导核心,从而凝聚起全国各族人民的智慧和力量,带领全国各族人民为建设中国特色社会主义不懈奋斗,实现中华民族伟大复兴的中国梦。

（三）德治"关键少数"的政治环境与有效机制

德治"关键少数"是以德治国由理论变为实践的关键一步。抓好德治"关键少数",需要形成良好的政治、组织、社会、文化和制度条件。不仅要设计领导者、立法者、司法者、执法者和执政者的道德标准、道德监督、道德评估、道德考核和奖惩制度,形成有效体制和机制,而且要下工夫改变不良政治生态环境,使之有利于法治和德治相结合,有利于领导干部德的培育。法治和德治的有效实施,反过来又使法治和德治的威信和力量大大提升,为进一步实现法治和德治的价值追求奠定基础,促进良好政治生态的形成。这里,提出以下观点和对策,以期引起进一步思考和讨论。

（1）下工夫营造清明的政治生态。营造清明的政治生态,既是实现德治"关键少数"的政治条件,也是德治"关键少数"的重要价值追求。政治生态是党风、政风、社会风气的综合反映,影响着依法治国和以德治国主体的价值认同和行为取向。政治生态清明,有利于人们养成敬畏法律、崇尚道德的风气;政治生态不好,就会使人心涣散,无视法律和道德。政治生态能够影响人,但政治生态归根结底是由众多个体的思想、道德、作风作为"因子"形成的。因此,政治生态也受到每个个体思想、道德、作风的影响。法律规范个人的行为,以国家强制力为后盾,使人产生敬畏之心;道德规范人的内心,指引人的思想,使人产生坚定的理想信念。领导干部法治和德治观念增强了,产生合力,有利于营造清明的政治生态。当下,营造清明的政治生态应从以下几方面入手。

一是要坚持和落实人民主体地位,树立人民利益高于一切的法治和德治的价值追求。法治和德治不仅仅是治理国家的工具,而且是内涵着治理国家的价值目标,是价值理性与工具理性的统一。坚持和落实人民主体地位,树立人民利益高于一切的价值追求,为营造清明的政治生态指明了政治方向,为德治"关键少数"提供了根本的政治立场。社会主义民主的本质是人民当家做主,社会主义国家的一切权力属于人民。依法治国和以德治国的主体都是人民,依法治国和以德治国的根本目的都是实现人民当家做主、共同富裕的中国梦,都是为了维护好发展好实现好最广大人民群众的现实利益和根本利益。因此,要实现德治"关键少数",必须牢固树立人民主体地位的理念,把全心全意为人民执政、用权、谋利益变为自觉行动,依靠和动员最广大人民群众,创造清明的政治生态。

二是要着力提高"关键少数"把法治与德治相结合的自觉性。通过德治,提升法律的公信力和人民的信仰,使得全面守法得以实现;通过法治,奠定道德培育的制度基础,使讲道德成为习惯。"关键少数"在道德上起到表率作用,就能更好地领导人民治理国家。换言之,不仅要强调法治政府,还要重视"关键少数"社会主义道德的养成,把握好法治和德治共同的价值追求,使人民的权利受到保障,人民的利益受到维护。

三是要下大力克服形形色色的潜规则,冲破大大小小的关系网,杜绝"劣币驱逐良币"的逆淘汰,纠正用人导向不正、纲纪不张、法度松弛和"一言堂""家长制"等现象,这是营造良好政治生态必须要解决的问题。在县以上领导干部中开展的"三严三实"专题教育,既是营造清明政治生态的重要路径,也是德治"关键少数"的重要实践。

(2) 努力形成德治"关键少数"的机制。要做到德治"关键少数",还必须努力形成德治"关键少数"的有效机制。德治的根本是育德。德治"关键少数"就是要对各级领导干部有组织有计划地实施系统的道德影响,以使他们践行党所要求的德的义务。因此德治"关键少数"的机制不仅要考虑德治的内在要求,而且要考虑德治与法治的关系;不仅要考虑育德的内在要求,而且要考虑领导干部选任的要求等,要遵循德性形成和成长的规律,遵循反映育德的特点和适应中国特色社会主义的实践要求等。基于上述认识,笔者认为,目前需要从以下五个方面考虑建立和完善德治"关键少数"的机制:

一是建立以党规国法为保障、各种载体共同发挥德治作用的机制。人们的道德行为,往往同时也是人们的经济行为、政治行为和法律行为;人们的道德关系往往包含在人们的经济关系、政治关系和法权关系之中。德治作用的发挥,渗透于应用党规国法治国理政中,渗透于经济生活、政治生活、文化生活和国家事务管理的各种活动中。列宁曾要求:"应该使培养、教育和训练现代青年的全部事业,成为培养青年的共产主义道德的事业。"①列宁在这里揭示了"全部事业"与培养道德的内在联系,指出加强道德培养、提高人们的道德水平、发挥德治作用、改善社会道德风尚,是一件涉及社会各个方面的艰巨复杂的事情,需要方方面面、各个环节共同努力才能完成。因此,要把德治"关键少数"融入各级领导干部的领导实践,就需要探索和建立以党规国法为保障、各种载体共同发挥德治作用的机制。

党规国法是领导干部领导实践活动的基本遵循,党规国法蕴含着丰富的社会主义道德原则、道德精神,遵循党规国法,是德治"关键少数"的重要路径。同时,政策制定和实施,经济生活、政治生活决策和国民教育等活动,也是领导干部道德养成的重要载体。探索各种载体共同发挥德治作用的机制,意义在于强调任何一个道德养成的可能载体和路径,都要注重其可能引起的道德养成效果。比如,修改一部法律、出台一项政策,必须要考虑到其引领一种什么样的道德。多做这样的考虑,有利于我们树立正确的道德观念,壮大社会主义道德的主流,营造良好的道德环境。

二是建立和完善以正确选人用人为导向的立德倡德机制。选什么样的人,就是倡导什么样的德;用什么样的人,就是树立什么样的立德风向标。选人用人导向是否正确,对于领导干部道德素质建设影响极大。正确的选人用人导向是选用那些品行高尚、作风正派、崇尚实干、实绩突出、群众公认的人,这是从党和人民事业出发的选人用人导向,倡导和树立的是全心全意为人民服务的道德原则和道德追求。如果我们在选人用人上失误,用了作风漂浮、不干实事、不负责任、能力平庸、没有实绩的人,必然挫伤干部群众的积极性,甚至败坏党的风气,败坏政德,导致投机钻营者、以权谋私利者横行,使政治生态遭受破坏。因此,德治"关键少数",首先就要把好进入"关键少数"的道德关口。这一关把好了,保证进入"关键少数"的都是有坚定理想信念、有道德追求的,都是忠诚于党的事业、执政为民的,这就起到了在领导干部心中立德的作用,对于广大干部群众就是一种道德教育、道德示范和道德激励,将有效引领社会道德风气好转。

建立以正确选人用人为导向的立德机制,重点包括考察机制和评价机制。

---

① 《列宁选集(第四卷)》,人民出版社1995年版,第288页。

道德品质是由一系列道德行为铸成的,考察道德品质离不开道德行为。从理论上分析,考察一个人的道德品质,要把这个人的道德行为的某一方面表现与其他各个方面表现结合起来,把个别道德行为的倾向与一系列道德行为的倾向结合起来,这是正确评价一个人道德品质的方法。因此,组织考察机制的基本内容是:考察履职中的德,即工作动机、工作态度、工作作风、工作精神状态等;考察重大事件、大是大非面前的德,即政治立场是否坚定、态度是否鲜明,是否顾全大局,是否坚持党性原则;考察对待个人名利事情上的德,即是否能正确对待个人升迁,是否在利益诱惑面前头脑清醒、不为所动,是否在荣誉面前真诚谦让等;考察重大灾害和突发事件面前的德,即面对重大灾害和突发事件,能否冲在一线,与群众打成一片,大胆担当,大胆作为,带领群众战胜困难。

道德评价有自我评价和组织评价。自我评价就是内心对自己的行为进行判断;组织评价就是由组织按照评价标准进行判断。道德评价的一个重要目的,就是要促使人们养成强烈的道德责任感,无论哪一种评价都是一种客观存在的、无形的精神力量。马克思主义坚持动机和效果有机统一进行道德评价,既看动机,又看效果。毛泽东指出:"判断一个党、一个医生,要看实践,要看效果;判断一个作家也是这样。"[1]毛泽东进一步归纳说:"社会实践及其效果是检验主观愿望或动机的标准。"[2]因此,组织评价机制的重点是:完善以考察事实为基础的、"一分为二"的,同时把工作内与工作之余相结合、群众"历史口碑"与"现实口碑"相结合、听多数人与听少数知情人相结合的评价机制,力求对进入"关键少数"的领导干部进行客观真实的道德评价,通过组织的道德评价,努力做到使党对"关键少数"的德的要求落到实处、发扬光大。

三是建立和完善经常性的政德教育机制。人的德性主要是通过道德教育和道德修养形成和提高的。所谓道德教育,就是为使人们践行某种道德义务而对人们进行有组织、有计划的道德影响。列宁曾经指出:"工人本来也不可能有社会民主主义的意识,这种意识只能从外面灌输进去。各国的历史都证明:工人阶级单靠自己本身的力量,只能形成工联主义的意识,即确信必须结成公会,必须同厂主斗争,必须向政府争取颁布对工人是必要的某些法律,如此等等。而社会主义学说则是从有产阶级的有教养的人即知识分子创造的哲

---

[1] 《毛泽东选集(第三卷)》,人民出版社1991年版,第873—874页。
[2] 《毛泽东选集(第三卷)》,人民出版社1991年版,第868页。

学理论、历史理论和经济理论中发展起来的。"①列宁的论述清楚地说明了道德教育的必要性和重要性。只有有效的道德教育,才能使党对领导干部德的要求转化为"关键少数"的人格和品质,从而使"关键少数"在领导过程中发挥作用。不仅如此,道德教育是在复杂的环境中、在同各种私有制为基础产生的旧道德、旧习俗的斗争中进行的。对领导干部进行道德教育,是使他们的德转化为其内在品质,从而对领导、执政发生作用的不可缺少的重要环节。因此,建立和完善经常性的政德教育机制是十分重要的。多年来,我们党坚持在全党开展各种主题的教育活动,比如"讲学习、讲政治、讲正气"教育活动,保持共产党员先进性教育活动,党的群众路线教育实践活动等,这些教育活动都蕴含了丰富的政德内容,是一种政德教育,都是塑造高尚人格和高尚道德情操的过程。在县以上领导干部中开展的"三严三实"专题教育,也是我们党德治"关键少数"的战略举措,是树人育德的好机制。

四是建立和完善严格管理监督的律德机制。德治"关键少数",既要大力提倡严格自律,也要加强严格管理监督。严以律己,培育敬畏法纪、敬畏人民之心,自觉以党纪、党规和道德规范严格要求自己,珍重自己的人格和形象,做到慎微、慎独、慎友,自警、自省、自励,这是管理监督发挥作用的基础。有了严格要求,就要有严格的管理监督,使严格要求从口头落实到行为中。当下,建立严格管理监督的律德机制应做到:一要完善执行政策、纪律、制度等各种规矩的检查督促制度,维护党的规矩的严肃性,这是律行政德之要。二要完善谈话谈心制度。针对干部思想、群众反映、班子内部矛盾等各种问题,从德的要求上,及时提醒,及时批评。中央领导与地方领导之间、上下级之间、同级班子班长与班子成员之间要形成有针对性谈话的机制。三要完善党内监督、群众监督、社会舆论监督有机结合机制,形成对领导干部道德监督的强大合力。四要完善党内道德监督机制。制定落实党内监督条例和党内纪律处分条例的细则,特别是要运用各种案例,开展警示教育,以发挥党内监督对领导干部道德约束和道德警示作用。

五是建立公正有效的道德激励约束机制。道德进步需要正确的道德评价,以达到扬善抑恶的目的。因此,必须有一套行之有效的德的奖惩机制,使崇高的道德行为受到崇尚,得到奖励;违背道德的行为受到制约,得到惩罚。

---

① 《列宁选集(第一卷)》,人民出版社1995年版,第317—318页。

道德奖惩机制的内容应当既有精神层面的,又有物质层面的。精神鼓励与舆论谴责为主,物质奖励与惩罚为辅。还要充分运用法律规范与政治道德规范重叠的内容,发挥道德惩戒和道德倡导功能。同时,尽可能使政治道德规范法规化,以强化对不道德行为的惩戒。总之,先把"关键少数"的道德激励约束机制建立起来,落实下去,发挥作用,以形成引领全党,进而引领全社会道德风尚向上向善发展的机制。

第三章 法治中国、法治政府建设

一、"法治中国"概念的发生学思考

"法治中国"概念,学界已有不少讨论。我们从其他学者对这个概念的分析入手,逐步展开对这个问题的深入探讨。笔者在这里要说明,其实从发生学的角度对这个概念的解读,才是最为重要的。

(一)学界对"法治中国"概念的讨论及问题

笔者注意到,有学者从法治的一般原理与中国法治话语相结合的角度,对"法治中国"这个概念进行了解读。比较有代表性的是汪习根教授《论"法治中国"的科学含义》一文。作者认为,"法治中国"的概念作为法治在当下中国的政治表达,正在从一个命题具体化为全面改革的行动逻辑,预示着中国法治史上的一次重大飞跃的来临,必将对中国的法治与社会发展产生重大影响。而就"法治中国"概念而言,可以从一般法治原理与中国法治话语相结合的理论基点出发,从主体、客体、时空三个维度来说明。

就"法治中国"的主体维度而言,反映法治在中国一直是以一种外部性的方式而存在的,当时法治的主体性缺失制约着中国制度文明的发展。"法治中国"的现实使命就是要进行主体的角色建构和意识内化,是法治从一种客观存在变为人的潜在素质的不可或缺的细胞。这里法治主体性的建构涉及法治自觉、法治自信、法治自立、法治自强等内容。

而"法治中国"的客观维度,是从法治之所"治"的角度进行分析。"法治中国"的客体,其关键在于公共权力而非人民权利,"法治中国"以对国家权力的制约与监督为手段,以实现人民的自由发展为依归。为此,如何理顺权力和权利、公务员与公民、国家机关与社会组织之间的关系,是摆在"法治中国"建设中的重大议题。为此,要依法执政、依法行政、依法执法、依法司法,不断形成和固化以下三种治理关系,即友爱的党民关系、友善的政民关系、友好的法民关系等。

"法治中国"的时空维度则强调:其一,"法治中国"是在特定时间维度下展开的对中国法治蓝图的勾画,既要呈现多样性又要坚持开放性;其二,"法治中国"从空间维度上,是从封闭的本土法治走向开放的全球法治、为单一的中国语境引入国际视野的产物。"法治中国"的构建要从根本上改变中国在世界上的传统形象。"法治中国"在空间上不仅是中国的,也是世界的。这样"法治中国"在时空维度上要具体体现为:法治话语权、法治治理权、法治管理权、法治发展权等。

有学者从法治在中国的历史推进角度分析"法治中国"的内涵。比较有代表性的是周叶中教授的《关于"法治中国"内涵的思考》。作者认为,"法治中国"既是法治国家的"中国版",又是"法治中国"建设的"升级版"。作为法治国家建设的"中国版",在总体上,"法治中国"强调党的领导、人民当家做主和依法治国的有机统一;在发展载体上,"法治中国"强调以人民代表大会制度为根本依托,推进社会主义法治与社会主义民主的有机结合;在动力机制上,"法治中国"强调发挥政府在法治建设中的引导与推进作用,走政府推进型法治道路;在价值目标上,"法治中国"强调以人权保障和公民的幸福生活为终极追求;在推进模式上,"法治中国"强调中国的法治建设应走渐进式发展道路。

"法治中国"又是中国法治建设的"升级版"。具体表现为,在思维模式上,"法治中国"强调从法律思维到法治思维的提升;在体系支撑上,"法治中国"强调从法律体系到法治体系的提升;在文化内涵上,"法治中国"强调从法律文化到法治文化的提升;在发展路径上,"法治中国"强调从推进依法治国向坚持依法治国、依法执政、依法行政共同推进法治国家、法治政府、法治社会一体建设的提升。

笔者认为,上述有代表性的两位学者对"法治中国"已作的分析很有意义。如果说第一位学者的研究主要从横断面的角度并以哲理化的方式分析了"法治中国"所应具有的内涵,那么第二位学者则是从中国法治发展历史进步的视野从纵向面的角度以哲理化的方式深入地探讨了中国的法治建设正在引向深入。总的来说,这些研究都是极富理想性的一种论述,有利于人们对"法治中国"形成学理的认识。但法治中国这个概念,仅有这样理想化的分析是不充分的,如果不是社会政治、经济、文化等条件发生了变化,法治的整体发展有了一定基础条件的支持,这个概念还只是一个概念,因此,我们必须从发生学的角度对这个概念的合理性作出论证。

(二)对"法治中国"概念的发生学解读

法治对中国而言,实际上是一个实践的概念。"法治中国"是在实践中提出的,我们更应该从实践的角度,从发生学的意义上解读"法治中国"。

中国是20世纪70年代末拉开改革开放序幕的,40年左右的发展,所取得的成就是举世瞩目的。有人做了这样的概括,中国在短短的40年左右的发展中走完了其他国家几百年才走完的历史进程。现在中国已经成为世界第二大经济体……但在这辉煌的背后,也产生了深刻的矛盾和冲突,中国社会发展的条件已客观上提出,我们必须改变过去习惯的国家治理方式。"法治中国"的提出,反映的是中国共产党人在这个问题上形成的高度认识,即依法全面推进国家治理方式转型创新,我们有必要从这个意义上理解"法治中国"的内涵所在。

可以说,人治和法治是两种根本不同的国家治理方式。就人治的特征而言,即把国家治理的命运完全建立在某个人或少数几个人身上。这种治理方式已不适应现代文明的要求,这一点已被历史所证明。邓小平同志曾多次告诫我们:"还是要靠法制,搞法制靠得住些。"[1]随着改革的深入,社会已为国家治理的法治化转型创造了条件。党的十八届四中全会就"法治中国"提出了总目标和具体设计,反映了中国共产党在这个问题上形成了高度认识。笔者在这里突出分析两点。

(1)中国社会结构的变迁要求建立与社会主义民主政治和市场经济相适应的法治化国家治理模式。从社会结构角度分析,我们有必要重视以下几方面的问题:

一是社会阶级、阶层结构变化带来的变迁。中国原有的社会阶级、阶层结构比较简单,在计划经济时期集中于公有制或集体所有制两种所有制条件下,主要由工人阶级、农民阶级、干部和知识分子所组成;而现在又转化成在多种所有制条件下较为复杂的阶级、阶层结构,在这个阶级、阶层结构中,人们的利益诉求有时甚至是相互对立和冲突的;社会阶级、阶层结构带来的变化反映到

---

[1] 《邓小平文选(第三卷)》,人民出版社1993年版,第379页。

人们之间利益关系的调整上,如何解决好劳资关系、不同阶层关系、贫富关系就成为新形势下国家治理实践中的重要问题。

二是城乡结构变化带来的变迁。现代化的过程是一个工业化的过程,它必定对中国原来的乡村生活带来巨大冲击。经过40年左右的发展,我们可以看到现在中国有两亿多农民已离开了自己所熟悉的土地,农民这个阶层形成一股庞大的流动人口涌入城市开始了对他们来说全新的城市生活,城乡结构发生了重大变化。这种结构性变化对如何处理好城乡关系、解决好城乡的统筹发展成为新形势下国家治理实践中的重要问题。

三是社会组织结构变化带来的变迁。原来的社会组织相对比较简单,人们都被统一于行政系统中成为"单位人",国家权力和众多分散的社会成员由行政化的单位组织起来,单位不仅是生产单位,同时是生活单位,职工的生老病死、衣食住行、文化娱乐乃至于子女入托上学、家庭邻里纠纷等,都由单位统一安排、管理。市场经济的发展促进了政府行政职能的转换,它由过去对社会生活领域的大包大揽,转为主要以社会公共权力持有者的身份,通过法规和政策来调整或干预社会生活。随着社会的发育,大量的社会组织得到发展并在社会上有所担当。这种社会组织结构变化对如何处理好国家、政府在解决社会民生问题的角色及国家、政府与社会组织的关系等成为新形势下国家治理实践中的重要问题①。

四是社会生产、分配结构变化带来的变迁。改革开放40年左右的发展,我国从单一所有制转化为多种所有制并存,由计划经济模式转化为市场经济模式,收入分配由过去高度单一化、均等化转变成多样化、差别化,这种社会生产、分配结构的变化,在现实社会发展中出现了如收入差距的过于扩大、严重的分配不公现象,并且还与某些地方的权力腐败相联系等,如何调整好社会生产、分配结构变化带来的问题,使不同所有制企业得到良好发展,建立起公平合理的收入分配秩序等,成为新形势下国家治理实践中的重要问题②。

五是社会家庭结构、人口结构变化带来的挑战。原有的社会家庭往往人口众多,家庭成员在一个大宅院中生活,社会的变迁加速了家庭小型化的发展;同时我国人口老龄化快速发展,过去本来可以由家庭和代际帮助解决的如

---

① 李瑜青:《论市民社会的理念与现代法制观念的转换》,载李瑜青主编:《上海大学法学论坛》,上海大学出版社2002年版,第6—7页。

② 李瑜青、李明灿:《契约精神与社会发展》,山西人民出版社1997年版,第35—41页。

养老、单亲抚养、心理障碍、残疾、代际冲突等问题,都转到社会中成为社会问题,而原来行政可以担当的系统现在已不复存在,如何适应社会的这个变化成为新形势下国家治理实践中的重要问题①。

面对这些变化,原来在计划经济条件下形成的比较人治化的国家治理模式已不再适应新形势。社会结构变迁涉及的内容可以说多与公民就业、收入分配、社会保障、教育、医疗、住房、公共交通等民生问题有关,属于不同于一般商品供给的公共产品和公共服务问题,处理不好,直接影响国家政权的稳定。这就必须要进行国家治理模式改革,建立与社会主义民主政治和市场经济相适应的法治化的国家治理模式。

(2) 公民权利意识增强并借助互联网对权利的积极主张,要求建立与社会主义民主政治和市场经济相适应的国家治理法治模式。市场经济的发展,中国社会成员在经济上追求利益的主动性得到增强。而40年左右持续的普法教育,进一步促进了社会成员权利意识的自觉,人们对于社会公共事务,特别是与自身偏好有关的公共事务,要求享有充分的知情权、表达权、参与权和监督权的政治参与意识日益增强②。而社会信息传播网络化的发展,互联网又快速地进入人们的工作和生活之中,成为人们工作、交往的重要方式。根据中国互联网信息中心发布的《第43次中国互联网络发展状况统计报告》,截至2018年12月,我国网民规模已达8.29亿人,互联网普及率为59.6%,网络社会基本形成。互联网具有的交互性功能和即时性特征,使得网民可以借助互联网这一媒体成为信息互动的传播者。互联网已经成为对社会公共生活和公共事务产生重要影响的"公共空间",它可以使地区性、局部性具有某种偶然性的问题或突发事件产生一种"共振效应",并迅速变成全民"围观"和参与讨论的公共话题,甚至转变成公共事件。在互联网时代,时间和空间已不再成为信息传播的障碍、距离不再限制通信成本的现象,用有学者的观点:可能是21世纪对社会影响最大的一种经济力量③。互联网不仅已经成为以舆论的方式及时反映现实社会的矛盾和表达民意的重要平台,而且由于网络的大众化趋势和即时通信的广泛应用,使之具有了独特的社会组织功能,即把相对疏离的人

---

① 李瑜青:《论市民社会的理念与现代法制观念的转换》,载李瑜青主编:《上海大学法学论坛》,上海大学出版社2002年版,第6—7页。
② 周光辉:《推进国家治理现代化的有效路径:决策民主化》,载《理论探讨》2014年第5期。
③ [美] 费尔德曼:《因特网革命和创新的地理分布》,项龙译,载《国际社会科学杂志(中文版)》2003年第1期。

群通过互联网最大限度地迅速地组织动员起来,既可以成为形成和制造公共事件的社会力量,也可以成为推动社会现实行动的重要力量。这样,建立与社会主义民主政治和市场经济相适应的国家治理法治模式,就成为社会发展的客观要求。

我们可以看到,正是在这个意义上,中国共产党作为执政党一直在积极探索国家治理方式的法治化转型,而十八届四中全会更是做了顶层设计。党的十八大报告中就提出构建中国特色社会主义治理体系问题,提出国家治理创新实践必须以法治作为保障。我们国家是在经历了很长的人治历程后,在世纪之交郑重地选择了法治。党的十五大报告指出:"依法治国,就是广大人民群众在党的领导下,依照宪法和法律规定,通过各种途径和形式管理国家事务,管理经济文化事业,管理社会事务,保证国家各项工作都依法进行。"党的十七大报告进一步指出:"坚持依法治国基本方略,树立社会主义法治理念,实现国家各项工作法治化。"党的十八大报告又指出:"全面推进依法治国。法治是治国理政的基本方式。"从"保证国家各项工作都依法进行"到"实现国家各项工作法治化",再到"全面推进依法治国",反映法治建设的目标与要求的愈加明确与深入,我们必须要以法治的精神统帅社会治理创新实践,用法治的眼光审视社会治理创新实践,用法治的方式解决社会治理创新实践的难题。而党的十八届四中全会,则从法治体系化建设高度,对国家治理做了顶层设计,党的十八届四中全会文件指出:"全面推进依法治国,总目标是建设中国特色社会主义法治体系,建设社会主义法治国家。这就是,在中国共产党领导下,坚持中国特色社会主义制度,贯彻中国特色社会主义法治理论,形成完备的法律规范体系、高效的法治实施体系、严密的法治监督体系、有力的法治保障体系,形成完善的党内法规体系,坚持依法治国、依法执政、依法行政共同推进,坚持法治国家、法治政府、法治社会一体建设,实现科学立法、严格执法、公正司法、全民守法,促进国家治理体系和治理能力现代化。"一个法治化国家治理方式由此被全面地提出,这是"法治中国"概念的内涵所在。

二、从革命法制观到治国方略法治观

中国共产党法治思想经历了由革命法制观、秩序法制观到治国方略法治观的转变,并在思想观念上显现出一个从法是阶级专政的工具转向法是社会利益调整的手段、从依政策治国转向依法治国、从法律虚无主义转向法律权威主义、从义务本位的法转向权利本位的法、从权力至上转向法律至上等的变化,反映了其法治思想不断走向完整与成熟。

（一）中国共产党法治思想的发展历程

学界在中国共产党法治思想发展问题上有多种分析,但从对法治理解的理论形态上来说,笔者认为主要经历了由革命法制观、秩序法制观到治国方略法治观的转变。

1. 革命法制观

从时间跨度来说是在1921—1978年间。革命法制观是中国共产党在武装夺取政权过程中所形成的认识,并服务于中国共产党为夺取政权而进行的政治斗争。在1949年后"继续革命"的思维下又成为中华人民共和国的主导的法制理念,其中心内涵是把法律当作阶级斗争或治理社会的工具。

崇尚阶级斗争法学理论是革命法制观的一大典型特征。该理论可以说是从马克思、恩格斯、列宁的一些经典论述中推导来的。马克思、恩格斯关于"由他们（统治者——引者注）的共同利益所决定的这种意志的表现,就是法律"①的论述,关于"正象你们的法不过是被奉为法律的你们这个阶级的意志一样,而这种意志的内容是由你们这个阶级的物质生活条件来决定的"②的论述,以及列宁"法律就是取得胜利、掌握国家政权的阶级的意志的表现"③的论述等,成为重要的具有普遍指导意义的法学观点。于是法律在我国就被定义为:法律是反映统治阶级意志的,由国家制定或认可并以国家强制力保证并实施的行为规范的总和,是保护、巩固和发展有利于统治阶级的社会关系和社会秩序,实现阶级专政的工具。阶级斗争的法学理论切合了当时战争年代疾风暴雨式的阶级斗争环境,如革命根据地的法律就特别强调鲜明的阶级属性和专政功能。而1949年后的一段时期,在阶级斗争法学理论的指导下,《土地改革法》《惩治反革命条例》等法律也都体现出了浓厚的统治阶级意志和阶级斗争色彩。

革命法制观将法律与政治治理紧密结合,视法律为阶级斗争或治理社会的工具,法律服从党和国家政治斗争的要求,是革命法制观的又一典型特征。

---

① 《马克思恩格斯全集(第三卷)》,人民出版社1960年版,第378页。
② 《马克思恩格斯选集(第一卷)》,人民出版社1972年版,第268页。
③ 《列宁全集(第十三卷)》,人民出版社1959年版,第304页。

"我们的法律是服从于政治的,没有离开政治而独立的法律。政治要求什么,法律就规定什么。"①于是,"这种政治与法律之间的有机结合产生了一个独特的法律概念'政法',当然这不仅是一个概念,而且是一套学说,而且是一套组织机构,一套权力技术,一套成熟的法律实践"②。在革命根据地时期,我们的法律和法令、条例、决议等都是适应战争环境和革命斗争需要而制定的,同时,党也依靠这些法律、法规来建立革命秩序,巩固革命政权,并实现一定的政治目标。这一时期,"共产党的法律则首先关注于乡村层面上的政权建设,尤其是通过法律来实现对乡村的治理,因而实现共产党所提出的治理目标"③。对这一传统,董必武总结道:"我们党从井冈山建立革命政权的时候起,就有了自己的政法工作。人民的政法工作和军事工作、经济工作、文教工作一样,在党中央和毛主席的领导下,从民主革命到社会主义革命,逐步积累起丰富的经验,形成了自己的优良传统。这就是服从党的领导、贯彻群众路线、结合生产劳动,为党和国家的中心工作服务。"④1949 年后,中国共产党人在继续革命思想的影响下,法制的建设又与运动紧密结合,并成为运动的工具。"我国法制的创立和实施大都经过群众运动来推动。在运动中创造了法律,如《土地改革法》就是在轰轰烈烈的土地改革运动中创立起来的。……《惩治贪污条例》也是在'三反'运动中订立下来的。"⑤同时,法律的实施更是靠运动的方式推动的。"实施土地改革法靠土地改革运动;打击反革命犯罪活动靠镇反运动;以司法改革运动来处理旧司法人员,纯洁司法队伍;以'三反五反'运动来打击贪污浪费犯罪行为;以普法运动来实施选举法。"⑥对此董必武指出:"许多事都是以运动方式搞起来的,到目前为止,我们还在搞运动。……肃清暗藏的反革命的运动正在进行,在社会方面镇压反革命运动也正在展开。……运动促进、发展、提高了法制工作。"⑦但是,由于运动本身具有很强的政治性,使法律不仅难以驾驭运动,而且充当了运动的工具,并在最后实际上被政治所抛弃。"'通过

---

① 谢觉哉:《在司法训练班的讲话(摘要)》(1949 年 1 月),载北京广播电视大学法律教研室编:《法学基础理论参考资料》,中央广播电视大学出版社 1984 年版,第 118 页。
② 强世功:《法制与治理——国家转型中的法律》,中国政法大学出版社 2003 年版,第 123 页。
③ 强世功:《法制与治理——国家转型中的法律》,中国政法大学出版社 2003 年版,第 135 页。
④ 《董必武政治法律文集》,法律出版社 1986 年版,第 545—546 页。
⑤ 蔡定剑:《历史与变革——新中国法制建设的历程》,中国政法大学出版社 1999 年版,第 282 页。
⑥ 蔡定剑:《历史与变革——新中国法制建设的历程》,中国政法大学出版社 1999 年版,第 282 页。
⑦ 《董必武政治法律文集》,法律出版社 1986 年版,第 439—440 页。

运动的治理'可以说是一种'无法的治理',但正是这种'无法的治理'将'法律治理化'推向了极点,即'无法的治理'恰恰是'法无所不在的治理',这种法就是最原始的作为暴力的法,由此导致了'惩罚社会'的兴起以及'惩罚的弥散化'。"①

维护革命秩序,否认法制对权力的限制是革命法制观的另一典型特征。"十月革命一声炮响,给中国送来了马克思主义",而中国共产党人对马克思主义的理解受到了当时苏联理论家的很大影响。在法制观上,列宁认为"专政是直接凭借暴力而不受任何法律约束的政权"②,而无产阶级的革命专政则是"由无产阶级对资产阶级采用暴力手段来获得和维持的政权,是不受任何法律约束的政权"③,这在当时条件下是特指性的,却被解释为无产阶级政权只需凭借暴力,而不需要法律。因此,在许多领导人的观念中,实际上把法律置于从属权力的地位。

2. 秩序法制观

从时间跨度来说是在1978—1996年间。十一届三中全会是这种法制观形成的标志。当时,党对自1957年下半年以来到"文化大革命"这一时期民主法制遭到严重破坏、人民的权利失去保障、国家和社会陷入一片混乱的历史灾难做了深刻的反思,并形成了秩序法制观。它侧重于法的秩序价值,主张以运用法律手段维护国家秩序,保护社会生产力的顺利发展为目标。

(1) 突出法制对维护社会稳定和秩序的价值,是秩序法制观一大典型特征。十一届三中全会后,党和国家的工作中心转移到社会主义现代化建设上来,但"中国要搞四个现代化建设,没有一个稳定的政治形势不行","没有安定的政治环境,没有稳定的社会秩序,什么事也干不成"④。而实现稳定的秩序则需要健全社会主义法制,原因是"没有社会主义法制,就没有社会主义民主,而没有民主,就没有民主基础上的集中,就没有、至少是不能确实地保障安定团结、生动活泼的政治局面,因而就谈不上社会主义现代化建设"。"健全社会主义法制,才有可能少出一点乱子,保证四化建设的顺利进行,各项工作的顺利进行"⑤。正是基于这一认识,邓小平强调要"一手抓建设,一手抓法制"。

---

① 强世功:《法制与治理——国家转型中的法律》,中国政法大学出版社2003年版,第136页。
② 《列宁选集(第三卷)》,人民出版社1972年版,第623页。
③ 《列宁选集(第三卷)》,人民出版社1972年版,第623页。
④ 《邓小平文选(第三卷)》,人民出版社1993年版,第207、331页。
⑤ 彭真:《论新中国的政法工作》,中央文献出版社1992年版,第172、304—305页。

(2) 法制成为维护政治、经济和社会秩序的首要手段,是秩序法制观的又一典型特征,其主要表现在依法实现政治管理的有序化上。一方面,针对"过去一些重大的决策,常常取决于领导人的看法和注意力,使我国过去有些年代中上层建筑的政治文化机器的运转,有时呈现某种随意性与不确定性"①的状况,党强调"必须使民主制度化、法律化,使这种制度和法律不因领导人的改变而改变,不因领导人看法和注意力的改变而改变"②。另一方面,为了实现对政治权威的制度约束,使权力依法运行,党又确立了"党必须在宪法和法律的范围内活动"的重要原则。在十二大通过的党章中首次写入了该项原则,使其成为"党法"。在1982年宪法中也明文规定:"一切国家机关和武装力量、各政党和各社会团体、各企业事业组织都必须遵守宪法和法律。""任何组织和个人都不得有超越宪法和法律的特权。"

(3) 用法律手段调节经济秩序,是秩序法制观另外一大典型特征。"经济越发展,利益分化以及社会结构的变迁程度就越深化,制度及其通过制度营造共识、提供秩序就越显得重要。"③1978年邓小平就要求国家立法部门为适应当时经济建设新形势的需要,集中精力制定相关的法律。他指出:"国家和企业、企业和企业、企业和个人等等之间的关系,也要用法律形式来确定;它们之间的矛盾,也有不少要通过法律来解决。"④1979年叶剑英在五届人大二次会议上强调"我们还需要经济法"。1982年通过的宪法确立了经济立法的重要地位。宪法直接提到要制定的法律有39个,而其中经济方面的法律12个。1984年十二届三中全会通过的《中共中央关于经济体制改革的决定》提出:"经济体制的改革和国民经济的发展,使越来越多的经济关系和经济活动准则需要用法律形式固定下来,国家立法机关要加快立法。"十三大明确提出:"国家的政治生活、经济生活和社会生活的各个方面,民主和专政的各个环节,都应做到有法可依,有法必依,执法必严,违法必究","要尽可能用法律或制度的形式加以明确"。十四大报告又提出:"加强立法工作,特别是抓紧制订与完善保障改革开放、加强宏观经济管理、规范微观经济行为的法律和法规,这是社会主义市场经济体制的迫切要求。"这种意识反映在实践中,就是在改革以来的

---

① 郭道晖:《民主·法制·法律意识》,人民出版社1988年版,第35页。
② 《邓小平文选(第二卷)》,人民出版社1994年版,第146页。
③ 潘伟杰:《法治与现代国家的成长》,法律出版社2009年版,第134页。
④ 《邓小平文选(第二卷)》,人民出版社1994年版,第147页。

法制建设中,将经济法制现代化建设放在突出位置。

(4) 以法律手段维护社会的安定团结,也是秩序法制观的一大典型特征。党的十一届三中全会后,我国社会经历了广泛而深刻的历史性巨变,在经济、政治、文化和社会迅速发展的同时,利益格局发生了根本性的变化,各种社会矛盾也日趋错综复杂,使得社会治安的问题相对突出起来。为此,我国展开了社会治安综合治理工作。由于综合治理的其他手段最终都需要通过法律手段来体现和落实,这需要我们党必须"学会使用法律武器维护安定团结"。彭真在全国城市治安会议上的讲话中就要求"要善于运用法律武器。要严肃、谨慎、准确地运用法律武器,依法办事,执法必严……我们要很好地运用法律武器,同破坏社会治安、危害社会秩序的违法犯罪活动进行斗争";他还非常言简意赅地将当时政法工作的基本任务归结为:"公、检、法当前的中心工作,就是要从法制方面巩固和发展安定团结、生动活泼的政治局面,保障社会主义现代化建设的顺利进行。我们只要做到了这一点,就应该说是基本完成了自己的任务。"①

3. 治国方略法治观

从时间跨度来说是从1997年以来一直到现在。"依法治国,建设社会主义法治国家"观点的提出,是中国共产党在治国方略上一个历史性的飞跃,使得法制建设和法治实践不再是某个局部或职能部门的工作,而是事关全局的战略性工作;法治实践不再是阶段性的现实秩序的治理,而是国家建设与社会发展的方向性目标。

(1) 治国方略法治观深刻分析了"为什么要实行法治"。党的十五大报告指出:"依法治国,是党领导人民治理国家的基本方略,是发展社会主义市场经济的客观需要,是社会文明进步的重要标志,是国家长治久安的重要保障。"可见,我们党选择走法治道路,首先是基于"市场经济是法治经济"的判断。市场经济是平等主体之间的自由竞争、自主发展的经济,它不同于计划经济体制下行政权力和长官意志决定一切的"人治"经济。市场经济不仅要求以合乎市场规律的法律来为市场主体导航护航,而且要求以法律规范权力在市场中的地位和作用,制约权力对市场主体的不法或不当干预。其次是源于法治是社会文明进步的重要标志。法治作为人类凭借法律规则对自己生活的一种制度安

---

① 彭真:《论新中国的政法工作》,中央文献出版社1992年版,第179—249页。

排,蕴涵着自由、平等、人权、人民主权等进步理念,已经成为当今世界各国普遍选择的一种治国方式。最后是鉴于法治是国家长治久安的重要保障。这是长期以来饱受人治苦痛的中国人民理性思考后作出的选择。

(2) 治国方略法治观全面阐述了依法治国的内涵,即"什么是法治"。十五大报告指出:"依法治国,就是广大人民群众在党的领导下,依照宪法和法律规定,通过各种途径和形式管理国家事务,管理经济文化事业,管理社会事务,保证国家各项工作都依法进行,逐步实现社会主义民主的制度化、法律化,使这种制度和法律不因领导人的改变而改变,不因领导人看法和注意力的改变而改变。"这意味着,"'依法治国'不仅是把法作为治国手段,也是把法(法律)作为行为准则、价值标准。因而也表明,无论用什么手段治国(如'科教兴国'之类),都必须依法而行"①。由此,作为一种相对独立的治理国家的手段,"依法治国"日益与其他治国手段相分离。这也意味着,"依法治国"与"依人治国"划清了界线。前者要求"人依法",后者则是"法依人",即以领导人、执政者个人意志为依归。

(3) 治国方略法治观指出了"我们需要什么样的法治"。首先,中国特色的社会主义法治必须以坚持党的领导、人民当家做主和依法治国三者有机统一为根本原则,而绝不是西方以"三权分立"为根本原则的法治模式。在西方近代,特别是欧美资产阶级夺取政权后,相继实行"法治",其根本原则是"三权分立"。它基本上符合西方资产阶级国家的国情,并在某种程度上促进了社会的发展,但这个根本原则即"三权分立"却不适用于中国,因为它从根本上否认了一个最高权力,即否定了人民的最高监督权与最后决策权,亦即否认了人民代表大会这个根本政治制度,否认了中国共产党的领导。其次,法治之"法"须以人为本。"以人为本"为核心内涵的科学发展观这一崭新执政理念提出了重新审视法律的价值问题。"在改革开放初期,以及市场经济建立初期,经济体制改革提出的是'效率优先,兼顾公平',体现在法律方面,也是这种价值选择。到今天,我们法律的价值恐怕需要重新审视,更加注重民权和民生"②。这是因为在当代社会转型时期,人民群众最迫切需要解决的民生问题,需要法律积极予以回应。而法律也只有积极地回应和解决当代中国社会最迫切的民生和民

---

① 郭道晖:《法的时代精神》,湖南出版社1997年版,第534—535页。
② 石泰峰:《依法治国与科学发展观》,载《法学研究》2007年第4期。

权问题,才能为社会大多数成员所接受。2004年"国家尊重和保障人权"这一纲领性的人权条款入宪,2007年《物权法》的高票通过,就深刻地表明我国法治建设进入以人为本的新时期。最后,法治须以和谐哲学为基础。构建社会主义和谐社会战略思想和任务的提出和实践,要求"用和谐精神统领法律价值体系,将和谐精神融入法律规范体系,用和谐精神指导法律的运行实践,使我国法治充分体现社会主义和谐精神"①。进而彻底地将法治的哲学基础由以阶级斗争为纲年代的斗争哲学转向和谐哲学。

(4)治国方略法治观明确了"怎样建设法治"。一方面,党提出了到2010年基本形成中国特色社会主义法律体系的目标,走上了以法律制度建构(立法)为中心的法治现代化发展战略。同时,针对现实生活中存在的立法数量的急剧增加并没有带来人们所预期的相应的法治秩序等问题,党也深刻认识到"中国现代法治不可能只是一套细密的文字法规加一套严格的司法体系,而是与亿万中国人的价值、观念、心态以及行为相联系的"②。因此江泽民强调:"坚持依法治国,一项重要任务是不断提高广大干部群众的法律意识和法制观念。"③在2006年全国"两会"党员负责人会议上,胡锦涛同志又进一步提出社会主义法治理念的科学命题:"我们实施依法治国的基本方略,建设社会主义法治国家,既要积极加强法制建设,又要牢固树立社会主义法治理念。""坚持社会主义法治理念,就是要坚持依法治国、执法为民、公平正义、服务大局、党的领导。"社会主义法治理念的提出,为我国社会主义法治建设提供了精神动力和理性法治文化的支撑。另一方面,党提出科学执政、民主执政、依法执政的主张,以期通过党的领导方式和执政方式的变革来适应依法治国、建设社会主义法治国家的需要。

(二)具有代表性的法制观点的变化

20世纪90年以来,中国共产党的法治思想在不断总结历史经验教训的基础上,与时俱进地向前发展。笔者认为其中突出了如下有代表性的法制观点的变化。

1. 从法是阶级专政的工具转向法是社会利益调整的手段

长期以来,在阶级斗争法学理论指导下,我们党把法律只当作是阶级斗争

---

① 张文显:《走向和谐法治》,载《法学研究》2007年第4期。
② 苏力:《法治及其本土资源》,中国政法大学出版社1996年版,第19页。
③ 《江泽民文选(第一卷)》,人民出版社2006年版,第152页。

的工具,把司法机关笼统地称为"专政机关",即所谓打击敌人的"刀把子"。"新中国成立后,'专政工具论'的法思想很快与中国传统法律文化中'刑文化'珠联,形成了一股强盛的泛刑主义和严刑峻法的法观念"。这种泛刑主义和严刑峻法给中国法制建设带来了现实和潜在的危险,它容易制造冤假错案;它有损于人们对法制的崇高尊重的感情和人道形象;它阻碍我国法制迈向现代文明,我们不能把落后野蛮的法律带入现代法治①。当然,"专政工具论"的法观念在阶级斗争仍是社会主要矛盾的时期有其历史合理性,但在社会主要矛盾发生变化、国家的主要任务是发展生产力时,仍将法的功能局限于对敌斗争、惩治犯罪和维护政治统治的范围,过分地强调法律的制定主要是服务于权力的巩固,把法律主要作为实现政治统治的必要工具和手段,却不能说是全面和准确的。而正是由于国家任务由阶级斗争为中心转向以经济建设为中心,使党深刻地认识到法的功能不应仅局限在政治领域,应重视和关注其在经济、社会生活领域的作用,认为社会主义法律是社会关系尤其是经济关系的调整器,是促进经济发展、社会进步的主要调控手段。

2. 从依政策治国转向依法治国

党取得了政权后,面临的一个重要的选择就是实行什么样的治国方式,是依政策治国还是依法治国?对于中国共产党人而言,由于在新民主主义革命时期形成了系统的、完整的、经实践证明是正确的方针、政策,又由于"革命战争主要是靠政策办事,注重的是政策,没有依法办事的习惯",以至于1949年后相当长的时间内"讲方针、政策多,直接按方针、政策办事多,讲法制、法律少,讲严格依法办事少,即严格注意和强调有法可依、有法必依、执法必严、违法必究少"②。政策被当作革命胜利的法宝,政策和策略是党的生命。应该说"这在推翻反动政权的革命时期是只能这样做,但是我们在建成了无产阶级领导的人民民主政权,基本上肃清了反革命,基本上完成了消灭封建所有制、资本主义所有制的生产关系的任务以后,仍然没有及时地同时强调加强法制,抓紧法制建设,强调严格依法办事,坚持做到有法可依、有法必依、执法必严、违法必究,这是一大失误"③。鉴于此,党的十一届三中全会指出:"为了保障人民

---

① 蔡定剑:《历史与变革——新中国法制建设的历程》,中国政法大学出版社1999年版,第299、304页。
② 彭真:《论新中国的政法工作》,中央文献出版社1992年版,第196、385页。
③ 彭真:《论新中国的政法工作》,中央文献出版社1992年版,第196页。

民主,必须加强社会主义法制,使民主制度化、法律化,使这种制度和法律具有稳定性、连续性和极大的权威,做到有法可依,有法必依,执法必严,违法必究。"之后,党又经历了从"发展社会主义民主,健全社会主义法制"到"依法治国"、从依法治国是管理国家和社会事务的"重要方针"到依法治国是治理国家的"基本方略"、从"法制"到"法治"的观念变革过程,从而坚定不移地走向了依法治国、建设社会主义法治国家的道路。

3. 从法律虚无主义转向法律权威主义

"革命"与"法制"有时是相互冲突的,要革命先得破坏法制,强调的是"无法无天";而法制却强调通过制定完善的制度来治理国家,从而形成稳定的秩序。在新民主主义革命阶段,中国共产党将武装夺取全国政权作为中心工作和任务。武装革命所要解决的一个重要问题就是要废除国民党政府的伪法统,摧毁其制定的法律体系。因此,"人民夺取政权是不依靠法律的,依靠法律是不行的"①。1949年后,党开始了废除国民党政府伪法统的工作,但也使人们产生了法律是枷锁的观念。1952年在司法改革运动中,党对旧司法人员崇尚法制、主张法律至上、坚守法律程序等的做法进行了批判,使司法人员的职业特征不再只是对法律知识的掌握和法律思维的认同,而是要"懂政治,不懂得政治决不会懂得法律"②。1957年"左"的思想开始蔓延后,党又对法制思想进行了批判,以至于1958年有的领导人竟说:"法律这个东西没有也不行,但我们有我们的一套……不能靠法律治多数人。民法刑法那样多条谁记得住。宪法是我参加制定的,我也记不得。我们基本上不靠那些,主要靠会议、开会,一年搞四次,不靠民法刑法维持秩序。"③至此法律虚无主义思想迅速蔓延。1960年以后更是出现了"活学活用毛主席著作,依靠群众办案"的理论和实践。十年"文革"把法律的虚无主义发展到极致,在"砸烂公检法"以及"造反有理"的口号下,新中国的法制荡然无存。而在饱受否定法制的苦难后,党开始认识到树立法律权威的重要性,自1978年以来,尤其是1997年确立依法治国的基本方略以来,实行依法治国、建设社会主义法治国家成为全党和全国人民的共识。在此基础上,全社会的法律意识和法治观念普遍增强,自觉学法守法用法的社会氛围逐步形成。

---

① 《董必武政治法律文集》,法律出版社1986年版,第331、439—440页。
② 王定国:《谢觉哉论民主与法制》,法律出版社1996年版,第156页。
③ 刘作翔:《法律的理想与法制理论》,西北大学出版社1995年版,第200—201页。

4. 从义务本位的法转向权利本位的法

在封建专制政体和自然经济条件下,我国形成了以义务本位的刑法为主的封建法律,因而没有孕育出人权观念、公民权利观念。后来,"对封建专制特权思想的否定,不是像欧洲那样是通过资产阶级革命,树立以个人为中心的个体人权观,而是通过社会主义革命树立以社会群体为中心的集体人权观"①。在革命战争年代,为了维护革命队伍的团结和统一,党规定革命者必须无条件地服从革命的纪律,必须无条件地服从革命的最高利益。1949年后,在计划经济和公有制的社会结构下,我们往往片面地强调国家利益和集体利益是个人利益的前提,片面宣传公民的一切都是属于党和国家的,公民的一切都是党和国家赐给的,由此公民个体权益也必须无条件服从国家分配。当时,整个法律和政治体制也侧重于保障国家利益和集体利益,漠视或抹杀公民个体的权益。如在人民公社体制中,实行"一大二公""一平二调",这实际上是只讲对集体的义务,抹杀或牺牲了农民个体的财产权利。又如在思想领域大搞"斗私批修""狠批私字一闪念",把公民维护个人权益的行为视为"资本主义的尾巴"。改革开放以后,中国社会开始发生巨大的变化,国家一统局面被打破,国家和社会的二元局面逐步形成,公民的权利意识开始觉醒,并且以市场化为取向的经济体制改革催生了创建保护公民权利的法律要求。1982年宪法把"公民的基本权利与义务"提到了突出的地位,之后,国家又制定了《民法通则》《民事诉讼法》《经济合同法》《公司法》《消费者权益保护法》《劳动合同法》《物权法》等一系列保护公民合法权益的法律,2004年将"国家尊重和保护人权""公民的合法的私有财产不受侵犯"等内容写入宪法。这一切,标志着中国逐步走向了权利的时代。

5. 从权力至上转向法律至上

治理国家,在整个社会生活中究竟是依靠个人或政党的权力还是依靠法律的权威,问题回答的不同形成多种不同的治国观。"人治"往往推崇领导者个人的能力,甚至会发展到个人崇拜的程度。实行法治则意味着对"人治"的否定,反对个人权力的扩张,崇尚法律的权威性,强调运用法律手段治理国家,法律应成为处理国家事务、规范国家机关、社会组织、社会成员行为的最终标准。在长期封建专制社会里,我国法律是掌权者的手杖,形成了权大于法的政

---

① 郭道晖:《民主·法制·法律意识》,人民出版社1988年版,第45页。

治文化。而中国共产党成立后,在"一切革命的根本问题是政权问题"的理念下,在相当长时期内也没有摆正权力与法律的关系,甚至将法律与权力的关系颠倒。"在旧社会——帝国主义、封建主义、官僚资本主义统治的社会,他们的法律,是保护统治者剥削者制度的法律,压迫劳动人民的法律,因此,人民痛恨它,反对它,不遵守它,是自然的,也是应该的。"①那时,在革命根据地虽也制定了一些法律,但总体上来说主要还是靠党的政策加党纪军纪。什么事情都是"党说了算",党的指示就是法律,从而养成了广大干部心目中"有党无法"的观念和习惯。这在当时环境下是无可厚非的,问题是这种观念和做法带到执政后的国家治理,就不能不产生消极后果。"在革命斗争中,我们党依靠自己正确的纲领和艰苦卓绝的斗争,赢得了人民的爱戴,确立了革命的领导者的地位,成为执政党后,是国家的领导核心,群众尊重党、拥护党,有事情找党委、党委书记解决,这本来是好现象,是对的。但我们有的干部恰恰不懂法,不重视民主与法制,就容易产生'以言代法'的问题。"②于是,从1949年到20世纪70年代末,党比法大、权比法大、政策比法大,似乎是一个不争的事实。1957年,法学界有人只是稍微强调了一下法律的权威和作用,就被扣上了"以法抗党"的右派帽子,以至于后来法律受到了极端的轻视。而贬低法律的另一方面就是崇尚权力。"文革"期间发生的一系列夺权事件,就深刻说明了当时社会对权力的迷信与崇尚。正是基于贬低法律、崇尚权力的严重教训,十一届三中全会后,邓小平强调指出,法律的权威要高于任何个人的权威,坚决排斥法律之外的任何特权,要通过法律的保障来促进民主的发展,切不可再回到过去那种"往往把领导人说的话当作'法'。不赞成领导人说的话就叫作'违法',领导人的话改变了,'法'也就跟着改变"的状况中去。至此,中国逐渐走向了法律至上的时代,任何组织或者个人都不得有超越宪法和法律的特权。

三、中国共产党治国理政思想历史地位分析

治国理政是指一个国家的执政党用什么方式和方法治理国家,使其政治主张变为国家的意志和人民大众的行动,处理好执政党与国家政权之间的相互关系等,它关系到一个国家政治统治方式的文明程度。作为社会主义国家,

---

① 王定国:《谢觉哉论民主与法制》,法律出版社1996年版,第214页。
② 全国人大常委会办公厅万里论著编写组:《万里论人民民主与法制建设》,中国民主法制出版社1996年版,第58—59页。

中国在讨论这个问题时还需考虑建立一个什么样的国家,怎样建设这样的国家等更为复杂的问题。下文将从中国共产党治国理政思想对马克思主义的社会主义理论的贡献,对民主政治建设的理论贡献以及它在方法论上所具有的启迪三个方面作出说明。

2011年,胡锦涛指出:"90年来,中国社会发生的变革,中国人民命运发生的变化,其广度和深度,其政治影响和社会意义,在人类发展史上都是十分罕见的。"①同样,期间中国共产党在治国理政实践中所提出的思想、观点,对社会主义事业的发展具有普遍性的实践价值,值得我们进行概括与总结。

(一) 中国共产党治国理政思想丰富和发展了马克思主义的社会主义学说

治国理政的核心问题是"人治"还是"法治",涉及诸多内容。比如执政党为谁治国,依靠谁来治国,治国的方式、方法,如何处理执政党与国家、执政党与社会、执政党内部、执政党与其他政党的关系等,这些都要看是依靠"法治"还是"人治"。"人治"和"法治"的不同选择反映出一个国家政治民主的程度,表达了一个国家政治文明所达到的状况。依法治国是中国共产党在长期探索和实践中逐渐发展起来的治国理政思想,对丰富和发展马克思主义的社会主义学说发挥了重要作用。

为了对这个观点作出说明,我们有必要从历史的角度来分析科学社会主义理论的发展。19世纪,马克思、恩格斯在将空想社会主义理论变为科学社会主义理论的过程中,对建立社会主义国家之后的国家治理方式、民主政治的构建等问题虽提出过诸多的观点,但没有就具体国家的实际经验进行充分系统的论证和说明。在他们所生活的时代,欧洲自由资本主义已经发展到最后阶段,当时主要的资本主义国家,如英国、法国、德国等都相继完成了工业革命,但资本主义固有的内在矛盾也充分暴露,突出表现在周期性的经济危机的爆发。每一次危机的爆发都给资本主义经济带来巨大的损失,造成了资本主义世界的混乱,资产阶级同无产阶级的矛盾也日益尖锐。此时,无产阶级开始意识到自己独立的历史地位,有了独立的政治组织,提出了阶级独立的政治主张。马克思、恩格斯在研究过程中,积极吸收英国古典政治经济学、德国古典哲学以及三大批判空想社会主义学说,并结合自身实践,创立了马克思主义理

---

① 胡锦涛:《在庆祝中国共产党成立90周年大会上的讲话》,载《人民日报》2011年7月2日。

论。正如当时恩格斯所说:"当我1844年夏天在巴黎拜访马克思时,我们在一切理论领域都显出意见完全一致,从此就开始了我们共同的工作。"①精神境界上的高度一致,使他们能够积极地去构建一个统一的理论体系。

过去我们在研究马克思、恩格斯思想时,特别关注他们在唯物史观、剩余价值理论发现中的贡献及其对科学社会主义理论创立的价值,而忽视了其在国家治理方式上的研究。其实,马克思、恩格斯在这方面也留下了许多有价值的探讨,最突出的就是他们从政治文明的角度对这些问题所作的研究。早在1844年关于现代国家著作的计划草稿中,马克思就列举了研究国家问题会涉及的一些基本内容,如国家、政党、政治制度、人民主权、民主、自由、平等、宪法、宪章及立法权、执行权力、选举权等。1848年,马克思和恩格斯在《共产党宣言》中虽然没有直接使用政治文明的概念,但使用了"文明民族""资产阶级文明""文明国家"和"政治上的进展"等提法,这些概念都有政治文明的意蕴。所谓政治文明,是指与政治愚昧、政治野蛮相对立的、人类政治社会不断进步向上的状态,其核心内容就是政治的民主化。资本主义的政治文明虽然有了很大的进步,但这种政治文明如马克思在《法兰西内战》一书中所指出的,"是建立在劳动奴役制上",具有很大的历史局限性。马克思、恩格斯号召工人阶级和劳动人民一定要起来推翻资产阶级的统治,铲除资产阶级"文明国家政府",建立起属于无产阶级劳动人民自己的"文明国家政府"。在这样的国家中,"不是人为法律而存在,而是法律为人而存在。在这里,人的存在就是法律,而在国家制度的其他形式中,人却是法律规定的存在"②。可以看到,马克思、恩格斯在未来国家治理方式上有诸多天才的设想,但毕竟还是比较笼统,没有针对具体的社会主义历史条件进行论述。

列宁主义诞生于19世纪末20世纪初的俄国,当时资本主义已从自由资本主义进入了垄断阶段。列宁在这个时期不拘泥于马克思、恩格斯的某种个别论断,依据资本主义发展到垄断阶段的新特点,遵循自主创新精神,得出了社会主义可以在一国或数国首先取得胜利的结论。

列宁毕竟经历了第一个社会主义国家的创立过程,意识到了在国家管理上存在的诸多问题,因而在国家治理上留下一些了有价值的理论和观点。比

---

① 《马克思恩格斯全集(第二十一卷)》,人民出版社1965年版,第247页。
② 《马克思恩格斯全集(第四卷)》,人民出版社1995年版,第281页。

如他提出,与资产阶级民主相比,社会主义民主是人类历史上"最高类型"的民主,要建立和完善这一"最高类型"的民主,关键在于要改革党内的政治制度和组织制度,实现党内生活的民主化,强化人民的监督权。同时,列宁也在多党合作的问题上做了积极的探索。他认为当时的俄国是落后的小农占多数的国家,以工农联盟为基础的无产阶级专政不应排斥多党的合作,可以允许左派社会革命党人与布尔什维克分享政权,联盟合作。"这个联盟可以成为'真诚的联合',真诚的联盟,因为雇佣工人和被剥削劳动农民的利益没有根本相悖的地方,社会主义能够充分满足两者的利益,而且只有社会主义才能满足他们的利益"①。但由于当时新政权成立不久,阶级矛盾和社会矛盾十分尖锐,关于国家治理方式的问题、社会主义国家中民主政治建设的问题,列宁还没有条件作系统的思考。在无产阶级掌权以后,他提出过法律对无产阶级政权的重要性。他说:"我们的政权愈趋向巩固,民事流转愈发展,就愈需要提出加强革命法制这个坚定不移的口号,就愈要缩小那些对阴谋者的袭击给予回击的机关的活动范围。"②但这只是一些零星闪光的思想。

中国共产党提出"建设社会主义法治国家"是一种历史性的跨越,是对1949年以来党探索治国理政历史经验的科学总结,也丰富和发展了马克思主义的社会主义学说。我们可以看到,以马克思主义为指导的中国共产党在带领中国人民走上社会主义道路之后,就如何建设和发展中国特色社会主义国家进行了艰苦探索和大胆创新。以毛泽东为核心的第一代领导集体,把马克思主义的国家学说同中国国情相结合,创造性地构建了一套社会主义政治制度理论,奠定了我国社会主义政治文明的基本制度框架。但是,由于思想认识等方面的局限,当时的领导并没有充分认识到社会主义政治文明应当是由民主、法制、权力制衡、民主监督等多种要素组成的有机系统,特别是忽视法制化、法律化建设在其中的特殊价值,从而造成了中国政治制度的某些缺陷和政治生活中的个人专权现象,社会主义建设和发展走了一段弯路。

进入新时期以来,以邓小平为核心的党的第二代领导集体,通过反思和总结毛泽东时代,特别是"文化大革命"中法制遭受严重破坏的惨痛教训,提出和探索了在社会主义条件下如何发展法制建设的问题。为此,1978年12月

---

① 《列宁全集(第三十三卷)》,人民出版社1987年版,第98页。
② 《列宁全集(第三十三卷)》,人民出版社1987年版,第353页。

13日,邓小平在《解放思想,实事求是,团结一致向前看》一文中指出:"为了保障人民民主,必须加强法制。必须使民主制度化、法律化,使这种法律和制度不因领导人的改变而改变,不因领导人的看法和注意力的改变而改变。"①党的十一届三中全会也以文件的形式深刻总结了1949年以来尤其是"文化大革命"十年内乱的经验教训,指出:为了保障人民民主,必须加强社会主义法制,使民主制度化、法律化,使这种制度和法律具有稳定性,连续性和极大的权威,做到有法可依,有法必依,违法必究。这次全会的决议还明确提出:"从现在起,应当把立法工作摆到全国人民代表大会及其常务委员会的重要议程上来。检察机关和司法机关要保持应有的独立性;要忠实于法律和制度,忠实于人民利益,忠实于事实真相,要保证人民在自己的法律面前人人平等,不允许任何有超越法律之上的特权。"②而到了1996年,八届全国人大四次会议通过的《国民经济和社会发展"九五"计划和2010年远景目标》首次提出"建设社会主义法制国家",时隔一年半,在党的十五大报告中,将其改为"建设社会主义法治国家"。随着实践的发展,共产党的法治理论不断得到丰富,成为马克思主义的社会主义学说的重要组成部分。

(二)中国共产党治国理政思想完善了社会主义民主政治理论

国家治理是一个系统工程,民主政治的建设又要以其他社会系统的支持为条件。中国共产党社会主义市场经济理论的构建使社会主义法治国家的建设有了坚实的基础,两者的有机结合完善了社会主义民主政治理论。但这种认识的形成本身有一个相当长的过程。

列宁在社会主义民主政治建设上受到了挑战。在成功地实现了东方落后国家的农业国可以直接跨入社会主义的预想之后,列宁曾经按照马克思关于资本主义充分发展意义上的社会主义原则进行实践而取消了商品经济,但很快,他发现这种方法行不通,于是又提出了"新经济政策"。列宁在总结这段实践时,认为充分享用资本主义的一切积极文明成果来建设社会主义,是经济落后国家建设社会主义的必经道路,他形象地提出了一个公式,即"苏维埃政权+普鲁士的铁路管理制度+美国的技术和托拉斯组织+美国的国民教育=

---

① 《邓小平文选》,人民出版社1994年版,第146页。
② 《三中全会以来重要文献选编(上)》,人民出版社1982年版,第11页。

总和＝社会主义"。虽然列宁的这个探索具有极高的实践价值，但在列宁逝世后不久，马上就被停止了。

以毛泽东为代表的中国共产党的第一代领导集体的民主政治建设受到了挑战。他们把马克思主义同半封建半殖民地的中国革命实践相结合，在新的时代和独特的国情下建立了社会主义国家。在建设社会主义的实践中，他们力图要走出一条不同于苏联模式的中国化的社会主义建设的道路。但由于历史和思想的局限，在经过"大跃进""人民公社化"等运动之后，毛泽东所形成的社会主义理想的构想，其最大的特征仍然是强调以阶级斗争为纲，限制和逐步消灭社会分工和商品经济的发展，通过进行所谓"政治革命"来实现其政治理想。这种脱离生产力发展水平在上层建筑进行纯而又纯的阶级清算和道德批判，不仅导致社会的停滞、政治民主变形，最后还使国家陷入了无政府主义的社会大混乱的恶性循环中。

沉痛的教训迫使中国共产党再次回到马克思主义所揭示的基本理论中，即民主作为上层建筑不可能脱离具体的经济基础而存在，不可能脱离一定的社会生产力发展水平而随心所欲地构造。任何一个国家在特定历史时期的民主政治发展水平，必须与这一时期社会生产力的发展要求相适应，离开了社会生产力这个最终起决定作用的因素，空谈民主政治建设，不管动机是多么善良，都会带来极大的危害性。但从一定意义上说，毛泽东晚年所犯下的这种深刻错误，也为后来中国共产党社会主义民主政治建设的转机带来了全新的历史契机和逻辑起点。

以邓小平为代表的中国共产党的第二代集体领导，对中国社会主义现代政治文明建设作出了划时代的贡献，回答了马克思身后社会主义民主建设这个具有挑战性的问题。其中突出的表现就是承认中国的社会主义仍处于初级阶段，这是我们考虑一切问题的前提或条件，并以此推动了1976年以后中国经济社会各方面的发展，致使整个中华民族的历史进入一个全新的时代。因此，胡锦涛指出："党的十一届三中全会以来，我们总结我国社会主义建设经验，同时借鉴国际经验，以巨大的政治勇气、理论勇气、实践勇气实行改革、开放，经过艰辛探索形成了党在社会主义初级阶段的基本理论、基本路线、基本纲领、基本经验。"[①]最有代表性的就是在经过多年的社会主义经济体制改革和

---

① 胡锦涛：《在庆祝中国共产党成立90周年大会上的讲话》，载《人民日报》2011年7月2日。

创新,于1992年秋召开的党的十四大。十四大报告明确指出:我国经济体制改革的目标就是建立社会主义市场经济体制,并强调社会主义市场经济体制是同社会主义基本制度结合在一起的,最终把市场经济作为社会主义基本制度确定下来。这次会议所作出的决定不仅对中国共产党和中国社会主义建设具有重要的意义,而且对整个世界的社会主义事业也产生了非常深远的影响,同时也为社会主义民主政治建设奠定了理性基础,使民主新路的发展有了内在的动力和源泉。我们再来分析市场经济运行机制的特征及其价值。具体而言,市场经济是由前提、手段和目的三个要素构成的[①]。前提是社会分工,手段是市场交换,目的是满足人们的消费需求。所以市场经济又可以这样来概括:它是以市场交换为手段,由不同的社会分工的独立性主体所构成的,以满足主体消费需求为目的的一种经济运行方式。这种经济运行方式对民主政治建设的意义在于:一切市场活动都是作为市场主体的个人和企业的自主活动,市场经济充分承认各个经济活动主体的独立的经济利益,充分承认他们在市场活动中的自主选择权和独立决策权,同时市场经济的自主性又促使市场主体对自己的市场行为负责。市场经济的这种自主性逐渐培育了建设社会主义民主政治所必需的自我规范精神。在市场经济条件下,人们既学会保护自我的合法权益,也学会尊重他人的合法权益,变成社会主义法治国家建设所要求的成熟的政治人。过去我们一直反对抽象地谈论自由、平等、人权等问题,这是有道理的。从经济生活的内容上来分析这个问题,我们会发现,在市场经济活动中,个人自由和社会公平的要求作为客观的要素被提了出来,人的独立人格、人的价值、人的尊严获得了充分的肯定,法治国家构建的基础问题得以解决。中国共产党以社会主义市场经济建设为基础构建民主政治的大厦,为社会主义事业的发展指明了方向。中国共产党将社会主义市场经济理论和依法治国的学说有机结合,使之内涵于治国理政的思想之中,丰富和完善了社会主义民主政治的理论体系。

(三) 中国共产党治国理政实践所具有的方法论启迪

对中国共产党治国理政思想历史地位的分析,还涉及对其所具有的方法论价值的分析。在相当长一段时期内,我国有些学者把"马克思主义中国化"

---

① 李瑜青、李明灿:《契约精神与社会发展》,山西人民出版社1997年版,第17—20页。

与"中国化马克思主义"这两个概念等同起来①。

仔细地加以推敲,就会发现两者其实存在着明显的不同。讨论中国共产党治国理政思想的历史价值,我们有必要来分析"马克思主义中国化"与"中国化马克思主义"这两个概念的异同问题。

从历史来看,1938年10月中国共产党六届六中全会上毛泽东第一次提出了"马克思主义中国化"这个概念。这个概念被作为特定概念确定了下来,并成为我党对待马克思主义的一个基本立场和原则。毛泽东说:"离开中国特点来谈马克思主义,只是抽象的空洞的马克思主义。因此,马克思主义的中国化,使之在其每一表现中带着中国的特性,即是说,按照中国的特点去应用它,成为全党亟待了解须解决的问题。"②后来我们党的不少领导人也开始广泛运用这个概念,并在全党普遍推行。从内涵上来看,"马克思主义中国化"的概念是要从思想方法上来强调中共对待马克思主义的态度,其所针对的对象是照搬照抄西方马克思主义、俄国列宁主义,脱离中国革命的实际来谈论或解决问题的观点和思想。而"中国化马克思主义"概念比"马克思主义中国化"的概念使用得晚些。据考证,在党的文献中,明确提出并使用这一概念的,是1945年5月党的七大《关于修改党的章程的报告》。当时刘少奇在报告中指出,"中国共产党是一个完全新式的无产阶级政党,是全心全意为中国人民服务而在最坚固的中国化的马克思列宁主义理论的基础上建立起来的党","中国共产党产生以来,产生了、发展了我们这个民族的特出的、完整的关于中国人民革命建国的正确理论",这个理论"就是毛泽东思想","就是中国的马克思主义","就是发展着与完善着的中国化的马克思主义"③,在这之前,已有不少党的领导人在使用这个概念。从内涵上来看,如果"马克思主义中国化"概念强调的对待马克思主义的立场、方法问题,"中国化马克思主义"则是说明了经过实践的证明,中国已形成了解决中国实际问题的独立理论体系,使用"中国化马克思主义"概念是为了区别"俄国化""英国化""日本化""法国化"等④,突出体现了它是中国制造、中国气派与中国特色。

笔者赞成有些学者提出的观点:中国化马克思主义不仅是中国革命建设

---

① 汪青松:《马克思主义中国化与中国化的马克思主义》,中国社会科学出版社2004年版。
② 毛泽东:《新阶级论》,载《解放》1938年第57期。
③ 《刘少奇选集(上)》,人民出版社1981年版,第314—315页。
④ 张国镛:《中国化马克思主义与马克思主义中国化之比较》,载《探索》2007年第2期。

和改革开放实践经验的总结和概括,也是中国历史文化的总结和概括,中国马克思主义者除了以马克思、列宁为"老祖宗"外,还有中国自己的"老祖宗"①。但有一点是十分明确的,就是马克思主义中国化的过程是一个不断注入"当代化"元素的过程,这是构造中国化马克思主义的一个重要前提。中国共产党治国理政思想就是在不断注入"当代化"元素的过程中丰富和发展起来的。当前世界形势日新月异,特别是现代科学技术发展很快,不以新的思想、观点去继承、发展马克思主义,不是真的马克思主义者。要做前人没有做过的翻天覆地的事业,既要敢闯新路,又要努力求是,党正是在不断探索、实践中推进中国化马克思主义的发展。1981年的《历史决议》,通过总结1949年以来社会主义的经验教训,对十一届三中全会以来的路线、方针、政策作了初步概括。1982年党的十二大,邓小平强调现代化建设必须从中国实际出发,同时注意学习借鉴外国经验,提出"走自己的道路,建设有中国特色社会主义"的任务,使党探索的道路有了科学称谓。1984年十二届三中全会通过的《关于经济体制改革的决定》,鉴于世界经济发展的历史经验,突破了把计划经济同商品经济相对立的传统观念,为建设中国特色社会主义道路提供了新的理论指导。1987年党的十三大明确提出:"在总结建国三十多年来正反两方面经验的基础上,在国际经济和世界形势的基础上,开始找到一条建设有中国特色社会主义的道路。"②十三大还对党在社会主义初级阶段的基本规律作了比较完整的概括和阐发,明确了建设特色社会主义道路的主体内涵。1997年党的十五大,进一步总结建设中国特色社会主义的经济、政治和文化的经验,对什么是社会主义初级阶段的政治、经济、文化,怎样建设社会主义初级阶段的经济、政治、文化作了深刻表达,明确了经济建设、政治建设和文化建设的基本目标和政策,形成了党在社会主义初级阶段的基本纲领和依法治国的基本方略。到2002年党的十六大,面对世界多极化和经济全球化的新趋势,总结了领导人民建设中国特色社会主义必须坚持的基本经验,又提出依法执政的基本方式,到十六届四中全会又提出依法执政是党的执政的基本方式。在十七大,党深刻论述了坚持党的领导、人民当家做主、依法治国有机统一是中国特色社会主义政治发展道路的首要内容,反映出中国共产党治国理政思想与时俱进的新发展。中国

---

① 许全兴:《两个"老祖宗"都不能丢》,载《北京大学学报(哲学社会科学版)》2010年第4期。
② 《十三大以来重要文献选编(上)》,人民出版社1991年版。

化马克思主义就是在实践中不断丰富并发展的,而这个"当代化"要素不断注入的基础在于党自始至终都以人民的利益为根本,正如胡锦涛在"七一"讲话中所总结的:"90年来党的发展历程告诉我们,来自人民、植根人民、服务人民,是我们党永远立于不败之地的根本。以人为本、执政为民是我们党的性质和全心全意为人民服务根本宗旨的集中体现,是指引、评价、检验我们党一切执政活动的最高标准。""做到权为民所用、情为民所系、利为民所谋,使我们的工作获得最广泛最可靠最牢固的群众基础和力量源泉。"①

四、诚信机制在法律实施中的价值——以构建政务诚信为切入点

法律的有效实施与人的思想观念直接有关,是人通过其行为相关的感知、判断、归纳、推理、自我意识等内在要素,把文本的法律转化为实践的法律。法律实施存在对诚信的期待,诚信机制的建设对法律实施具有基础性意义。据考证,在中国,诚信一开始表现为一种人品,是做人的根本准则;同时还作为治国的准则。但进入近现代社会以来,诚信由约束人们行为的伦理观念逐步与法律规范融于一体,并被吸纳于现代法治理论体系中。就政府依法行政而言,强调政府践约、守法等诚信行为是应有的品质。政府依法办事,不超越法定职责和权限,有法必依,执法必严。

但讨论法律实施在中国对诚信的期待,还有必要从中国法制现代化发展的特点深入做些分析。法律作为一种社会要素,它的存在总与社会诸多其他要素交织在一起发生作用,由此法制现代化的实现条件,不同国家有很大差别,有学者提出法制现代化发展有所谓内源型法制现代化和外源型法制现代化之分。但也有学者指出,把中国社会变革以及法制现代化运动归之于外域法律文化激荡的产物,是一种西方中心主义的历史独断论。中国法制现代化运动应从中国社会内部进行分析。笔者认为这些讨论很有价值,但必须看到当代中国法制现代化的发展,国家行政从外部所给予的推动的重要价值,这自然会影响法律实施状况。一般而言,法制现代化涉及法律规范层次、实际制度层次及法观念层次三个方面。经过40年左右的发展,中国改革开放以来法制现代化的进步,突出的是在前两个层次上的重大变化,而在第三个层次即法观念的现代化上却存在严重的滞后性。培育现代法观念对法制现代化而言具有

---

① 胡锦涛:《在庆祝中国共产党成立90周年大会上的讲话》,载《人民日报》2011年7月2日。

核心意义,但这必须从最基础的方面做起,并是一个渐进的过程。而对于公民法观念的提升,诚信意识的确立是基础性的。没有诚信,构建不起良好法律,更无从谈起法律的有效实施。

笔者在这里主要讨论法律实施中政务人员的诚信机制。之所以突出谈政务诚信机制,是因为政务要把秩序的供给作为公共产品提供给社会,并由此促进社会良好的诚信关系的构建。在这个问题上,学界和实务界都已经提出了许多有建设性的学术观点,但笔者认为其中有几点很值得关注。

(一)政务权力运行的承诺制度

承诺本来主要反映在民事活动中,以"信""诚"为其核心内容。把民事活动这种承诺移植到政务活动中,实行承诺制,使在某些领域和范围内颠倒的民众和政务的相互关系得以调整过来。根据人民主权的原则,政府的权力是人民给予的,政府要对人民负责。当一个政府公开承诺、有诺必践时,我们才有可能对政府的行为产生积极期待。政务权力运行的承诺制度使民众可以参与到对政府工作的监督中来。对民众的忠诚是政府存在的合理性基础,它应该先于对特定机构或官员的忠诚。

承诺制度也是一种行政自我约束和社会监督相结合的新机制。过去我们强调为政要清廉、从政要勤奋,但实质上只是说一说,没有约束性,弹性很大,缺少量化标准。建立政务承诺制这种带有契约性质的服务机制,则可以使这种软约束转化为硬约束,承诺者必须尽心尽力把工作做好,把任务完成。一旦违诺,就要作出赔偿,接受处罚。承诺制把政务诚信从一种道德要求变为制度要求,承诺讲的是一个"信"字,有"信"必诺,有诺必践,践诺统一。当然,在具体制度建设上要注意不要把本来不该由承诺解决的也进行承诺,如有的政府部门承诺"不收礼,不受贿"。承诺制度的建设必须强化内部管理,以内部承诺的落实保证社会承诺的实现。加强社会监督,由民众评价承诺并验证承诺。构建政府权力运行的承诺制度,对加强政务诚信的建设具有基础性意义。

(二)政务权力运行的公开制度

政府所制定的政策由抽象的行政行为转化为具体的行政行为,有必要公平、公开、公正地对待社会的每一个个体,这是政务诚信的重要表现。政府权力运行的公开化、透明化,打造阳光政府,让民众了解政府机构的设置、权力运行的规则和方式等,还群众一个知情权,可以确保政府真正地取信于民,为民办实事,并有效地接受群众的监督。公示制度、听证制度、专家咨询制度、预告制度、通报制度、第三方评估制度以及建设"电子政府"等方式,都是政务公开制度的重要组成部分。

应该看到,在政务诚信建设上,我国已取得一定的进步,突出的表现是《政府信息公开条例》的推出,政务部门也进行了一定的制度建设,但实施中存在不少问题。政务公开的范围也存在一些不同的理解。一种是较宽泛的理解,认为政务公开的"政"即政治活动,立法机关、行政机关和政党活动都可以被纳入政务公开的范围。另一种则是从狭义上理解政务公开,把"政"仅解释为国家的行政管理活动。其实政务与其他社会性事务还是有着原则性分界的。政务必须是国家政权机关、政党组织或其他政治性或行政性社会组织的行为,它们的使命是与行使公共权力过程分不开的。不具有这样的属性,就不能被纳入政务公开的范围。目前我国正在开展的这个方面的建设有的不属于政务公开,最具代表性的是村务公开或厂务公开。但因为与社会主义民主政治建设存在着密切的关系,我们可以联系起来思考这些制度建设的问题。

(三) 政务权力运行的程序制度

诚实信用原则本身只是一种抽象的道德观念,在具体的行政行为实施的过程中,只有通过行政程序才能具体化。诚信政府要真正保护行政执法主体与行政相对人之间的信任关系,就必须有相应的行政程序作为保障。现代程序的基本特征在于,平等地对待每一个参与决定过程的个体,发挥每一个个体的作用,在机会均等的条件下使人们既有选择的自由,同时也为自己的行为负责。

一般说,程序开始于申请而终止于决定。现代程序突出程序的正当性、中立性、条件优位等作为基本原则。正当性强调,具有决定权的机构要设立一定的规则和裁决系统,进入程序者必须有行使陈述权、知情权等机会。正当性是最为核心的原则。中立性强调,程序的运行要不偏不倚,并以一系列制度来保证,比如具体行政行为实施过程中的告知制度,期间制度,对决定者的资格认定、人身保障以及回避的制度,实施程序的分权制衡、公开听证的制度等。中立性原则是程序的基础。条件优位强调,以一定客观要素行使决定权的方法,使复杂多变的社会环境保持一种可适当平衡的对应系统,使决定权行使建立在具有客观合理性的基础上。条件优位原则反映了程序实现的内容。政务诚信应严格按照行政的程序处理相关的业务。

(四) 政务权力运行的责任制度

可以说责任政府是现代民主政治发展的要求，也是政务诚信法制建设的重要内容。从社会契约论的观点可以看到，政府是由于民众的需要按照社会契约的规则创立的，政府的权力是公民与政府之间订立契约而授予的，政府掌握管理社会的公共权力，承担维护公共利益的责任。而政府的权力来源决定了政府应当是责任政府。现代民主大多是代议制民主，无论是西方资本主义的议会制，还是社会主义的民主形式，都是代议制民主。代议制民主都蕴涵着公共权力在公民和政府之间存在委托与被委托关系。这种委托代理关系的维系，一方面离不开民众对政府的信任、认同和支持，另一方面离不开政府对民众的信用或守约，而民众对政府的信任以政府对民众的信用为前提。

当然，责任政府行为的行使具有以往不同的特征，即强调政府要从权力本位转向责任本位。政府行为的约束，不仅要强调外在的约束性，还要突出内在责任的自觉性。责任政府的制度安排，反映出政府行为必须具有宪法性、政治性、法律性和道义性。政府责任的宪法性，反映的是政府对谁负责，人民主权的国家，其政府应该是对人民负责。政治性指政府履行职能、承担责任常规的运行方式，处理政权与政党的相互关系等问题。法律性即政府必须依法行政并接受授权机构的监督。而从道义上，政府行为以公共利益为依归，并在社会公共生活中发挥必要的引领作用，从而推进个人和公共道德的完善。政府应当享有社会正义的权威，通过制定公共政策致力于实现社会公平，从而为良好公共生活的建立和高尚道德情操的培养提供必要的经济条件。责任政府还包含如问责制度、行政首长负责制度、集体领导和分工负责相结合制度、投诉制度等一系列制度与此配套，形成政务行为失信责任的追究和惩罚制度。

(五) 政务权力运行的制衡制度

法治国家的建构需要一系列复杂的条件，如立法的完备、法制观念的转变、民主政治的进步、市场经济的发展乃至市民社会的发育等，但权力制衡对法治的进程有直接的意义。政务诚信要体现政府权力的运行状况具有良好的道德形象,做到廉洁、高效、公正、规范等,而实行职权分解、以权制权的相互制衡才能实现这种权力运行的方式。过去我们强调对权力的监督意义,但无论是内部监督或外部监督都有明显的不足。内部监督的困境在于监督主体缺乏独立性。政府监督体现着监督权对行政权的制约,制约的效果如何取决于监督主体所拥有的地位和权力。在中国现行政府体系中,行政权力过于集中,监督主体无法显示出应有的权威性和相对的独立性,无论是审计部门或是监察部门,与其他受监督的部门隶属于同一级政府管理,使得体制内的监督缺乏独立性和有力性,监督权力的运行容易流于形式。外部监督仍然存在问题。由于监督处于权力运行的外部,权力运行的不透明性,高度的集权性和保护性等,使监督者处于信息不对称状态,无法真正实施监督。

权力的运行由监督到制衡,反映对公权力进行限制的法治精神。权力从产生到整个的运行,都受到法律的制约,以防止权力的误用和滥用。权力监督更多的是在集权的基础上,适应从上而下的方式,但从下而上的监督十分薄弱。而对权力制衡的主体是各种社会组织和力量,包括个人、社会组织及社会力量、利益集团、第三部门、大众传媒等,通过公民的自由结社、自由言论以及大众传媒等手段对政府权力进行监督和制衡。在现代国家里,民主是一种原则性很强的政治。民主作为现代国家权力的所有、使用和分配机制,它以经济社会发展为依托,同时又影响着经济社会发展。权力制衡是政务诚信制度建设的重要内容。

五、政府信息公开制度实施的问题及对策建议——以上海为例

政府信息公开制度不仅是扩大公共事务的社会公众参与,监督政府,实现法律赋予公民和其他社会主体知情权的基本途径,更是政府有意识地推进自身从管制型政府向服务政府、有限政府、责任政府顺利转型的一项重要的公共政策[1]。自2008年国务院颁布《中华人民共和国政府信息公开条例》以来,政府信息公开制度受到格外关注。本文以上海的实施情况为例,探求政府信息公开制度的实施效果及其存在的问题,以便更好地为实践我国政府信息公开制度提供对策与建议。

---

[1] 莫于川:《经由阳光政府走向法治政府——〈政府信息公开条例〉的理念、制度与课题》,载《昆明理工大学学报(社科版)》2007年第7期。

(一) 政府信息公开制度的实施问题

我们对上海市政府信息公开年度报告和月度报告数据进行整理分析,结合对政府相关部门及社区群众的访谈和问卷调研,发现上海市政府信息公开制度在实施过程中主要存在以下几个问题。

1. 主动公开方面存在避重就轻的情况

就主动公开政府信息而言,公开内容出现偏差,重形式、轻内容,重数量、轻质量,有避重就轻之嫌,这使得许多本应主动公开的政府信息转化为依申请才可能公开。主要表现为:在政府信息公开的形式和渠道上,逐步按照政府信息公开制度的标准和要求进行公开;在所公开的政府信息的类别上,主要侧重政策法规类、机构设置类和业务规则类,基本指向为公民如何依法办事和定好公民守法基准,以便于依法行政。如图1所示,2004—2007年政策法规类、机构设置类和业务设置类都高达90%以上,而对有关决策、规定、规划、计划、方案等民主性、合法性及其形成的基本过程却隐而不公。这种形式化、避重就轻的政府信息公开不仅使政府信息公开制度预设的目标大打折扣,也使信息公开被社会公众视为政府的又一个形象工程,最终,无益于社会公众对政府的监督及其知情权。

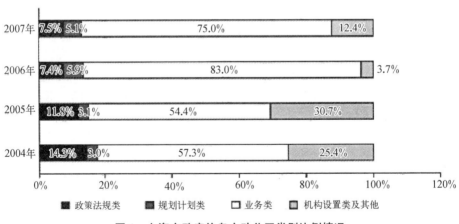

图1 上海市政府信息主动公开类别比例情况

2. 依申请公开的参与度不高

就政府信息依申请公开的实施状况而言,一方面表现为社会公众申请的数量少,社会参与度不高;另一方面表现为政府信息公开的数量少,依申请公开的障碍很多。如图2所示,从申请公开的量上看,2005年最多,其中向市级机关申请的有 7 180 件,向区级机关申请的有 5 285 件。2005 年后,市民申请公开的热情下降,相应的,申请公开数量也在逐步减少。这在某种程度上表明政府在信息公开制度实施过程中,其公开信息的主动性在逐渐强化,而公民知情权的实现却逐渐弱化。表现为政府在信息公开中,逐渐把本应主动公开的信息转化为依申请公开,把依申请公开的政府信息转化为不公开,公民试图获得依申请公开的政府信息依然还困难重重。结果,很多公众不愿意申请政府信息公开,或者通过其他非正常途径获得自己需要的信息。社会公众对制度认知度和参与度偏低,影响了政府信息公开制度实施的效果,制度难以发挥应有的作用。

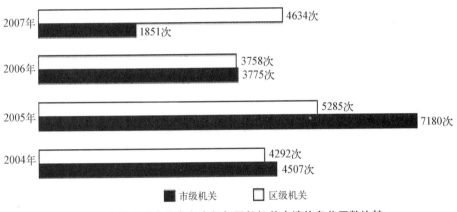

图 2　上海市政府信息向市级与区级机关申请信息公开数比较

3. 公开范围争议很大

在政府主动公开信息或依申请公开有关信息的过程中,政府信息公开范围往往存在很大争议。问题在于群众认为应当公开的,政府却以各种理由拒绝公开。从图 3 可以看出,从 2004 年起,政府信息不予公开的比例越来越高,到 2007 年,达到了 27.4%。这表明群众与政府在认定何为应当公开的信息上存在很大差异。从政府信息不公开的理由看,认为信息不存在和非本部门掌握的占 60% 左右。产生差异的原因乃是有些政府部门基于部门利益不愿公开,有些则是因为公开制度不很健全而"不敢乱公开",还有些是因为公众对是否属于公开范围内的政府信息存在误解,其中包括不存在的政府信息、不属于本部门掌握的信息以及免于公开的政府信息。有关政府信息公开范围的这些争议,使这一制度的实施大打折扣。

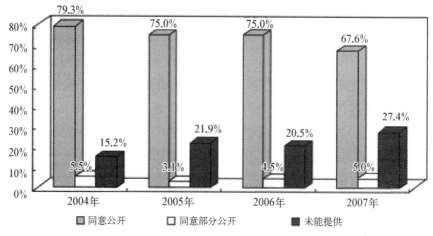

图3 上海市政府对信息公开申请的处理结果

4. 公开制度实施中监督不到位

在政府信息公开制度实施的监督问题上,比较侧重事前投入,而忽视事后监管;重形式统计结果,轻实质过程监督。与此同时,内部监督机制还比较欠缺,公开主体外部的监督体制也没有成型,尤其是社会监督机制更为欠缺,这使得政府信息公开制度的实施主要靠政府部门自觉。具体地讲,在政府部门的内部监督过程中,存在多头管理,权责不明确的现象。在外部监督过程中,被监督的负有政府信息公开义务的各级政府及职能部门在当前的行政体制内处于强势地位,赋予协调、监督各级部门政府信息公开职能的信息委却处于弱势的境况,监督制度逐步虚化,所承担的功能无法发挥。

5. 实现知情权的救济难

就政府信息公开制度实施过程中的救济问题而言,救济渠道很多,方式也较规范和健全,但所发挥的作用不是很明显。从政府信息公开复议申请情况来看,虽然数量呈增长趋势,但与没有不予公开的数量相比,所占比例仍然很少,因信息公开产生的诉讼少。具体表现为依申请公开被拒绝的情况很多,但向政府有关部门寻求权利救济的很少,向法院提起诉讼的更少。在申请权利救济的案件中,被驳回的很多,政府相关部门被上级部门或司法部门要求政府信息公开的很少。政府信息公开行政案件的被告涉及面比较广,以房地局、规划局和区政府为被告起诉至法院的案件较多,房屋拆迁地居民起诉相关政府的案件占全部案件的80%以上,基本上是以起诉方败诉结案。这种情况意味着公众对政府信息的知情权在救济中很难实现。由于依申请公开的政府信息多涉及部门利益,存在政府机关故意推脱、刁难的情形,是否属于应公开还是免于公开,其主动权在政府机关。较多的救济渠道,并不为社会公众说话,后果是群众甚至相关利益群体对申请政府信息公开热情不高。

(二) 政府信息公开存在诸多问题的原因分析

政府信息公开在实施过程中出现诸如此类的问题,其所体现的社会学本质一方面是制度设计的问题,也是转型社会中制度建构与制度实施的本土化结果;另一方面是不同文化、思想观念碰撞,不同社会主体利益冲突的结果。但这并不是政府信息公开制度问题的全部,事实上,制度本身的设计及其配套措施的完善程度也是影响政府信息公开制度实施效果的重要原因。具体而言,主要包括以下三个层面。

1. 宏观社会层面

(1) "官本位"与"社会本位"的冲突。在中国推进民主制度的百年历程中,特别是改革开放以来,"官本位"为基础的政治文化并没有得到根本逆转。这使得政府信息被神秘化,政府信息获得被科层化,而被神秘化和科层化的政府信息既是建构政府特权化的基础,又是政府治理社会的基础①。与此同时,"官本位"的政治文化又使得推进政府信息公开的结果与制度设计的目标发生了错位,即把实现公民知情权的立法目的,演变成为迎合上级部门及其领导的形象工程。其必然的结果是无论政府主动公开、依申请公开信息,还是通过救济渠道进行信息公开,都难以满足公众的内在需求。

(2) 部门利益与社会利益的冲突。部门利益的存在和维系是阻碍推进政府信息公开的又一个障碍。有些政府信息本身包含了巨大的经济利益,比如官员财产收入、公务员的收入情况等;有些政府信息包含了巨大的政治利益,比如领导的产生过程、公务员的产生过程;有些政府信息还隐含了许多不当利益,比如政府职能部门在征地、市政、税务等执法过程中存在的违法行为和不当行为。隐含在政府信息之中的部门利益如果一旦公开将对这些部门和涉及的群体产生非常不利的影响,一些部门的违法犯罪行为可能被暴露。因此,有些部门在政府信息公开过程中采取避重就轻的方式规避信息公开,在申请公开中通过各种方式把应公开的政府信息转化为不属于公开的政府信息。

(3) 公共利益与个人利益的冲突。在政府信息公开制度中,公共利益与

---

① 袁峰:《政府信息公开与行政权力监督》,载《中共天津市委党校学报》2008年第1期。

个人利益的权衡也是立法的基础①,而在制度的实施过程中政府部门与社会公众对政府信息的公共性认识并不一致,这表现在不仅政府部门对公共性理解不一致,一些群众对政府信息公共性的认识也有偏差,甚至故意曲解公共性的情况。有些部门基于政府信息公共性来掩盖其部门利益,结果,许多应当公开的政府信息没有公开,以至于有些信息被社会放大,造成公众的误解,认为许多真相被掩盖,政府内部存在许多黑幕。由此,政府的诚信度、透明度、权威性和认可度大大降低。

2. 中观制度层面

(1) 信息是否公开存在不当限制。政府信息在申请公开前是否能公开经常处于不确定状况,没能在公开前对公开和免予公开两类政府信息进行充分的界定,因为政府信息是否公开,主动权在于政府部门,即使为法定的政府信息公开类别,也在某种程度上被免予公开所豁免。实际操作中需要申请人申请公开时才由相关部门界定信息是否属于公开。这事实上是给了政府机关更多的主动权,某种程度上也使政府信息公开大打折扣,进而降低了社会知情权。

(2) 制度间的衔接有所欠缺。《上海市政府信息公开规定》与《中华人民共和国档案法》《中华人民共和国保守国家秘密法》之间存在一定的不协调。其间不仅有法律效力等级的冲突,还有不同制度的价值理念、立法目标的冲突。这种冲突直接影响了政府信息的公开度和透明度。另外,政府信息公开制度还与保护知识产权、个人隐私等相关法律产生了一定的冲突。

3. 微观运作方面

(1) 信息公开机制尚未理顺。负有信息公开义务的政府部门,在很大程度上还存在缺编、缺人、缺财政支持的情况。信息公开事务分散在一个机关的各个部门中,统一协调难度大,工作人员主要以兼职为主,导致权责不明、工作相互推诿。这使得政府信息公开工作仅仅是部门的一项附属性工作,造成政府信息公开在内容审查和更新维护上比较落后,考核评估、监督检查评议、培训宣传等工作制度难以形成,最终使政府信息公开制度的实施效果大打折扣。

(2) 部门间的衔接工作机制还没有形成。首先,部门之间重复公开信息较为严重,造成行政成本增加,行政资源浪费。其次,与配套资源缺乏衔接,信

---

① 袁仁能:《政府信息公开与保密中的利益平衡》,载《行政论坛》2007年第6期。

息公开在某种程度上增加了政府部门的各种行政成本,使得负有信息公开义务的政府部门消极对待这一公开制度;另外,政府信息从单位内部性转向公共性的过程中缺乏衔接。政府机构把信息转移给档案馆、公共图书馆的过程中缺乏稳定的机制,信息难以更新。这些衔接工作机制欠缺的消极结果最终转嫁给了社会公众,使得公众的知情权难以实现。

(3)公开形式的便民性不高。政府机关较重视通过网站公开政府信息,这有利于政府信息快速、高效地公开。但网上公开仅仅是公开渠道之一,并不能代表全部。当前适合社区、农村等群众查阅的公开形式不够丰富。通过档案馆公开的各级政府信息,由于缺乏衔接机制保障而连续性不够,导致政府信息更新和机动查询总是存在问题。

(4)宣传和引导工作不强,长效工作机制建设不完善。由于政府信息公开制度是一项较新的制度,政府机关工作人员和社会公众对其仍不太熟悉,因此在依申请提供政府信息工作中对有关概念理解不一致,处理程序不够规范,使得政府信息公开过程存在一些偏差。而且许多单位在更新维护、监督约束等方面的工作机制仍不太健全。

(三)进一步推进政府信息公开制度实施的思考

上海作为国际化大都市,无论是在制度建设还是社会发展,都在某种程度上标志着中国未来的发展方向。上海政府信息公开制度在实施中的问题,是中国政府信息公开制度实施的一个注脚,也是将来实施政府信息公开制度应当予以关注和解决的问题。因此,在我国民主、法治建设不可逆转的情况下,在其他相关上位法律制度无法改变时,针对政府信息公开制度在实施过程中出现的问题,为保证政府信息公开制度的顺利推行,应特别关注以下几个方面的建设:

1. 把制度的落实作为工作的重点

从旧规定的实施情况可以看出,社会公众对政府信息的知情权实现程度尽管与制度设计本身存在很大关联,但社会公众知情权的实现程度会伴随着政府权力与公民权利的冲突,部门利益与社会利益的冲突等情况。而当政府部门对政府信息是否公开更具有单方面决定性权力的时候,政府部门的行为自觉,就成为信息公开制度实施效果的重要影响因素。2008年新的政府信息公开制度已经对旧制度做了很大的修改与完善,因此,如何落实这些制度,制约政府的行为自觉,成为当前的首要任务。

2. 转变观念是推进政府信息公开的关键

尽管政府转型的基本目标是以民生为重,但当前某些政府部门的"官本位"作风依然严重存在。国家利益至上在某种程度上被解读为部门利益至上,工作目标由服务社会异化为满足领导和上级。这使得以社会效益第一的政府信息公开制度在实施过程中出现某种变形,法律制度所赋予社会公众的权利在有些部门却难以现实。观念转变最终要依赖政府职能的转型及其文化变迁。

3. 增强社会大众对政府信息公开制度的认知度和认同度

现有的政府信息公开主要停留在区县及以上层面,基层乡镇及街道层面基本没有涉及,原因是这些基层政府部门没有承载制作所需公开政府信息的工作,也就谈不上很好地传递政府信息。基层政府部门是直接与社会大众交往的国家职能部门,如果政府信息公开能够高效率地通过这些部门传递,那么社会公众获得政府信息将会更便捷,也更容易增强公众对政府信息制度的认知度和认同度,从而使社会矛盾化解于无形。另外,媒体宣传、法律教育、培训等传统方式也是增强政府信息公开制度的社会认知度和认同度的基本方式。

4. 改进操作手段,增强政府信息范围的可确定性

新的政府信息公开制度的出台,很大程度上弥补了政府信息范围规定不明确的局限,但操作起来还是困难不少。如果我们深刻认识到操作困难的原因并不仅仅是法律规定不明确,而是许多政府部门以此为由拒绝公开,那么,让政府公开信息范围具有可确定性,并不仅是通过修改立法就可以实现的,更需要行政管理方式的改革。具体地说,要在政府信息出台前,预先确定政府信息属性,对被列入不属于公开的政府信息予以书面说明和公示,接受社会的监督与质疑。

5. 加强社会对政府信息公开监督制度的建设

推进政府信息公开不仅需要发挥主管部门的监督检查作用和协调作用,更需要发挥社会的监督功能。在政府信息公开工作中能否加入民意因素是衡量政府信息公开情况的指标,这样既可以增加政府部门的压力也可以增强社会公众对制度认可的动力。另外司法倒逼也是推进政府信息公开、提高社会对政府工作认同的一种方式。比如通过司法救济的方式,推进政府信息公开,实现社会对政府信息的知情权。当然,在这一过程中,司法部门既要保持中

立,也要防止司法的行政干预。

6. 充分利用先进技术,畅通信息公开渠道

先进技术不仅使信息传递更为便捷,也节约成本。先进技术尤其是网络技术,可以使原来的信息获得方式由科层化向扁平化转型,使之成为政府转型的一个重要契机。当然,在政府信息网络化的过程中也要考虑特殊地区、特殊人群对政府信息的获得问题,因而还需要辅之以其他渠道。

7. 健全配套制度,增强制度实施的可操作性

目前政府信息公开制度的一个难点是缺乏可操作性,需要健全相关的配套制度。不仅要健全财务制度、人事制度和组织制度等,还需防止新制度陷入编制、人才、经费、管理等困境,这些配套制度是有效推动政府信息公开的基础。在对政府信息公开的推进与监管方面,可以考虑把不同部门的政府信息公开状况和实施效果纳入政府评测体系中,纳入人大对政府工作报告的审议指标体系中。

六、法治评估效度的文本研究——以"余杭法治指数"为例

"余杭中泰垃圾焚烧厂事件"的发生撕裂了法治评估与法治现实,令法治评估效度成为不可逃避的问题。所谓法治评估的效度,即法治评估的有效性,包括内容效度和结果效度两个层面。通过对指标体系构建、评估信息收集、评估数据处理、评估报告结论等余杭法治指数报告核心内容的文本研究发现,法治评估的效度出现了事实与宣传的背离。而这一情况是评估技术不完善、评估缺乏有效接纳等内外因共同作用下的结果。

(一)"余杭中泰垃圾焚烧厂事件"与"余杭法治指数"

2014年5月10日,浙江余杭爆发了一次震惊中外的群体性事件——"余杭中泰垃圾焚烧厂事件"(以下简称"余杭事件"),即"民众为反对杭州市余杭区中泰乡九峰村生活垃圾焚烧发电厂项目建设,封堵高速公路省道、打砸车辆等违法事件"[1]。事件起源于2014年4月,杭州市政府面对"垃圾围城"的难题

---

① 参见百度百科《余杭中泰垃圾焚烧厂事件》,载 https://baike.baidu.com/item/%E4%BD%99%E6%9D%AD%E4%B8%AD%E6%B3%B0%E5%9E%83%E5%9C%BE%E7%84%9A%E7%83%A7%E5%8E%82%E4%BA%8B%E4%BB%B6/13867257?fr=aladdin,最后访问日期:2018年2月17日。

做出了在余杭九峰村建造垃圾焚烧发电厂的项目规划。该工程项目规划一经公示,民众便因存在身体健康、环境质量、资产价值等多重负面影响而采取集会等方式进行反对。随后,政社双方经由听证会、信息发布会等方式维持一定频率的沟通,但是总体来说政府回应缓慢滞后,民众的担忧与质疑一直未得消解,最后在一根导火索——政府未经民众认可暗自开建垃圾焚烧厂的谣传——的刺激下发展成了一件规模性聚集(5 000余人)、性质恶劣的群体性事件。而在事件现场更有部分不法分子制造传播谣言,采取打砸车辆甚至围殴民警等暴力方式来宣泄情绪,导致现场秩序一度混乱,直到2014年5月11日凌晨才基本得以平息。在事件的后续处理中公检法司联合发文惩治不法分子,官方通过大众媒体加强政社沟通并作出"项目在没有履行完法定程序和征得大家理解支持的情况下,一定不开工"的声明,由此该群体性事件的危机警报才逐渐得以解除。

"余杭事件"的群体聚集性渐次消去,但随后媒介平台对该事件的反思报道继续,一时间普通网民、评论员、学者纷纷参与该事件的讨论。如凤凰网"评论·自由谈"栏目,以"余杭事件:邻避思维难免 邻避冲突可免"为题展开了专题讨论。大众网也有"余杭5·10事件分析"这样的全视角冷静分析。可以说,讨论热度很高、信息量很大,以分析问题为主:① 民众问题。认为民众的暴力行为体现了民众利益表达方式不理性,公民维权意识的扭曲[①]。② 政府问题。认为地方政府未及时公开信息是该事件的导火索[②]。③ 混合问题。民众与政府之间沟通不畅,尤其是民众缺乏对政府的基本信任[③]。以上三种问题分析所下的结论其功能主要停留在提高关注度兼普及知识的层面,随着新一轮热点事件的发生,媒体对该事件的探讨便渐入终结,但是该事件的深度反思显然尚未完成。而对"余杭事件"的反思态度归根到底是取决于如何定性该事件,即到底是将该事件当成一个简单的偶发性事件呢,还是余杭法治建设中的必然事件呢?笔者认为"余杭事件"是余杭法治的一个缩影,民众、政府、媒体在此交锋,是余杭法治条件下的必然产物,无论是发生原因还是处理过程都可

---

① 晏佳伟:《余杭事件,请理性表达利益诉求》,载荆楚网,http://focus.cnhubei.com/original/201405/t2924365.shtml,最后访问日期:2018年2月17日。
② 《"垃圾焚烧厂争议"需要冷静和理性》,载新京报网,http://www.bjnews.com.cn/opinion/2014/05/12/316414.html,最后访问日期:2018年2月17日。
③ 《"余杭事件"背后的互信与沟通》,载《乐山日报》,http://www.cnepaper.com/lsrb/html/2014-05/12/content_2_2.htm,最后访问日期:2018年2月17日。

用法治尺度去衡量或评价。从政府透明度、民众守法、执法程序规范化等法治角度予以考察不难发现,"余杭事件"发生前后呈现的却是政府信息低度透明、民众守法意识薄弱、行政程序不规范等法治基本要求不达标的事实,不由得令人联想到"余杭法治指数"。

作为中国地区法治指数的首发地,余杭自2008年公布第一份余杭法治指数至2014年"余杭事件"发生,余杭已连续进行了六次法治评估。虽然在评估启动初期余杭法治评估也曾遭受过一些质疑,但更多是以一种发挥积极作用的形象展示给外人,并引领法治评估实践在其他省市地区蓬勃兴起。2007年至2012年的余杭法治指数分别为71.60、71.84、72.12、72.48、72.56、73.66。这一系列总体指数能反映当年度法治基本状况,给人们一个整体印象,令人一目了然。尽管起初还有人质疑分值不高法治不理想,但课题组给出的解释是在香港75分已属高分,所以余杭法治指数的分值充分说明余杭良好的法治状况,从而从总体上肯定了余杭政府的法治绩效。而法治指数也并非简单的绝对值的概念,而具有相对值的意义,其突出表现是为进行历年法治建设状况的对比提供参考。逐年递增的法治指数向公众展示了余杭的法治状况一直保持着上升趋势,余杭政府在法治绩效方面始终追求更好的有力证明。

而且法治指数所塑造的良好政府形象,为余杭获得了上级的认可,以2010年为例,余杭司法系统收获了一系列国家级荣誉[1],如"全国优秀法院""全国先进基层检察院""全国司法所建设先进单位",可见法治指数的积极效应是非常明显的。法治指数能够助力余杭地区在全国的评比,已经成为展现余杭司法水平的一项重要的象征性标志。但是对于法治指数明确的绩效式定位,也出现过质疑之声,质疑政府是在花钱买数字[2],质疑法治指数缺乏含金量[3],质疑法治指数的有效性[4]。对于这些质疑,余杭法治指数的课题组也做过总结,诸如"没有给出得出这一结论的证据","对余杭法治评估的质疑多发生在2008年上半年,此后质疑声减弱",并给出了质疑声减弱的三点原因,包括公众的理解、评估分值与研究文献的公开以及余杭法治指数具有对其他省市的导向意义和示范价值,从而否定了余杭的法治指数是一场"学术盛装和政

---

[1] 钱弘道等:《法治评估的实验——余杭案例》,法律出版社2013年版,第255页。
[2] 参见郭振纲:《法治指数的出台:政府花钱买数字?》,载《东方早报》2008年6月19日。
[3] 参见吴三兴:《"法治指数"究竟有多少含金量?》,载新浪博客,http://blog.sina.cn/s/blog_49c2c43f0100ek04.html,最后访问日期:2018年2月17日。
[4] 参见志灵:《"法治指数"无法衡量所有法治现状》,载《法制资讯》2008年第4期。

治作秀"。

但是,"余杭事件"所暴露的法治问题,与蒸蒸日上的"法治指数"形成了鲜明的对照,不免令人再次质疑指数的价值以及法治评估在余杭发挥的实际作用到底有多大。该事件暴露的法治问题显然不是突然发生的,而是长久存在于体制内的,这些问题单靠法治指数的数值是无法反映的,更不是其能够解释说明的。因此,应当通过法治指数报告这一详细的评估结果文本来理性探讨地区法治状况。但是以发现问题解决问题为旨归的法治评估,为何在连续六七年的实施后,对一些基本的法治问题依旧束手无策,而且类似性质的事件在其他大力推动法治评估的地区也曾出现,比如湖南的贿选事件、上海的闵行史上最贵拆迁案等案件均发生在法治评估的先行区域。可见,尽管法治评估在其启动之时便自诩为"倒逼地区法治建设的手段",然而一些突发的规模性事件却表明评估理想与法治现实间是撕裂状态。这足以警示我们在高热度推行法治评估的同时,应当对法治评估的效度进行反省并形成清醒认识。所谓法治评估的效度,即法治评估的有效性,这里囊括两个层面:① 内容效度,即所测量结果与所要考察内容的吻合程度;② 结果效度,即法治评估对推进地区法治建设的作用效果。而这两个层面的效度既独立又相互影响,前者是后者的基础,后者是对前者的验证。

本研究依托余杭法治评估积累的文本材料,尤其是《法治评估的实验——余杭案例》和《中国法治指数报告(2007—2011年)——余杭的实验》两本专著,进行法治评估效度的文本研究。而且余杭法治指数报告本身的分析意义是值得重视的:① 评估报告的撰写需要法学、经济学、统计学、社会学等多学科知识的专业支撑,因此评估报告质量的优劣体现了评估机构对非专业信息的专业处理能力,是评判评估机构专业性的依据所在。② 如果说法治指数是余杭向民众呈现的一份成绩单总分的话,法治指数报告则是对成绩单全貌的系统分析,包括政府职责履行、市场经济秩序、民众守法水平等法治建设的方方面面的详细说明,因此评估报告质量的优劣体现了法治评估的系统性和深度。③ 与余杭法治指数得分具有历时的比较价值一样,以经验、问题、建议为主要框架的法治指数报告同样具有对比研究的价值,尤其是关注历年评估报告所揭示的问题和提出的建议有无变化时。因为建议是否被采纳、问题是否有所缓解,说明着评估结果是否被接纳,论证着法治评估的有效性程度。

具体研究路径则是遵循社会学文献研究方法的准则,提出法治评估在其初期阶段效度有限的研究假设,通过指标体系构建、信息采集和资料处理三个关键的评估操作过程的文本分析验证法治评估的内容效度,通过历年法治指数报告结论部分的对比分析验证法治评估的结果效度,最后就两类效度的文本分析获得结论并进行原因解析。

(二) 从评估操作过程看法治评估的内容效度

尽管我们通过法治指数评估报告结论部分的对比分析摆明了法治评估的结果效度有限的事实,但我们并非旨在否定法治评估,而是以改进法治评估为研究指向。因此,进一步的研究任务在于找到评估低效的原因。现有研究更多地将问题归因于评估结果缺乏接纳,但笔者认为这只是结果导向的解析,要完整地认识该问题,还需要注重过程分析。由于缺少入场的机会,本研究仅借助文本材料对余杭法治指数对操作过程进行分析。笔者通过余杭法治指数的对外宣传资料考察,对其特点与发生逻辑作如下三点总结:① 余杭法治指数是量化评估的基础,其构建需要专家系统提供专业性的智识支撑,具体则体现在评估指标的构建、分值权重的设置、问卷设计、问卷调查与数据统计等一系列操作上。② 余杭法治指数从其本质来说是一种评估工具,即"兼具激励和约束功能的管理工具和技术手段"①,不过其功能的发挥效果有待时间检验。③ 余杭法治指数的实施是在政治精英的总体推动下,由学术团队精细加工、全民参与的一次地方性实验,即所谓的"余杭实验"是由政府牵头、专家系统主导、政府公众共同参与的评估实践,而且多元主体共同参与的原则在余杭法治评估体系的构建中便已考虑到。

不过,事实运作过程是否如其宣传所示还有待考察,即从指标体系的构建、评估信息的获取、数据处理的方式三个方面进行评估内部操作层面的考察。

(1) 指标体系的构建。具体来说,余杭法治指数的课题组在法治余杭评估体系框架下,从四个层面设计了一套详细的评估指标,即法治余杭评估总指标、区级机关指标、乡镇街道评估指标、村镇社区评估指标。其中,总指标依据法治余杭建设的九大面相细化为九大具体目标:"一、推进民主政治建设,提高党的执政能力;二、全面推进依法行政,努力建设法治政府;三、促进司法公

---

① 钱弘道:《余杭法治指数的实验》,载《中国司法》2008年第9期。

正,维护司法权威;四、拓展法律服务,维护社会公平;五、深化全民法制教育,增强法治意识、提升法律素养;六、依法规范市场秩序,促进经济稳定的良性发展;七、依法加强社会建设,推进全面协调发展;八、深化平安余杭创建,维护社会和谐稳定;九、健全监督体制,提高监督效能。"从这九项一级指标又延伸出了 26 项二级指标、77 项三级指标,且辅助了具体的考评标准(方便打分)①。区级机关指标则将余杭区的机构部分为七大类,即党政机关部门、经济管理部门、司法部门、执法部门、社会服务部门以及公用事业部门,进而依各部门职责任务不同而分设评估指标,明确了各被考核部门及其相应的考核内容,具体的考核内容则操作化于"十一五"规划部署、"'三五'依法治区、'五五'普法教育"规划等法治余杭建设文件所规定的各项任务。乡镇街道层面则评估"组织制度建设、依法行政、依法管理、法制宣传"四个方面,共 31 项考核内容。村镇社区层面评估"组织制度建设、民主建设、法治建设"三个方面,其中农村社区各有 25 项存有差异的考核内容。

从指标结构来看,余杭法治评估指标体系实现了纵向指标与横向指标的有机结合。横向指标主要针对区级机关重点部门的职能而分设评估指标,重在考察各部门的法治绩效。纵向指标包括总指标、区级各职能部门的评估指标、街镇的评估指标、村社区的评估指标,前三项指标主要反映政府职能履行的基本情况,而最后一项则反映基层的法治状态。在这四级纵向结构中,尤为值得注意的是最后一项及村社区的评估指标。由于村委和社区居委在我国政府体制改革下已经逐渐褪去政府职能派出机构的头衔,成为居民或村民自治的组织,因此对村社一级组织及基层状态的考察不是去考察政府职能命令的执行情况,而是看基层自治和基层民主的运转情况。由此看来,余杭法治评估体系在系统性与完整性方面是典型。

再从指标的生成过程来看,在《法治评估的实验——余杭案例》一书中,余杭法治评估的课题组对如何设计这一系列评估指标并没有详细说明,仅表述为"课题组为此进行了大量调查。经过多次讨论,最后形成了法治余杭评估体系"。然而,指标的生成过程决定了指标的质量,如何调查、怎样讨论都是指标真实有效的关键。尽管课题强调了调查与讨论,但从指标的具体表述我们可以发现,各操作性指标均是通过转化政府职能的表达而来的。当然这种表述

---

① 钱弘道等:《法治评估的实验——余杭案例》,法律出版社 2013 年版,第 98—112 页。

方式也有其优势：确保了指标的针对性、适用性和可行性，为评估余杭法治状况提供了操作上的便捷性。作为一份评估法治政府工作绩效的指标，这是很完善的，但作为一份评估法治整体状况的指标，却是欠缺的。因为这样一份指数框定了民众抑或是专家评定的范围，这个范围本身是政府有选择地呈现出来的，评估主体的参与方式尽管形式多样，但其思维方式是受政府制度所设定的。因此，尽管有第三方的独立评估，尽管有民众的大量参与，尽管有专家的专业评定，仍挡不住、灭不掉法治评估沦为政府进行政绩包装的工具。这就解释了为什么"余杭事件"呈现出来的余杭法治与法治指数报告所呈现出来的余杭法治存在差异。因为法治评估指标的构建是遵循政府官方话语的逻辑，而非真实的法治运作逻辑。

再对具体评估指标进行考察可以发现，量化的指标更偏重政府工作步骤也就是程序层面，而对民主推动下的工作实效的测量所占比例较小。以法治余杭评估总指标为例，多以"参与比率""达标率""公布率""办结率""执结率"的数值考察为主，这些"率"的确提供了评判的客观依据，也是量化法治评估生成法治指数的有效指标。这些指标反映了政府工作在量上面的成果，也说明政府工作中是对程序的严格执行，但是缺少对政府效能的质的评估。以民主参与对党委决策影响为例，参与率是一个方面，参与中公众意见的采纳情况，对决策的影响效果则是另一个方面。仅以参与率来衡量，是难以揭示"走过场"的不良情形的。作为弥补，典型调查应成为一个可选方案，通过了解具体个案的发生、发展与结束，以弥补量化数据的信息缺陷。

（2）评估信息的获取。余杭法治评估突破了封闭式内部评估单一信息来源的局限，搭建出一个由普通公众、政府系统的工作人员、企业家等市场主体代表、记者等媒体代表、律师等法律共同体代表以及法学统计学等专家学者等多元主体共同参与的评估网络。这无疑是一个综合性的网络，对构建该综合网络的意义，课题组曾明确表示"能够较好地降低单一评价主体的主观性偏见带来的评价误差，最大限度地保证法治量化评估的客观准确性"[①]。可见，余杭法治评估的信息获取是内外结合的，是大众评判与专业评价相结合的。面对多元的评估主体，课题组借鉴香港法治指数评估的数据获取方法，将数据来源

---

① 钱弘道等：《法治评估的实验——余杭案例》，法律出版社2013年版，第242页。

分为法律数据和调查数据①。法律数据是官方统计的数据,具有两大作用:一是直接整合进评估报告;二是作为外部评估者进行评分的参考依据。政府无疑是国内最大的数据采集方和所有方,其所能提供的数据量也远高于其他民间统计机构,但是数据对公众的开放是有限的,所以才需要评估机构做专门的搜集供打分者参考。然而是否存在与纷繁复杂的评估指标一一对应的参考数据是值得怀疑的,这将致使打分者只能在有限的客观数据基础上进行相对主观印象的打分,而非完全客观中立的评分。

调查数据则主要来源于对民众法治满意度的主观性认知调查,为此课题组设计了9份不同主题的民意调查问卷,包括"人民群众对党风廉政建设的满意度""群众对政府行政工作的认同度""人民群众对司法工作的满意度""人民群众对权利救济的满意度""人民群众的社会法治意识程度""群众对市场制度规范性的满意度""人民群众对监督工作的满意度""群众对民主政治参与的满意度调查问卷""人民群众对安全感和治安满意度",具体的调查方式则有实地调查、电话访问和网上调查等,调查区域涉及党政军工农学商等各种单位、火车站、汽车站等②。主题丰富的调查问卷确实为信息的收集奠定了扎实的基础,多种调查方式也实践着实事求是和客观中立的原则。但是从问卷的结构中,我们看到了一个不可忽视的问题,那就是缺乏对调查对象基本资料的搜集。调查对象的基本信息是问卷结构中不可或缺的组成部分,通常作为社会调查中的重要自变量,缺少这一类信息,统计便没有针对性。至于课题组所声称的克服偏见的评估也缺少进行有力支持的证据。若从社会调查问卷的规范上来,正如风笑天教授所说"如果一份资料缺少这些变量,实际上也就成了废卷"③。

此外,据课题组介绍,"余杭地区的法治状况评估,正是通过大量定性和定量的研究才得以完成的"④。因此,除了法律数据、调查数据等量化数据之外,质性材料也是评估信息的重要类型。但是从各项文本来看,我们都只能看到课题组对定量评估的绝对重视,而无定性研究理论储备的介绍。相较于详细的评估指标及问卷,定性研究的方法论、问题假设、研究提纲等均未在评估经

---

① 钱弘道等:《法治评估的实验——余杭案例》,法律出版社2013年版,第314—315页。
② 钱弘道等:《法治评估的实验——余杭案例》,法律出版社2013年版,第83—93页。
③ 风笑天:《社会学研究方法》,中国人民大学出版社2009年版,第176页。
④ 钱弘道等:《法治评估的实验——余杭案例》,法律出版社2013年版,第296页。

验总结和介绍中有所突出。而即使是给人以精确感和复杂性的数据统计也存在不足，尤其是缺乏现象间关联的设计与揭示，哪怕是剔除特殊情形的普遍关联。

（3）数据处理的方式。从信息处理方式来看，余杭法治评估既有单项的简单分析，也有项与项之间的对比分析，但总体来说描述多于原因解析。余杭法治指数报告中着重分析的数据有民意调查结果分析、内外组评审结果分析、专家组评审结果分析三类。

有关群众满意度问卷数据的分析，在报告中所呈现的是一个总体满意度得分，即通过固定的方程式计算出人民群众对"党风廉政建设、政府行政工作、司法工作、权利救济、社会法治意识程度、市场秩序规范性、监督工作、民主政治参与、社会治安"等9项的分值。一目了然的数值便于进行历年的对比，但具体问题的数据并未得到细致的分析，因此群众满意度问卷数据的分析显得单调苍白。且由于缺乏单个问题间的对比，所以难以发现历年差异何在。

有关内外组评审结果的分析相较于民众满意度问卷数据的分析而言稍复杂些，不仅有组内的纵向历史维度的对比分析，还有组间的横向不同评估主体意见的对比分析，且内外组间的差异点得到了明确的揭示。不过内外组之间的对比分析仅是简单的数值罗列，同质与差异所蕴含的重要含义、差异的原因同样尚未被深挖。

从专家组评审得分分析来看，自2009年的法治指数报告这一数据的分析才得以重视。课题组称："总之，专家组评审从专业化的角度给出法治指数，一定程度上平衡了与内外组评分产生的差异，也凭借专业化水准提示余杭法治建设应努力的方向。"可见，余杭法治评估课题组对专业评估的重视，对评估水平的提升起到了关键的促动作用，但要警惕把差异的平衡与余杭法治的未来完全寄希望于"专家"。尽管专家可以凭借理论储备对研究问题进行深度透视，但是专家在学术研究中积累的观点是否符合地区法治现实依旧是有待验证。因为归根到底，问题的呈现还是需要依赖社会事实，也就是说专家的评判不能脱离实践进行理论空想，也应当以地区法治的特征与基本状况为基础。然而，从报告中我们发现前期收集的地区法治信息与专家的评审依据往往是两张皮。

此外，当面对专家意见、民众意见、内外组成员意见的差异点时，评估课题组没有充分的质性材料予以差异性根源分析，当面对评价主体所指出的法治问题时也没有质性材料予以详细说明并解读根源所在。即是说,分析的局限产生于对数据采集的方式过于定量化,缺乏定性的资料采集。进而形成的后续反应便是以数据分析为主的报告只能对政府工作提供就事论事的问题指导,评估建议难以具有长远的战略眼光。

(三)从评估结论的对比分析看法治评估的结果效度

一直以来大家过多关注法治指数得分的变化,却鲜少关注历年评估报告的文本变化,本研究以《中国法治指数报告(2007—2011年)——余杭的实验》为基础文本资料,进行评估报告的文本分析,尤其是问题和建议等评估结论部分。问题建议等结论部分是对前期所处理和分析数据的一种提炼,是评估的核心成果,体现了法治评估的民主性与专业性。从理论上讲,法治评估若能有效推进地区法治建设,将在评估结果的问题部分有所显示,比如问题减轻或消除。而问题的解决与评估建议的有效性又是息息相关的,建议部分的对比分析是判断建议是否专业,是否具有操作性,能否为政府所重视的可行方式。

(1)问题的对比剖析。法治评估的出发点是为了"找问题补短板",倒逼地区法治建设,因此问题剖析应当是法治指数报告中最为重要也最能体现评估成效的部分。简要来说,2007年的法治指数报告集中揭露了余杭在监督体系、司法公正、市场秩序、法治意识四个方面的问题,且在每个大问题下面又细分出诸多小问题,力图将问题阐释清晰。2008年和2009年两份法治指数报告则从党委依法执政、政府依法行政、司法公平正义、权利依法保障、市场规范有序、监督体系健全、民主政治完善、全民素质提升、社会平安和谐九个方面全面分析和批判了余杭法治建设中存在的问题。2010年和2011年的法治指数报告所反映的问题则显得较为琐碎,但焦点基本集中在监督、司法公正、市场秩序、法治意识等方面。可见,历年报告形式有所差异,但其大体框架还是较为一致的。以下集中选取监督体制、司法公正、市场秩序、法治意识四项在报告中得到一贯关注的主题,对具体问题进行分类整理。

第一,监督体制的问题。2007年的法治指数报告对这一主题的问题挖掘是最为全面的,包括"监督体系的形式庞杂、制度烦琐与实施效果的低下形成了鲜明反差""惩治和预防贪污腐败的体系不成熟不完善""监督体制没有从一开始就获得足够的权限,权力没有得到来自社会多元性的监督,不可能有很高的监督成效""政府的责任追究和绩效评估制度不尽完善";2008年的法治指数报告在监督体系这一主题上所指出的主要问题有三项,即"行政监督主体地位不高,缺乏监督力度""政府权力过大,权力运作不公开""舆论监督没有发挥";2009年的法治指数报告指出监督体系的核心问题为"监督执行";2010年的法治指数报告指出的监督体制存在监督效能低下、监督意识薄弱、形式大于内容等问题;2011年的法治指数报告指出的问题是"内部力量和民众力量均不足"①。

第二,司法公正问题。2007年的法治指数报告围绕司法权威指出了司法公正的三个问题,即外部环境不佳、法官检察官的业务素质和能力不过硬、人情官司后门官司等问题;2008年的法治指数报告指出妨碍司法公正的主要问题是执行力度不够、行政干预以及司法工作者的素质等;2009年的法治指数报告指出的司法工作方面的问题是执行难、党政干预司法;2010年的法治指数报告指出司法权威受挫仍旧是当下整体所面临的难题;2011年的报告则简单地用数据说明余杭司法公正权威指数的下滑,但并未真正说明原因②。

第三,市场秩序问题。2007年的法治指数报告将影响市场秩序的问题直指薄弱的市场秩序诚信体系;2008年的报告则指出了市场秩序治理中的三大问题,包括坑蒙拐骗等市场陋习、市场管理机关的运作问题以及非诚信经营等;2009年和2010年所指出的问题则与2008年的基本一致;2011年的市场秩序得分更是降到历年新低③。

第四,法治意识问题。2007年的法治指数报告总结"全区公众的法治意识还比较淡漠"。2008年的报告指出全民法治素养的问题有三个,即法治意识淡薄、法制教育水平落后、法制教育方式需改进;2009年的报告则指出的是法制教育辐射面有限的问题;2010年的报告对此未作评论;而2011年的报告则简单地给出了"处合理水平,但距优秀值还有距离"的总体评论④。

经由以上问题部分的对比分析可见,经评估挖掘的法治问题是集中且一以贯之的,但是问题在揭示之后却无显著改善。具体来说:一是监督体制作为法治指数报告所要揭示的重点问题一直占据着报告的首位,尽管表达方式

---

① 钱弘道等:《法治评估的实验——余杭案例》,法律出版社2013年版,第66—356页。
② 钱弘道等:《法治评估的实验——余杭案例》,法律出版社2013年版,第68—256页。
③ 钱弘道等:《法治评估的实验——余杭案例》,法律出版社2013年版,第69、157—158页。
④ 钱弘道等:《法治评估的实验——余杭案例》,法律出版社2013年版,第163—164、357页。

多样,但是都围绕着"监督执行难"来谈;二是司法公信力下降的问题一直有呈现却从未有改善;三是诚信等市场秩序问题一直未得到有效解决,甚至有恶化的趋势;四是公众的法治意识作为地区法治的核心问题,亦未能在短期内得到显著提高。

(2)建议的对比剖析。对应以上地区法治的重点问题,法治指数报告中也针对性地提出了以下建议:

第一,关于监督体制的建议。2007年的法治指数报告提出的建议是"采取多元化监督方式""加强检察机关人员的职业道德修养"等;2008年的法治指数报告的建议落实到具体的制度和机制上,包括区人大、区法院、区政府联合监督、完善政府信息公开制度、建立健全舆论监督机制;2009年的建议进一步深化,不仅有强化监督网络、健全舆论监督机制,还有明确监督重点、责任监督工作体制等;2010年和2011年的报告均尊重群众意见,建议加强体制内外的监督,提高监督效能①。

第二,关于司法公正的建议。2007年的法治指数报告针对所发现的问题提出了营造良好的外部氛围、提升法官检察官素质等建议;2008年提出的四点意见分别针对法院的审判和执行工作、法官素质的提升、杜绝党政干预以及监督管理的规范化;2009年的建议是严守司法程序确保判决的执行、坚持法律职业性;2010年和2011年的报告仅总结群众所提的问题,并未给出具有建设性的实质意见②。

第三,关于市场秩序的建议。2007年的法治指数报告指出为保障市场秩序,必须大力开展诚信体系建设;2008年的报告所给出的建议较为系统,包括厘清政府管理部门的职责、加强对市场的引导和规范、借助媒体力量对公众进行诚信教育等;2009年的三条建议中有两条与2008年的建议完全一致,增加的一条建议是要求完善各类法规;2010年和2011年的报告均止于总结问题,而无针对性意见③。

第四,关于法治意识的建议。2007年的法治指数报告建议首先要加强政府部门自身的法治意识,同时要通过普法教育提升群众的法治意识,并给出了较为具体的举措;2008年的报告给出了三大建议,即着重提高领导干部的法制

---

① 钱弘道等:《法治评估的实验——余杭案例》,法律出版社2013年版,第67、160—161、259页。
② 钱弘道等:《法治评估的实验——余杭案例》,法律出版社2013年版,第154、256—257页。
③ 钱弘道等:《法治评估的实验——余杭案例》,法律出版社2013年版,第69、158、259页。

化管理水平、通过家庭学校单位社会多阵地联动来深化普法教育、调动律师媒体等外部力量创新普法方式;2009年的建议则是扩大法制宣传辐射面,并将重点落在"权利义务对等观念";2010年和2011年的法治指数报告在法治意识部分的建议与其他部分情况一样较为弱化[①]。

从以上四部分建议的梳理,我们不难看出这样两点:一是2007—2009年的法治指数报告均比较重视建议部分的内容,并较为细化,而2010—2011年的报告则明显弱化了建议的地位。二是即使在较为重视建议部分的2007—2009年,无论是制度上的建议,还是操作层面的建议大多在重复提出。

(3) 问题建议对比分析的结论。结合以上问题部分和建议部分的对比分析发现,我们并不能从法治指数报告中找到法治评估倒逼地区法治的有力证据,相反是相同问题的一再揭示以及建议部分的老调重弹甚至日渐虚化这类评估事实。由此可推测:一是无论是问题的揭示与分析,还是建议部分的专业指导都呈现出分量渐轻的情况(如表1、表2所示),在法治指数评估最初两三年间评估各方的热情最高、投入最多,然而到第四年便开始呈现出疲乏态势,评估日渐趋于形式化。二是问题一直存在却未有实质性改善,说明与余杭政府在媒体宣传中对专业统计方法、科学方程式得出的法治指数数值的重视和强调形成鲜明对比的是,法治指数报告的具体内容是被忽略的,问题未被重视,建议未被采纳,即评估结果缺乏有效接纳。三是前两点又共同说明法治评估的效度是很有限的,更多停留在形式意义上而非实质促动,评估日渐呈现出"为评估而评估"的特性,评估从手段退化为了目的本身。

表1 历年法治指数报告问题数量

问题类型	2007法治指数评估报告问题数量	2008法治指数评估报告问题数量	2009法治指数评估报告问题数量	2010法治指数评估报告问题数量	2011法治指数评估报告问题数量
监督体制	4	3	1	3	2
司法公正	3	3	2	1	1
市场秩序	1	3	3	3	3
法治意识	1	3	1	0	1

[①] 钱弘道等:《法治评估的实验——余杭案例》,法律出版社2013年版,第71—72、256—261页。

表2 历年法治指数报告建议数量

建议指向	2007法治指数评估报告建议数量	2008法治指数评估报告建议数量	2009法治指数评估报告建议数量	2010法治指数评估报告建议数量	2011法治指数评估报告建议数量
监督体制	2	3	4	1	1
司法公正	2	4	2	0	0
市场秩序	1	3	3	0	0
法治意识	2	3	1	0	0

(四)结论与反思

经由以上文本分析,笔者发现余杭法治评估既有成功之处,可资学习和借鉴的包括指标体系构建的方法、信息采集的方法、凝聚地区法治共识等积极作用等,但亦有不足之处亟待反思和完善。现就文本分析总结如下:效度有限是法治评估发展初期的事实问题,而且成因复杂。具体说来,内外因共同制约下的评估深度有限和评估结果影响有限问题。

(1)评估深度有限及原因。余杭法治评估尽管有着很强的专业外衣,但整个评估主要是简单描述式的,缺少因果关联式的分析,最终结果是仅能部分揭示面上的问题而未能解释问题的成因,评估深度之有限显而易见。追问原因,这既有评估方式上的问题,也有评估条件的问题。

第一,从评估方式角度来看,课题组试图通过量化的评估来给出科学的结论,也曾强调用定性评估予以补充,但是经过上文的梳理可以看出,有量化却没有相关性(乃至因果)的分析,有质性的信息采集技术却没有深入了解政府工作的具体运作逻辑。然而,真正有深度的评估需要理解政府的运作逻辑,需要理解政府治理模式与法治建设成效之间可能的因果关系。法治评估作为对法治进行全面检视的一项机制,应该承载更多的职责,然而缺乏对与问题相关事件发生过程的深入探析,缺乏对政府运作逻辑的理解,是难以找出问题的症结所在的。

第二,评估所具备的现有条件也难以支撑评估的彻底性。这里既有第三方评估团队的自身条件,也有评估委托方所能提供的条件。由于法治已渗透政治经济社会生活的方方面面,对实践中的法治要能够形成全面的理解,必须借助法学、社会学、行政学、经济学、统计学等多门学科知识,因此为实现高质量的评估必须配套以知识结构比较完整的评估团队,然而余杭法治指数课题组成员的学科背景相对来说还是比较单一的。即使在以上外部条件均具备的条件下，我们还需要政府部门予以充分配合，才能真正达致理想的评估深度。但是从现有的评估途径我们可以看到，评估方仅对部分内部工作人员进行量表测定或访谈，而并没有能够真正深入政府的日常工作中，党政各部门并没有对第三方评估团队完全开放。缺乏这一开放条件，我们便无法论证话语所简单表述出来的内容是否与实际运作相一致，更无法了解并论证是否存在相悖之处。然而，期望完全开放也是不现实的，这具有难以一朝便能克服的阶段性，因此在有限的空间内，如何做到最理想的状态，对第三方评估机构来说的确是一大挑战。

（2）评估结果影响有限及原因。从法治指数报告问题和建议部分的分析结果中可以获知，课题组历年所反映的问题相似，建议也相似，而且建议部分有越来越弱化的趋势。可见，相较于每年向外公布且较受追捧的指数值，具有战略意义的法治指数报告的实际影响力却并不理想。

第一，要质问评估报告所提建议的含金量。法治指数报告并非出自实务部门，而是由具有专业权威的知识分子出具。知识分子往往以产出理念为己任，因此从前期的报告中我们也能看到一些具有创新性的制度和机制意见。这是值得肯定的，但部分建议往往给人空中楼阁之感，简言之即"看去很美好，落地很困难"。因为在法治建设过程中出现的种种问题和困扰并不能由简单的制度设计和策略创新就可得到解决的，所出台的具体法治举措需要契合整个体制环境和社会环境，方能排除障碍有效推进法治建设。然而余杭的法治指数报告所提建议仅仅是依据表面问题进行的理论设想，而在问题本身尚未分析透的情况下，建议的治本性可想而知。2010年及2011年的法治指数报告更是将建议部分几笔带过，问题的叙述也仅是罗列被调查对象的话语，或作一两句简要总结，实在无法支撑评估报告发挥重大影响力。

第二，要质问法治评估报告的接纳结果。年年反映的问题相似，年年提出的建议相似，这足以说明前期的问题及建议并未得到党政工作系统的有效接纳，可见评估与接纳始终是两张皮。尽管2008年和2009年的法治指数报告以评估结果对实际工作所产生积极的影响作为开篇，试图跳出就评估而评估的限制，说明并促进评估与接纳的有效对接，但在2010年和2011年的报告撰写中却并未得到延续，这也从侧面补充说明了法治评估并未得到有效接纳。在实践中，法治评估结果已作为整体考核的一部分依据，但将一些问题与建议落到实处却要受制于当下的行政领导体制。作为其他各委办局的平行部门,司法局没有这样的权力与权威直接对其他部门下达改进意见,下级部门直接服从上级部门,各部门的工作方向是受上级部门及本部门领导决定。实践中往往是领导或上级部门若重视,那么法治评估中所指出的问题和建议就能在本部门下一年度的工作中进行解决或落实。这样的话,法治评估对法治工作的推进便缺乏稳定性。因此,让法治指数报告得到有效接纳,对实际工作进行直接的推动还有很长一段路要走。需要实务界与学术界就构建出符合现有体制条件的法治评估接纳机制达成共识,并投入智识努力。

由此看来,法治评估初期发展阶段评估效能有限的问题并不能简单归因,而是多方面因素共同作用下的结果。加之没有明确的责任主体,更容易放任评估形式化的发展,因此,如何保障法治评估顺利完成制度化转型之路应当是下一步研究思考的重点。

第四章　法治社会建设的探索

一、法治社会概念内涵的历史演绎及转化

就法治国家、法治政府、法治社会这些概念的辨析,学界已有不少的讨论。法治国家指谓的是包括整个国家权力的法治化及其运用,涉及如国家的立法权、国家的监督权、国家的重大问题决定权、国家的行政权、国家的司法权等这些权力的法治化问题。而法治政府仅指国家的行政权行使的法治化,从这个意义上法治政府是法治国家权力在行政系统的体现,法治政府是法治国家重要组成部分之一。而法治社会仅指相关的法律法规在涉及民生和社会治理实践中权力和权利的实践问题。但对法治社会概念的解读上,我们有必要看到,这个概念内涵的历史演绎及转化问题。通过讨论这个问题,可以加深对法治社会建设的认识。

(一) 社会自主性概念——一个学理上的讨论

法治社会作为一个学术概念,实际有一个历史的演绎。笔者以社会自主性概念的讨论入手探索这个问题。有人可能感到困惑:在中国法治的推进中,怎么不断推出新名词?其实法治国家、法治政府、法治社会等这些新名词与中国学者以往对法治问题的研究有联系。学者们以往的学术努力,使当下的思考有了思想的深刻性和厚度。而学界曾经讨论的"社会自主性"问题,实际与法治社会概念存在历史联系。"社会自主性"概念是2002年在讨论"市民社会"时提出的[①]。我们有必要分析当时对社会自主性概念的释义、逻辑上的确证、社会现实态表现的分析、社会自主性发展中传统文化因素的作用、社会

---

① 李瑜青:《论市民社会的理念与现代法制观念的转换》,载李瑜青主编:《上海大学法学论坛》,上海大学出版社2002年版,第1—13页。

自主性与法制观念变化等问题。

"社会自主性"概念的提出与当时市民社会问题的讨论有联系。笔者认为可以用对法治建设所要求的社会自主性建设,释义市民社会问题的讨论。虽然当时对市民社会理念有很多争议,但不可否认它实际反映的是中国正在发生的一种文化运动。这种文化运动正深刻地影响着中国现代法制的建设。因此,揭示这一文化理念的内在含义就十分必要。市民社会理念的现代意义,我们可以先从其历史展开过程进行说明。比如有学者已经指出,市民社会最早指的是欧洲中世纪的自治城市,当时的城市手工业者结成行会来反对封建土地贵族,主张由城市来安排自己的制度。当欧洲社会生产力发展进入工场手工业时期,市民社会进入第二阶段,这一阶段,城市地位明显提高,工场手工业的扩大,当时欧洲产业对农牧产品原料的巨大需求,促使大量耕地变成牧场,使得城市逐步取得对农村在经济上的领导权。资本的数量增大了,资本的形式也由商业资本转为产业资本。城市农村生产方式的转变,促使传统的封建体制也发生变化。土地贵族开始失势,大批的农民从自己世代耕种的土地上被赶走,加入到庞大的城市失业者的队伍;财产私有权被确立为一般原则。市民社会的第三阶段是资产阶级获得社会领导权的时期。它开始于17世纪。当时随着大生产时代的到来,资本又以突飞猛进的方式迅速发展,因此,已经获得经济领导地位的资产阶级商人和工业手工场主,再也不甘心在国家生活中充当配角。同时,当时思想启蒙运动的发展,把文艺复兴倡导的世俗观念、科学精神、理性原则普遍化为人们广泛接受的社会意识,于是便有了1640年和1688年的英国革命以及1789年的法国革命。资产阶级政治革命的胜利真正确立了资产阶级社会形态。

市民社会的历史理念在当代被人们赋予了新的含义。从市民社会历史演化的三个阶段可以看到,市民社会原本的含义是指当时资产阶级所控制的城市逐渐摆脱封建国家的控制而追求自身独立的利益,反映了当时社会经济发展与上层建筑国家的剧烈的矛盾,正是在这个意义上,马克思不同意黑格尔把国家作为整个社会基础的看法,认为市民社会才是基础,而历史是市民社会进化的过程。但当代世界不同国家的学者提出市民社会理念则又赋予了其新的含义,即着重与国家相对应的社会自主性的发展。研究表明,人们不可能再去重复西方早期市民社会的历史进程,或简单地去模仿它提供的制度模式。但市民社会的理念实际上则揭示了随着市场经济和现代化的发展,各个国家都存在其国家的政治职能的转换问题,思考国家与社会这两个范畴的关系,从制度结构上为国家或政府寻到其存在的合理性基础,或者更明确地说研究社会自主性发展问题。

我们可以看到,世界不同国家的学者使用市民社会理念的使命感虽然不同,但都不同程度地反映了对社会自主性发展的关注。欧美学者对市民社会问题的关注,与全球化运动带来的社会生活的变化有关,这充分表现在,随着全球的重构——灵活的积累和资本的三级组织(美国、日本、欧洲共同体)出现了对机构部署和结构的重新安排。国家主义开始盛行。西方一些激进的学者为此感到有必要诉诸市民社会的理念,试图对国家与社会间极度的紧张关系作出检讨、批判和调整,以求通过对市民社会的重塑和选择来重构国家与社会的良性关系。东欧及苏联学者所说市民社会问题则与当时为摆脱国家的集权式统治的思考有密切关系,苏联模式的集权政体造成了国家对整个社会生活的全面控制,通过国家政权的作用使社会高度同质化与一体化,从而使国家的目标与社会的目标在任何一个细节上都完全趋于一致。在这种体制下,国家意志是唯一被认可的社会进步的动力机制,国家同时垄断了所有的社会资源和社会价值,个人价值则只能通过由国家提供的渠道得以体现。于是东欧及苏联的一些学者把市民社会的概念提出来,并进行一种理论预设,认为市民社会的建设不仅是用来抵御暴政、集权或统治的必要手段,还是一种就应被视为当然的目的。

中国内地学者是在 20 世纪 80 年代下半叶开始引入市民社会理念的,在市民社会理念的使用上也特别强调了社会自主性发展问题。当时在引入市民社会理念时,当然受到东欧和苏联国家摆脱集权式统治的某种"示范"作用的影响,但学者们更多地在思考或设计本国改革的具体的框架,同时还有一部分学者则用市民社会的理念话语去解读中国近代史,试图对中国近代史的发展作出一种独特的思辨的说明。把他们的理论意图说成只是以西方市民社会模式为依据,在中国社会历史中寻求发现或期望发现中国与西方两者间的相似之处的说法是不全面的。如前所述,其实,无论是西方早期市民社会的成长过程,还是它所倡导的一系列制度、观念等,对我们都没有真正的模仿意义,西方现代化道路并不是现代化发展的唯一的形式,中国的现代化道路有它的特殊性,研究市民社会的理念使我们从中国现代化发展的特殊性中找到某种共性的因素,即去研究随着市场经济和现代化的发展的国家与社会这两个范畴的关系以及社会的自主性发展。

而对社会自主性发展做了如下逻辑确证。可以说,提出市民社会的理念,检讨中国内地国家与社会的关系以及社会自主性发展,当然很有意义,实际反映了一种文明模式的变化,即由过去行政一体化的社会走向国家与社会多元相对独立的社会,是对社会的深层次认识的发展。从中国古代思想史上看,国家与社会几乎一直处于胶合的状态,根本不存在社会的自主性问题。在汉语中,"国家"一词原是由两个概念合成的,中国古人很早就形成了"国谓诸侯之国,家谓卿大夫之家也"。孟子也说:"人有恒言,皆曰天下国家。""天下之本在国,国之本在家。"形成这一胶合状态的原因是多方面的,其中最为关键的则在于小农经济以及宗法制度的决定作用。当时的中国,这种分散的小农经济多如繁星。小农经济与宗法制度相联系,形成对宗法制度的依赖关系。家族是宗法制度最基本的单位,每个成员都被置于一个高度系统化的等级名分体系中,并且由此产生权利和义务关系。父家长有无可置疑的权威。家族的社会功能是广泛的:一个家族往往有自己的宗祠,里面放着一块记载着为家族认可的习惯法的石碑,家族有无可置疑的权力把它强加给自己的族人;家族负责安排其成员的婚姻和继承以及相关的必要的礼仪活动,从而使更多的人陷入家族控制的网络之中。这种家族体系的运行准则广泛地渗透到国家政治生活之中,专制国家乃是宗族主义家族的放大,皇帝被渲染成父亲般的人物,总揽国家最高权力,官吏和绅士对他和他的家系竭尽忠诚之职。国家生活围绕皇帝而运转。黑格尔对中国古代的这个特点作了较为深刻的说明:"中国政府就完全建立在这种伦理关系上。客观的家庭孝敬是国家的标志。中国人认为自己既属于他们的家庭,同时又是国家的儿子。在家庭内部,他们不具特性,因为他们所在的实体单位是血缘和自然的单位。在国家内部,他们同样缺少特性,因为国家内部占统治地位的是家长制。政府的任务仅仅是落实皇帝预先制定的措施。皇帝像父亲一样,掌管一切。""虽然皇帝占有政府的法律,高踞于国家总体的顶峰,可是他以父亲对待孩子的方式行使权力。他是家长,集全国的敬畏于一身。"①很显然,根深蒂固的宗教制度不仅构成了古代中国的社会结构的基本特征,同时使整个社会生活形成家国一体的框架,被置于一个高度

---

① [德]黑格尔:《东方世界》,载[德]夏瑞春编:《德国思想家论中国》,陈爱政等译,江苏人民出版社1989年版,第118、120页。

系统化的等级名分体系之中。人不被看作是独立的个体,人与人之间有着依赖,天子、诸侯、卿大夫之间既是政治上的君臣关系,又是血缘上的大宗小宗关系。社会组织、经济结构、政治设施等也都无一不与宗法血缘关系紧密结合在一起。国家的治理主要是通过宗法关系来实现的,以血缘为纽带的家庭等级制度放大到社会就是社会上的等级制度,而等级制度在政治上的表现又只能是专制制度。

1949年中华人民共和国成立之后,由于当时的特殊情况,国家这个主体在政治、经济及社会生活的各个方面起着主导作用。从经济上说,中国由于原来的工业化基础很薄弱,国家或政府不得不扮演直接的经济组织者和管理者的角色。通过直接的计划和行政指令最大限度地集中资源,并进行资源配置,以推进工业化进程。但在完成了社会主义改造,建立了社会主义公有制经济基础之后,由于历史的惯性和受苏联经济模式的影响,形成了以指令计划为主的经济体制。中国形成的这种高度集中统一的以行政直接控制和调节为根本特征的计划经济体制,由于国家享有至高无上的权力和几乎无所不包的渗透力量,在社会中行政控制力量占据了主导地位,形成了国家与社会处于同构状态,整个经济生活过度行政化的特征。它的直接后果,就是作为社会生活基础的企业或个人都成为国家计划的执行者,缺乏自主性和独立性;社会生活单一、缺乏活力,社会无力有效地对国家权力进行监督。

当今学界对市民社会的研究,使人们意识到社会自主性发展的问题,但这不是一个理论问题,更为重要的是实践问题。这种社会自主性强调社会本身应有的独立地位的尊重和保护,经济及社会生活的多样性、自主性、主动性、公民的自由及选择,以及对行政权力的社会有效监督等。我们看到,当代中国的诸多系统都在有力地促进社会自主性的发展,我们可以就经济和政治的两个方面做出论证。

就经济体制的转换而言,其有力地促进了社会自主性的发展。所谓经济体制转换,指的是从计划经济体制向市场经济体制的转变。在经历了一个比较曲折的过程之后,市场经济终于被写入国家根本大法,得到制度上的确认,市场经济对社会自主性发展的意义,我们可以从市场经济运作的特点作出分析。一般来说,市场经济是以市场作为资源配置的基础方式和主要手段的经济,它在运作特点上突出了围绕市场这个轴心点展开,这其中社会的生产分工是它的前提,满足不同人之间的需求是它的目的,市场交换是它的表现方式。

这样市场经济的主体就不再只是国家或政府了，一切自然人和法人都是作为主体活跃于市场经济中。人们在经济活动中，以平等主体的方式进行交换。经济组织的方式也有了多样性，除国有企业外，还有许多其他的经济组织形式，独立地活跃于社会舞台上。经济是基础，市场经济的发展促进了社会自主性的发展。

市场经济的发展和市场经济体制的建立，逐步改变了现行政治体制，从而也促进了社会自主性的发展。我们可以看到，经济体制的深入发展，已经使我们的所有制结构从单一公有制转变到以公有制为主体、多种经济形式并存；公有制的实现形式由工厂制度变到公司制；经济运行方式从行政命令、计划配额转变到市场竞争自主选择；政企关系从企业是政府的附属物转变到企业是独立法人，国家政府的权力也要求以法律为依据，权力与权利应受到有效的制约。从国家与社会的角度看，经济市场化是政治民主化的必要基础，而政治民主化又可以有力地促进经济市场化的发展，并使行政的体制转型，政府的角色转换，管理的一部分职能社会化，主要起到监督和调控的作用，从而使社会自主性发展的特点得到支持。

当然，我们还要研究社会自主性的现时态表现。"社会自主性"发展的直接结果，当然表现在国家行政权力不再是社会唯一的支配力量，而是部分地分配于相关的社会组织，众多利益群体和社会组织与政府机关共存，社会权力与国家权力互补，形成多元化社会控制的特征。社会自主性发展的现时态表现是多方面的，我们可以特别关注以下一些方面：

1. 人由"单位人"变成"社会人"是社会自主性的重要表现

"单位人"是一个专门的术语，指中国人当时在计划经济体制下的存在状态。当时国家是单位资源唯一或主要的供给者，单位同国家及上下级单位的关系以及单位同职工的关系是行政性的而非契约性的，单位组织不仅有专业功能，而且具有经济、政治、社会等多方面的功能。国家权力和众多分散的社会成员是由行政化的"单位"组织起来的，无论是企业、学校、医院、科研机构或当时的农村组织等都归属于行政的系统，它们不仅是生产单位，同时又是生活单位，职工的生老病死、衣食住行、文化娱乐乃至于子女入托上学、家庭邻里纠纷等，都由单位统一安排、管理。各种"单位"组织也许规模大小不同、等级有别，但小而全的基本结构相同。同时，在计划经济条件下，人的流动性受到极大的限制，"企业办社会""机关办社会"成为普遍现象。当时自上而下建立起来的部门或单位被规范为不同的行政系列而把人集合起来,同时用城乡户籍制度限制了占全国人口70%左右的农民,除了极少数人通过升学、招工、当兵或提干等方式可能转为吃商品粮的城镇居民外,其余的均只能耕作在世代延续的土地上。城镇中的大、小集体企业和国营单位之间也壁垒森严,人员之间的流动受身份、指标等因素的限制,并需经层层审批,跨地区的流动更是困难重重,这在客观上造成了人们的一种相对稳定的心态,每个公民自觉或不自觉地意识到,唯有自己的行政单位或部门才能实现自身真实利益,保障自身真实利益的实现。

人由"单位人"转为"社会人",是当今中国社会的重大变化。所谓"社会人",即人不再像过去那样附属于行政系统或单位,人的自身利益、自主地位得到确认,人以平等主体的身份与外界发生联系的人的一种存在状态。这种变化首先表现在"单位"意义的变化,进入市场经济后单位的自主性明显增强。各种单位,尤其企事业单位适应社会需要,在社会竞争中求生存、求发展。许多新发展起来的单位也不再具有行政性,它们本身是一些生产性和服务性机构,根据市场的需要生存和发展的,它们自主管理、自主行为,在这些单位工作的人是具有社会性特征的。同时我们看到,市场经济的一个重要变化是促进了政府行政职能的转化,它不再像过去充当社会生活一切领域的组织者和指挥者,而主要以社会公共权力持有者的身份,通过法规和政策来调整或干预社会生活。另外市场经济给人以经济自由及独立,平等追求自身利益的权利,灵活和多变成了市场经济中个体与单位关系的特点。人们在一个单位或部门,如工作不称心或特长难以发挥可以跳槽,社会也开辟了劳动力市场为他们创造条件;有的人还可以独立创办企业,开拓自己的事业。社会上不少人除了做好一门主业外,还从事第二职业,从而与其他部门或单位发生联系。人群的阶层性意义由此凸显出来。由于经济结构多元化,分配方式的调整,市场竞争因素的作用等,社会人群因职业、收入、受教育程度的不同而出现社会性分化。

2. 社区及其社会组织在现实生活中具有了重要意义是社会自主性的又一重要表现

在传统计划经济体制下,行政体系支配一切,政府行政命令包办一切,因此,基层行政部门成为人们社会生活的最基本单位。行政系统通过指令性的控制方式,按隶属关系层层具体化,组织同构对口,权力纵向运行,这样,社区及其一般的社会组织在社会生活中不具有实质意义。但随着中国社会自主性的发展情况发生了变化,社区及社会组织在社会生活中的作用凸显出来。当然,这个原因很多,比如:企业把原来兼任的社会职能还给社会的同时,政府也把历来兼任的社会职能还给了社会。此外,自改革开放以后,非国有经济组织大量出现,它们已不具备所有的社会职能,有的甚至根本不具备社会职能,它们只是社会劳动场所,企业员工的业余生活和社会劳动生活已有了明显的分界。由于社会资源分配渠道增多,单位以外的可替性社会资源增多,单位的吸引力已大大减弱,单位的聚合能力不断下降,这都为社区的发展提供了广阔的舞台。同时工业化进程加速并促使生产的专业化,生活的快节奏以及竞争压力的挑战等也对社区生活及社会组织在其中起一种整合、调整人们心态的作用提出了十分必要的任务。

一般说社区作为一定地域群体和区域社会,有四个基本的构成要素,即相对稳定的人文区位意义上的地域,一定规模的具有同质性的人口,有基本共同性的文化心理和生活方式,以横向分布和联系为主要特征的组织结构。社区作为一个"社会生活共同体"在过去的传统生活中,它的主要功能是满足直接发生于居民日常生活中的各种需要。对于这些大量发生在家门前的衣食住行以及情感性需求,任何庞大发达的行政系统都是难以包办处置的,但新型的社区管理在内容上更为丰富,把过去由政府管理的部分内容也归在社区,因此,在新型的社区结构网络中,出现了各类社区服务团体、社区福利委员会、业主管理委员会、居民委员会、老人和妇女自给组织、各类旨趣性组织以及社区内具有法人地位的企业、学校、中介团体等,这些组织形成横向分布和横向联系的网络结构,以专业化的分工满足社区成员的多样化要求。

与社区的发育相联系的是非行政性社会组织也得到充分发展。就企业组织而言,随着政企分开、政资分开的改革进程逐步深入,企业日益减少了对政府的行政性隶属和依附关系,并成为自主经营、自负盈亏、自我发展、自我约束的法人实体和市场竞争主体。企业作为经济组织,将确定以市场为取向的资产经营的单一功能和目标。企业将实行公司法人治理结构组织形式。与此同时,教育、科研、文化、医疗等事业单位的组织和运行方式也发生变化。它们逐步摆脱行政性的管理方式,拓宽了社会化管理的途径,增强了自主性和独立性。同时还有大量旨趣性、公益性、互益性的新型社会化组织,如各类行业协会、各类志愿者组织、各种俱乐部、各种中介机构等,它们以一种独特的方式把成为具有"社会人"功能的广大社会成员重新组织起来,广泛参与到社会生活的各个方面去。

3. 人们结合方式的契约化特征是社会自主性的又一重要表现

在改革开放前,行政的指令性计划在人的社会生活中具有特殊的意义,人们的一切活动都必须严格依政府指令或指导进行,无论企业或个体对国家具有无限依赖性。但随着中国改革开放和市场经济的发展,社会自主性的有力推进,情况发生了变化。市场经济运行机制造成了不论是主体与主体间还是主体与客体间,都只能以契约关系为基准的经济运行模式。契约关系遂成为人们社会生活的基本关系。这是由于社会自立性的发展确立了一切自然人和法人的主体地位,当事人之间都充分认识到自身的独立存在以及价值,他们都是不同的利益主体,都有自己特定的利益要求。人们之所以偏偏要进行市场交换,而不去自己生产自己需要的全部物质生活资料,只因为他们认识到自己本身并没有能力生产出自己所需要的所有物质生活资料,同时又没有权力命令他方无偿地提供这方面的帮助,因此,就有了对他方进行交换的客观需求。市场上利益主体进行的交换,双方都以主体的身份出现,契约方式体现了他们在地位上是平等的。平等不仅仅是契约缔结的前提,而且还可以看作契约实现的过程和结果,否则,契约的任何一方都会因不平等中止交换活动的正常进行。同时,利益主体在缔结契约时,其意志的表达是自由的。对于市场主体的双方来说,就是以这种方式彼此相互为对方提供服务以满足自身利益,对于社会而言则实现了资源的合理配置和流动。从中国来说,契约关系的发展很快。不论是个别的产购销活动,还是承揽工程、不动产租赁、企业联营、科技攻关协作、技术转让等广义交易活动,都映现出我国社会自主性的进程。据国家工商行政管理总局的统计,1983年全国合同经济总量大约4亿份,1985年约6亿份,1987年约10亿份,1991年达到20亿份,到2000年时其数量之多已无法统计,这就是一个明显的例证。

4. 法律在社会调控中具有决定性意义是社会自主性的又一重要表现

传统中国缺乏法律的基础,法律以皇权为中心、"重刑轻民"为表征。这个历史起点,对社会主义新中国的法律建设有极为深刻的影响,使得在改革开放之前社会法律制度建设出现多次挫折。究其原因,我们可以从政治、经济、文化等多方面分析,但笔者以为特别有必要指出的是法制发展在当时自身受到的限制,这种限制使人们不能马上意识到法在社会生活中的重要作用。这当然与当时特殊的计划经济体制有关。这种体制由于国家享有至高无上的权力和几乎无所不包的渗透力量,在社会生活中行政控制力量占据了主导地位,法只是作为行政的辅助力量而起作用,这使得封建的法律虚无主义的文化传统在社会主义条件下以新的特殊方式表现出来,造成了在社会主义建设中不少悲剧性的事件。但经过思想的解放运动和反思"文化大革命"的痛苦经历以及改革开放、确定现代化发展的历史主题等,促使了法的现代化转型。法被强调作为国家或社会最高的统治力量,以约束政府权力并对社会进行有效的治理。这时法律作为治理国家的方式与人治相对立,反映出社会自立性的进步。法律控制是国家运用法律来对社会成员的行为进行规范,法律是体现社会成员整体的根本利益和人民的共同意志,因而它具有广泛的社会基础。这时行政权力当然仍有重要意义,行政控制是政府运用自己的行政权力来对社会实施的调节,但政府的行政控制也有一个依法守法的问题。舆论控制是国家利用自己的舆论工具,通过舆论的压力来影响社会成员的行为,在我国最主要的舆论工具都掌握在国家手中,但也必须依法行使。法治以公民的权利自主为前提,反映了社会自主性发展。

社会自主性发展中我们要关注传统文化意识的作用。应该看到,如果没有一种思想,观念因素作为有形制度体系的基础,一个社会有形制度系统就不会发展起来。但恰恰在这个问题上,我们某些法学家、政治学家不重视,把那些文化因素看作外在因素而不予考虑,它的一个直接后果便是缺乏对社会发展形成全面的考察及透视。这一点上,马克斯·韦伯的思想对我们是有启发的。马克斯·韦伯在他的东西方诸大宗教的比较研究中突出地表现了这样的观点:宗教价值在经济发展中具有独立性与自发性,因此,理性精神与物质资料都是发展不可或缺的因素。在缺乏一种理性精神和动机力量的情况下,即使最有希望的制度性条件也不能被有效地运用于理性的经济目的。这就是文化特有的功能。因此,布坎南曾指出:"文化进化已经形成或产生了非本能行为的抽象规则,我们一直依靠这些抽象规则生活,但并不理解这些规则。""文化进化形成的规则……是指我们不能理解和不能(在结构上)明确加以构造的,始终作为对我们的行为能力的约束的各种规则。"①

当然要分析中国传统文化对社会自主性发展的影响,对中国传统文化要

---

① [美]布坎南:《自由、市场与国家——80年代的政治经济学》,生活·读书·新知三联书店上海分店1989年版,第115、116页。

有一个分析。从原来的意义上,传统文化产生于中华民族独特的生存空间,个体的小农经济构成它的生产力基础。古代中国是典型的农耕社会,土地是最基本的生产资料。以家庭为单位的小农在自己狭小的土地上投入劳动,再加上家庭手工业的补充,谋得自家的温饱。这种小农经济的生产方式构成了中国传统文化产生发展的生产力基础。同时,以血缘亲族关系为纽带的深层社会结构绵延几千年不断,深深地积淀在社会人际关系和价值系统的深处,并在此基础上形成了伦理型的政治文化以及影响个人思维和创造活动的道德和伦理信仰体系。这样国家政权的权威、宗法的权威,均以伦理道德为纽带在文化网络中取得义理并得以牢固确立。中国古代的思想文化观念进入现代,随着"西学东渐"的强大潮流以及马克思主义的广泛传播,的确使得它的文化形态发生了巨大变化,但我们应当看到,这种传统文化观念由于长期的沉淀,已转化为人们日常观念对社会自主性发展带来的某种影响和制约。这里我们突出分析三个方面,反映社会自主性发展中可能面临的某些文化问题。

第一,平均思想和求安定和平的社会意识。我们知道,市场经济的发展是社会自主性的客观基础,市场经济造成了经济结构的多元化、分配方式的多样性和市场竞争等,在这多种因素作用下,社会人群出现了因职业、收入、机会不同而发生的社会分化,人群的阶层性问题突显出来。但中国文化传统观念与社会自主性发展带来的这个变化是冲突的。孔子的"有家有国者,不患寡而患不安,不患贫而患不均",墨子的"兼相爱""交相利"都是这种小农意识和心态的体现。小农心态与自给自足的经济状态导致了开拓精神与竞争意识的缺乏,以及对于竞争所产生的"不均"或"不安"的恐惧。这种思想由于长期的沉淀已成为具有普遍性的民众社会心理。改革前曾出现的"一大二公"的所有制结构可以说是这种民众文化心态在体制上的表现,而"大锅饭""铁饭碗"则是这种心态在劳动分工与收入分配上的表现。改革开放以来,由于社会不同群体利益的分化,造成社会心态不稳,也在一定意义上反映了传统文化观念在其中的作用。

第二,一个熟人社会问题。社会自主性发展突出了社会生活规则化,利用法律来调整社会生活的各种关系,从而保证社会生活的有序和稳定。但由于中国传统文化是一种伦理型文化,以人治作为其思想内核之一,从观念上孝悌为本思想在后来发展演变为与重义观念结合,使人情高于理性形成一种思维定式,这种文化作用的直接结果是形成了一个熟人社会系统,使得社会自主性发展所要求的法治基础受到挑战。这种熟人世界的核心是亲属关系,或是一种拟亲关系,它的原则就是亲、情。情有亲疏,这亲疏就是判断是非的原则,在一个更广泛的社会背景中,熟人社会正是由各种社会关系网络织成的利益社会。拉关系、认老乡、请客、送礼等则把功能性的社会关系变为情感化的社会关系。熟人社会解决纠纷的方式往往是通过非诉讼的方式,即所谓私了。我们应当看到,中国社会自主性发展中这个文化惯性正强而有力地影响着社会的发展。因而国家作为一个唯一的普遍性的力量就很重要,当这种力量遭到削弱或扭曲变形,则导致社会的各种腐败以及加剧社会的离散性。

第三,家族价值异常突出。我们看到,随着社会自主性的发展,人们意识到自身的利益和要求,人从过去个性受压抑转向个性解放。但在传统文化的作用中,这种个体的自主性和独立性又与家族利益相联系,以家族利益的形式表现出来。中国传统文化强调家是国家的原型,国是放大了的家。人们依靠道德规范确立起自己在名分网络中的地位,人际关系和社会结构表现为等级制的"身份取向"与夫妇、兄弟、朋友之间的"关系取向"的结合。中国传统文化的家族传统转化为现今社会的"发家致富"思想,使家族企业迅速发展起来。这种家族企业带有明显的人治色彩、温情主义,它对社会自主性发展要求的法治文明带来挑战。

但我们更要看到社会自主性给法治建设带来的意义。市民社会的理念及社会自主性发展,使得当代中国法制观念必须转换。我们可以看到,中国社会自主性发展对国家力量及法律的需求有它的特点,我们从积极的方面说明社会自主性发展对法制文化观念的影响。不少学者曾指出这样的观点,即中国法的现代化在国家正式制度的层面上往往推进较快,由于建设强大的社会主义中国的使命感,党中央集中人民的智慧,通过人民代表大会创制社会主义法律。这种工作由少数"精英"所推动,而"精英"意识与"大众"意识之间则存在很大的差距。在普通老百姓,甚至许多干部中,现代法律意识的形成还相当地困难①,由此得出"精英"引导论。笔者认为这种观点所看到的问题虽有一定的道理,但却是似是而非的,因为真正的法制不是靠引导建立得起来的,它归根结底是社会的需要。不成熟的社会,它的法制也不可能是成熟的。"精英"引导论这种观点没有看到所谓老百姓或普通干部缺乏现代法律意识,反映的是

---

① 葛洪义主编:《法理学》,中国政法大学出版社 1999 年版,第 254—255 页。

这个社会的不成熟。它还没有独立的法制需求,而在这样的条件下,"精英"们创制的法律也是很难具有现代性的。法律的不成熟是与这个社会本身的发育不成熟不可分离的。但随着中国社会自主性的发展,就法律最为核心的观念层面更新就变得十分重要,由此相联系的法律建设的重心,也有一个从公法转变为私法的问题。为此,笔者注意有不少学者在这个方面所进行的思考,认为对由市民社会"理念"或社会自主性发展带来的法制观念上的转换,就其核心成分,是由过去只重公法转向公法私法两者的统一重视。有学者认为,西方国家的法制现代化,走了一条从私法到公法的道路,而中国正好走了一条由公法到私法的道路。笔者认为,这个说法是符合中国法制发展逻辑的,中国不像西方那样,具有一个连续不断的私法传统,在历史上曾经公法、刑法特别发达。而就其原因是由于市场经济不发达,社会这个实体的独立性一直没有得到很好的发育。中华人民共和国成立后,又长期实行计划经济,排挤商品生产,使公法优位主义观念盛行。但随着中国社会主义市场经济的发展,政治体制改革所带来的社会的逐步成熟,使中国的私法关系得到充分发展,并成为一个突出的问题。而法治的建设,也由此使其命题本身的表达越益完整[①]。

(二) 法治社会概念由和谐社会法治保障的概念转换而来

笔者认为,中国法治社会在执政党理念中,也有一个独特的历史演绎过程,即有一个从和谐社会概念转换的过程。

法治社会作为一个独立概念提出之前,大家熟悉的是和谐社会的概念。当然,和谐社会作为一个概念,涉及法治的问题,但突出的是由法治来对和谐社会起保障的作用。一般来说,当代中国的法治建设肇始于改革开放。重视法治建设,是当代中国改革开放表现的重要特点。有资料表明,1978年12月,邓小平同志在彭真同志提出的"有法可依、有法必依"的八字法治建设方针上,提出了"有法可依、有法必依、执法必严、违法必究"十六字方针,这十六字方针提出之后,为党的十一届三中全会所确认,其引领中国社会主义建设开始进入一个新的历史时期。随着当代中国改革开放的深入,社会主义市场经济的发

[①] 李瑜青:《论市民社会的理念与现代法制观念的转换》,载李瑜青主编:《上海大学法学论坛》,上海大学出版社2002年版,第13页。

展以及政治体制改革的推进,经党的十二大、十三大、十四大等直到十四届四中全会,党中央首次提出了"依法治国,建设社会主义法治国家"的治国纲领,并在党的十五大首次从党的报告中获得相应篇章的地位,纳入政治体制改革和民主法治建设篇章进行了全面系统的阐述。而1999年的宪法修正案明确将"中华人民共和国实行依法治国,建设社会主义法治国家",作为第五条第一款写入《中华人民共和国宪法》,"依法治国,建设社会主义法治国家"的政治纲领由此被上升为国家的宪法原则和全国人民的奋斗目标。

但法治的概念在当代中国的语境中有时却被做了另外的使用。其典型的表现是,依法治国在有的地方被创造性地细化为碎片化的政治口号[①],如依法治省、依法治市、依法治县、依法治区、依法治镇、依法治村、依法治居,如此等等,实际它已被曲解为与管人、控制相联系,使得中国改革开放在有的地方造成社会的关系紧张。这引起党中央的高度重视,提出社会建设、和谐社会建设等概念。法治概念最初作为对和谐社会、小康社会保驾护航的概念,以后又转化为一个独立的法治建设领域的概念。我们可以看到,2002年,党的十六大在提出全面建设小康社会的长远目标时,首次提出要使社会变得更加和谐。2004年,中国共产党十六届四中全会明确提出了建设社会主义和谐社会的目标。2006年,十六届六中全会通过了《中共中央关于构建社会主义和谐社会若干重大问题的决定》,第一次提出"社会和谐是中国特色社会主义的本质属性"。2007年,党的十七大报告将社会建设单辟一节,与经济、政治、文化建设并列,强调要加强以民生为重点的社会建设。2010年,党的十七届五中全会通过的"十二五"规划建议第八章"加强社会建设,建立健全基本公共服务体系",从促进就业、调整收入分配、建立社会保障体系、卫生事业改革、人口工作、加强和创新社会管理六个方面全面阐述了社会建设任务。2012年,党的十八大报告进一步将社会建设与经济建设、政治建设、文化建设、生态文明建设一起确立为"五位一体"总体格局。正是基于对社会建设的高度重视,党中央强调法治要为和谐社会建设、小康社会建设保驾护航。党的十六届六中全会文件就明确指出,到2020年构建社会主义和谐社会的目标和主要任务是:社会主义民主法制更加完善,依法治国基本方略得到全面落实,人民的权益得到切实尊重和保障。城乡、区域发展差距扩大的趋势逐步扭转,合理有序的收入分配

[①] 李林等:《构建和谐社会的法治基础》,社会科学文献出版社2013年版,第8页。

格局基本形成,家庭财产普遍增加,人民过上更加富足的生活。社会就业比较充分,覆盖城乡居民的保障体系基本建成。基本公共服务体系更加完备,政府管理和服务水平有较大提高。全民族的思想道德素质、科学文化素质和健康素质明显提高,良好道德风尚、和谐人际关系进一步形成。全社会创造活力显著增强,创新型国家基本形成。社会管理体制更加完善,社会秩序良好。资源利用效率显著提高,生态环境明显好转。实现全面建设惠及十几亿人口的更高水平的小康社会的目标,努力形成全体人民各尽其能、各得其所而又和谐相处的局面。

而把社会建设作为法治国家建设、法治政府建设相关联的独立的重要组成部分,主张存在三位一体的法治建设目标,主要反映在党的十八大以来的相关文件中。党的十八大报告将"依法治国基本方略全面落实,法治政府基本形成,司法公信力不断提高,人权得到切实尊重和保障"作为建成小康社会的目标之一,但明确提出"加快建设社会主义法治国家","加快推进社会主义民主政治制度化、规范化、程序化"的要求。2012年12月24日,在首都各界纪念现行宪法颁布实施30周年的会议上,习近平同志代表党中央提出了"坚持依法治国、依法执政、依法行政共同推进,坚持法治国家、法治政府、法治社会一体建设"的三个共同推进、三个一体建设要求①。2013年元月,习近平同志在全国政法工作会议上提出"全力推进平安中国、法治中国建设",进一步彰显了党中央在法治建设中对社会建设法治化的重视。党的十八届三中全会通过的《中共中央关于全面深化改革若干重大问题的决定》专列《推进法治中国建设》一篇,全面系统阐述法治中国建设的战略目标、主要任务,明确法治社会建设作为法治国家、法治政府建设的重要组成部分,使依法治国、建设社会主义法治国家的方略在一个新的层面得到升级。而党的十八届四中全会更明确法治社会建设的领域、特点和任务,指出:法律的权威源自人民的内心拥护和真诚信仰。人民权益要靠法律保障,法律权威要靠人民维护。必须弘扬社会主义法治精神,建设社会主义法治文化,增强全社会厉行法治的积极性和主动性,形成守法光荣、违法可耻的社会氛围,使全体人民都成为社会主义法治的忠实崇尚者、自觉遵守者、坚定捍卫者。我们必须推进多层次多领域依法进行社会治理。

---

① 李林:《法治中国建设的宏伟蓝图》,载《中国司法》2014年第1期。

二、法治社会概念文化意蕴的思考

有学者对法治社会文化意蕴做如此解释,认为突出体现在法治自身运行、系统社会发展和中国转型三个维度上①。这个思考,思域开阔,问题展得很开。但笔者在这里集中于法治社会建设实现的视角来分析法治社会文化的意蕴。

(一)法治社会建设的意蕴在于中国法治的发展、深化

法治社会建设的意蕴首先在于中国法治发展、深化的表现。笔者认为,法治其实有一个相当漫长的历史发展过程,在这个漫长发展过程中,西方有西方的发动方式,而中国有中国的发动方式。就中国的发动方式而言,法治在中国的推进,其社会的基础并没有很好地建立起来,当时的中国刚刚从计划经济向市场经济转型,法治所要求的经济结构或条件并不完整,但作为上层建筑的法治建设在党和政府的推动下已展开。有学者认为,从中国法治进程推进过程而言,最初是基于公权力的运用,笔者正是从这个意义上来论述的。

笔者在20世纪90年代初期曾对中国的改革开放及法制的现代化运动做过分析,认为这是中国共产党人和中国民众把中国的历史汇入世界史的过程②。虽然中国在进行法治实践时,社会法治条件并没有充分发育,但中国共产党人和中国民众表现了一种历史的自觉。其实任何国家都是世界的一部分,因而自然地都融于世界史之中,但并不是所有的国家的发展都和世界主流的发展相一致。中国进行经济体制的改革,明确把市场经济作为当代中国的经济体制,并根据经济、政治发展,又把建设法治国家作为纲领,这些都是与世界的发展潮流相一致的。任何事物有生命力的发展都要与其自身事物的发展规律相一致,而中国改革开放以来在经济体制上的市场经济改革和在政治体制上的法治国家建设等,都是其事物内部的客观规律所要求的,这个过程反映出中国共产党人和中国民众在理论上的自觉和理论上的自信。而经过40年左右的法治实践,我们所做的主要是使法治在整体上的框架搭建完成:社会主义法律体系的基本构建,法律共同体的基本建设,立法、执法、司法、法律监

---

① 江必新、王红霞:《法治社会建设论纲》,载《中国社会科学》2014年第1期。
② 李瑜青:《邓小平理论历史主题与当代中国社会科学研究特点——纪念邓小平同志诞辰110周年》,载中国辩证唯物主义研究会编:《马克思主义哲学论丛》(2014年第3辑,总第12辑),社会科学文献出版社2014年版。

督、守法体系的完备建设,法院、检察院等工作系统的完备建设等,法治在中国运作的显形系统在实践中已获得验证①。

但法治社会建设的深刻意蕴在于,法治社会建设相比较于法治国家的建设具有更为根本的性质,正如有学者②所引用的马克思的话语:社会是国家的母体和原生体,而法治社会的变迁直接决定了国家政治、经济、文化诸方面的变迁。因此,法治社会的建设具有根本性和基础性。法治国家必须以社会的法治状态作为其基础性的支撑,而从中国法治进程推进过程而言,现在最要着力的实际还是回到了法治所要求的原点。即当下法治建设的重心要由过去的主要是由公权力推动的完成法治国家基本框架为主的建设,而转向主要解决民生事业为主的建设。这种民生事业的发展,既是为法治建设做好地基工作,又开始了法治向更高阶段的推进。

(二)法治社会建设的意蕴还在于体现法治的中国智慧,以社会和谐为法治建设目标

"和谐"一词可能在日常的话语中,我们更多感受它是中国的政治话语的意义。就社会而言,社会是由各种相互联系、相互作用的诸要素所构成,包括如经济要素、政治要素、文化要素、环境要素、人口要素等,以及不同的社会规范如道德规范、法律规范、宗教规范等,在这个复杂的体系中,其中任何一个社会要素发生变化都或多或少会对社会整体中的其他要素带来影响和变化。而就社会治理而言,其手段也很丰富,如道德手段、宗教手段、政治手段、经济手段、法律手段等,而法治社会的提出实际就是强调以法治作为主导在分配社会利益、规范社会行为、解决社会矛盾、构建社会秩序、实现社会公平等问题中要起基础性的作用。正是在这个意义上,我们看到党中央的相关文件把和谐社会建设与法治的社会治理相结合,把法治作为社会和谐建设的基础来进行论述。

和谐社会与小康社会是相通的。同样,用法治社会建设来保证小康社会建设的实现。为此,党的十八大报告指出,2020年全面建成小康社会,必须以更大的政治勇气和智慧,不失时机深化重要领域改革,坚决破除一切妨碍科学

---

① 李瑜青:《中国法制传统中隐型系统价值再思考——以法制文化为视角》,载《学术界》2012年第8期。

② 江必新、王红霞:《法治社会建设论纲》,载《中国社会科学》2014年第1期。

发展的思想观念和法治机制弊端,构建系统完备、科学规范、运行有效的制度体系,使各方面制度更加成熟、更加定型。要加快完善社会主义市场经济体制,完善公有制为主体、多种所有制经济共同发展的基本经济制度,完善按劳分配为主体、多种分配方式并存的分配制度,更大程度更广范围发挥市场在资源配置中的基础性作用,完善宏观调控体系,完善开放型经济体系,推动经济更有效率、更加公平、更可持续发展。加快社会主义民主政治制度化、规范化、程序化,从各层次、各领域扩大公民有序政治参与,实现国家各项工作法治化。加快完善文化管理体制和文化生产经营机制,基本建立现代文化市场体系,健全国有文化资产管理体制,形成有利于创新、创造的文化发展环境。加快形成科学有效的社会管理体制,完善社会保障体制,健全基层公共服务和社会管理网络,建立确保社会既充满活力又和谐有序的体制机制。加快建立生态文明制度,健全国土空间开发、资源节约、生态环境保护的体制机制,推动形成人与自然和谐发展现代化建设新格局。

但如从学术话语来分析上述的问题,其实这里体现着深刻的中国智慧。其实,依法治国是一个中性词,类似的提法在历史上已有人提过,如中国古代的管仲就主张"以法治国"。德国纳粹当道时,也主张"国家依照法律统治"。因此,要分析具体的情况。依法治国应当是良法治国,这是法治文明在西方法治实践对人类的重要贡献。历史上古希腊思想大师亚里士多德就提出过法治和良法结合的观点,他说,法治应当包含两重意义:已成立的法律获得普遍的服从,而大家服从的法律又应该本身是制定得良好的法律……就服从良法而言,还得分别为两类:或乐于服从最好而又可能定立的法律,或宁愿服从绝对良好的法律[①]。后来的学者对良法有了更明确的解释或分析,如提出良法就是人民利益所需而又清晰明确的法律[②],这样的法治理念对法治的发展起了很积极的推动作用。

但随着中国法治建设的推进,中国的智慧对当代法治发展的影响开始积极发酵,其中人们可以关注传统儒学以天人合一、和谐至上为基础的正义思想对法治文明的积极意义[③]。毫无疑问,在前述的法治所要求的依法治国的基本

---

① [古希腊]亚里士多德:《政治学》,吴寿彭译,商务印书馆1965年版,第199页。
② [英]霍布斯:《利维坦》,黎思复、黎廷弼译,商务印书馆1998年版,第271页。
③ 李瑜青:《正义理念在中国传统儒学法文化的表达及其价值》,载李瑜青主编:《法律社会学评论》(第2辑),上海大学出版社2015年版,第1—16页。

方略,是以维护社会秩序、保障社会长治久安为其基本价值追求的。但秩序其实只以正义、人权为基础才能得以维护,离开社会正义的长治久安实际上是不坚固的。强权不是真理,任何违背人民利益的秩序总是不长久的①。依法治国与良法的结合,其中还应内涵治理的基本价值取向,即要追求一个社会的和谐,要建构起和谐之法。而传统儒学以天人合一、和谐至上为基础的正义思想,正是在这个意义上提升了法治的思想境界,即法治以社会和谐为最高目标。当然,传统儒学的思想在古代的形成有其时代的局限性,但抽象其中作为思想方法的内容,可以看到所包含的"和"的观念极为丰富。孔子说"和无寡"(《论语·季氏》),一个国家的强弱,决定性的因素不是人口的多少,而是君臣、军民关系的协和。有学者指出,"和"既有天道观的意义,也有人道观的内涵②。从人道的意义上,"和"表现为人们交往的伦理原则或价值观念;从消极的方面看,"和"要求通过主体之间的相互理解、沟通,以化解紧张、抑制冲突;从积极的方面看,"和"则意味着主体之间同心同德,协力合作③。在以上关系上,特别值得注意的是"和"在已有的制度层面运作的意义。"礼之用,和为贵"是传统儒学的名言,这里礼本来涉及的是制度层面如仪式、政令、相处方式等的运作,但儒学却将这种制度的运作与"和"这样的伦理原则相联系,强调礼的作用过程,贵在遵循、体现"和"的原则,换句话说这里指出在体制、组织背后人与人之间关系的意义,以"和"的原则达到彼此的相互理解与沟通,从而消除冲突、同心协力④。

这样思考问题,对法治社会建设就提出了太多值得我们讨论的问题。如从"和"的境界来看法治建设,如何处理发展与稳定的关系,依法办事与促进良好的社会人际关系的形成的关系,书面的法与行动的法的关系、诉讼与非讼的关系等。从现实社会发展来说,比如我们改革开放 40 年左右的发展中,法治的建设虽取得不少成就,但一个不争的事实是社会不平衡的加剧,不和谐的现象越发严重:城乡差距拉大,国家与社会二元分离严重。法治的建设不能游离于社会现实所存在的矛盾之外,法治的运作最为重要的是要促进社会的和

---

① 李龙主编:《良法论》,武汉大学出版社 2005 年版,第 6 页。
② 杨国荣:《儒家"和"的观念及其内在意蕴》,载朱贻庭主编:《儒家文化与和谐社会》,上海人民出版社 2005 年版,第 82 页。
③ 参见杨国荣:《儒家"和"的观念及其内在意蕴》,载朱贻庭主编:《儒家文化与和谐社会》,上海人民出版社 2005 年版,第 82 页。
④ 参见杨国荣:《儒家"和"的观念及其内在意蕴》,载朱贻庭主编:《儒家文化与和谐社会》,上海人民出版社 2005 年版,第 82 页。

谐发展。中国传统儒学"和"的思想,使我们必须站在一个新的历史的高度来思考法治所要求的境界。

(三)解决过去法治实践难题,构建中国法治所要求的意识形态

当我们重视法治社会建设时,法治社会所涉及的政治、经济、文化等社会要素与法治的结合度问题自然突显出来,逼迫我们去思考和批判在过去法治实践中所存在的问题。应当说,中国自改革开放以来,积极进行了国家和社会依法治理的实践,并取得了不少成就。但实践中存在问题不少。就法治实践自身问题而言,有学者概括为两个方面[①],即认为主要是不当的立法带来的对法治的侵害,依法对公权力控制上缺乏力度。但笔者认为至少还有第三个方面要特别予以重视,我们在这里作些分析。

就法治实践自身存在的问题,其一,是依法对公权力控制上缺乏力度。公权力被滥用的情形严重,使党和政府的形象受到很大的损害,这种损害又由于互联网技术的发展被不断地夸大,在直接消解法治的权威性和人民对法治的信赖性[②]。其二,不当的立法带来的对法治的侵害。在法律体系中,涉及大量规制行政权的法律,但在法律实践中存在有的行政部门为了保护其一己的特权,以立法的方式把自身的特权以新的形式保护起来,出现了所谓的立法为私的这种特殊严重违反法治精神的现象。当然也存在立法过度问题,所立的法律与现实的生活存在严重的脱节。通过法治社会建设,我们必须对过去法治实践中存在的这些问题进行重新审视,使法治建设与现实中国社会发展相一致。法治社会的建设要能支撑起法治在整个社会中的良性运行。其三,法治隐形系统建设重视不够。其实社会很丰富,社会中存在错综复杂的人情网络,如亲情关系、友情关系、同乡关系、同学关系、同事关系、师生关系等,这些关系在中国传统社会以亲情的血缘关系为基础而展开,渗透于国家或社会治理的各个领域,虽然中国传统有影响的学说或理论很重视对这些关系进行研究,提出了一些有见解的观点,比如要做君子不要做小人这样的强调个体的主体自觉性的观点,但在农耕社会以血缘关系作为基础的条件下,已形成的人情之上的思维方式和习惯,却使得人治成为这个社会的主要方式,正因如此,法治社

[①] 江必新、王红霞:《法治社会建设论纲》,载《中国社会科学》2014年第1期。
[②] 江必新、王红霞:《法治社会建设论纲》,载《中国社会科学》2014年第1期。

会建设实际上要改变过去人们的思维习惯和思维方式。而这一系统是作为法治的隐形系统而存在的。法治的隐形系统以其思想传统的观念作为基础，它的改变不像显形系统那样会比较迅速，而且其改变还有自身特殊的规律性。这些都是我们所需要研究的。如果法治隐形系统不能积极构建起来，那么所谓的法治建设只能是表面上漂着的浮影①。

但笔者认为，我们更要关注法治建设所要求的意识形态问题。法治既涉及制度，又涉及思想、理念，而任何的制度都是依照一定的思想、观念构造的。因此，马克思曾指出，如果从观念上来考察，那么一定意识形态的解体，足以使整个时代毁灭。中国的法治建设正是在全球化的进程中进行的，我们一定要真正识别全球化进程中的话语交融、话语冲突、话语交锋内涵的实质②。在这一进程中，中国作为世界上最大的发展中国家，必须要以开放自信的胸怀向西方发达国家学习，学习其先进的经验、理论、科技、文化及其在市场经济、民主政治等建设中的先进知识，当然我们还必须认识到这个在全球化进程中的"学习"，同时又包含着在"话语冲突"或"话语交锋"中进行的意思。就是说，在"统一性"中存在的"对立性"，这种对立性突出地存在于意识形态之中。如有学者概括的，中国特色社会主义与新自由主义的冲突，集体主义价值形态与个人主义价值观的冲突，等等。这种冲突或交锋有时会表现得很激烈，某些西方发达国家还有意识、有组织地在对中国"打一场没有硝烟的战争"（邓小平语）。用美国总统尼克松在其著作《1999：不战而胜》中的话来说，即所谓的文化渗透、文化征服。其逻辑是，当中国人崇拜西方标准，又习惯于用西方标准裁判中国的一切，对中国历史、中国文化、中国传统采取历史虚无主义的态度予以否定时，一个可怕的后果也就可能产生，而这个可怕的后果在其他社会主义国家已经发生了，即当中国的改革没有达到预期的结果，或由于在社会发展中某种矛盾没有及时化解，有人就可能借助创造所谓的自由民主来冲击我们的政党、国家和社会，冲击中国理论、中国制度。法治社会建设必须从全方位来思考中国法治发展的目标，与中国政治、经济、文化、社会诸要素有机结合，推进社会主义事业的发展。

---

① 李瑜青：《中国法制传统中隐型系统价值再思考——以法制文化为视角》，载《学术界》2012年第8期。
② 韩庆祥：《全球化背景下"中国话语体系"建设与"中国话语权"》，载《中共中央党校学报》2014年第5期。

三、法治社会建设面临的问题与治理机理

明确了法治社会概念及其社会意蕴,我们有必要进一步讨论法治社会建设所涉及的问题。法治社会建设在当代中国是与社会转型相结合的,当代中国的社会转型是一场社会变革,它通过市场化、工业化、城镇化、多元化、流动化、国际化以及改变计划经济体制下社会结构的单一性、行政性、集中性、封闭性等特征,使得中国社会诸如家庭结构、城乡结构、职业结构、组织结构、所有制结构、阶层结构和社会价值结构等都发生了巨大变化。这种结构性的社会变革,既给我国社会带来了巨大活力,同时,也蕴含着诸多新的矛盾冲突。法治社会建设就是在这样的条件下展开的,自然面临很大的挑战。我们的研究有必要在这里主要讨论如下的问题:如何理解当代中国的社会转型及法治社会建设面临的问题?什么是传统社会治理的特点?如何评价这种社会治理模式的转型?什么是法治社会治理的运行机理?如何说明党的领导在法治社会治理中的作用?

(一) 转型中国与法治社会建设面临的问题

研究当代中国法治社会建设面临的问题,首先要对当代中国社会转型形成一种明确的观点,为思考法治社会建设存在的问题提供一个基础。

1. 学界就社会转型及当代中国社会转型的讨论

有学者对"社会转型"一词做了考察,认为源自西方社会学的现代化理论,"社会转型"是对"social transformation"一词的翻译,转用了生物学的"transformation"概念。"转型"在生物学中指生物物种间的变异。"西方社会学家借用这个概念来描述社会结构具有进化意义的转换和性变,说明传统社会向现代社会的转换。"① 而中国的社会转型应表述为"中国社会从传统社会向现代社会、从农业社会向工业社会和信息社会、从封闭性社会向开放性社会的社会变迁和发展"②。

但由传统社会向现代社会转型,具体如何分析,学界有不同观点。有学者认为社会转型是指社会"从农业的、乡村的、封闭的半封闭的传统型社会,向工

---

① 郭德宏:《中国现代社会转型研究评述》,载《安徽史学》2003年第1期。
② 郑杭生:《改革开放三十年:社会发展理论和社会转型理论》,载《中国社会科学》2009年第2期。

业的、城镇的、开放的现代型社会的转型",而"中国的社会转型,是中国的社会生活和组织模式从传统走向现代、迈向更加现代和更新现代的过程"①;有的学者认为,是"由传统的社会发展模式向现代的社会发展模式转变的历史图景"②,称之为社会转型,是近代以来发生在世界上的系列创造性变革的总称;有学者认为,社会转型是"生产力与生产关系的矛盾运动的表现,通常指由传统农业社会向现代工业社会的历史变迁过程,这种历史变迁就是现代生产力与生产关系的整体建构"③。

在社会转型的含义上,还存在认为这种社会转型具有进化意义的观点。但如何分析这种进化的意义,学者也有很多讨论。比较有代表性的是有学者认为,这种转型进化的意义具体可以做如下阐述:一是"这种转型既是社会有机体(结构)各个子系统相关互动的、整体性的发展过程,也是一个复杂的、长期的、呈现阶段性的变革过程"④,主要是指社会文明形态由低层次向高层次的转变;二是"在哲学的意义上,社会转型具有社会进化的意义,可以理解为是人类社会从一种存在类型(形态)向另一种更高的存在类型(形态)的转变,它意味着社会系统内在结构的整体性变迁,意味着社会的生产方式、生活方式、交往方式、价值观念等全面而又深刻的变革"⑤。

在关于中国社会转型的含义的观点中,有部分学者从马克思的三大社会形态理论来加以阐述。有学者认为由自然经济社会向商品经济社会的转型在中国至少可以从19世纪下半叶追溯起,但不适合于当代中国的社会转型这个命题,而采用"由计划经济体制向市场经济体制的转换"也无法在内涵上满足对当代中国社会转型的概括,因而应将当代中国的社会转型精确表述为"由传统的社会主义向有中国特色的社会主义的转型"⑥;有学者认为社会形态理论为社会转型提供了动力学分析,就此看"当代中国社会转型是一个包括生产力、生产关系、经济基础和上层建筑的社会系统结构的整体性变迁"⑦。

---

① 郑杭生:《改革开放三十年:社会发展理论和社会转型理论》,载《中国社会科学》2009年第2期。
② 李钢:《论社会转型的本质与意义》,载《求实》2001年第1期。
③ 商红日:《马克思主义政治学的当代中国主题——社会转型及和谐社会的基本问题》,载《探索》2004年第6期。
④ 李云峰:《20世纪中国社会转型的制约因素》,载《史学月刊》2003年第11期。
⑤ 林默彪:《论当代中国社会转型的分析框架》,载《马克思主义与现实》2005年第5期。
⑥ 王清明:《论"当代中国社会转型"的历史定位》,载《当代世界社会主义问题》2002年第1期。
⑦ 林默彪:《论当代中国社会转型的分析框架》,载《马克思主义与现实》2005年第5期。

学界还讨论了社会转型的特征。有学者认为,社会转型的特征可以总体概括为整体性、复杂性和长期性;社会转型具有整体性的特点,涉及人们社会生活和精神观念的各方面,是前后相续的历史阶段的过渡、转折和跃迁,蕴含着新旧矛盾的冲突与相应的不确定性。有的学者着重探讨了中国社会转型的特殊性,认为当代中国的社会转型与传统的农业社会向现代工业社会转型有共性,但也与过去有不同,因为当代中国的社会转型处于和平与发展的时代背景;置身于建立在计算机和网络技术基础上的全球化发展阶段,机遇与挑战并存;转向以实现人与自然的和谐共生、走可持续发展的道路作为社会转型的发展观;制度基础是社会主义,与历史上以资本主义为基础的农业社会向工业社会的转型不同,其目标和价值取向也有根本的不同。有学者认为当今中国社会转型有自身的特殊性,主要包括处于"世界历史"的背景;国家和政府是推动变革的有组织的社会支配力量;是社会主义的计划经济向市场经济的过渡和转变,与以农业为主的自然经济向市场经济的过渡有根本的区别。另有学者从转型的取向分析社会转型的特征,认为"当代中国社会的转型在取向上具有二元特征:一是在社会制度上要跨越资本主义社会制度;二是在发展生产力的手段上又要充分利用资本主义创下的优秀遗产"[①]。

中国社会转型研究还涉及对目的、目标与任务的探讨。有学者指出促进人的全面发展和社会的全面进步是社会转型的目的;有学者提出从现实国情和现代化发展的需要出发,中国社会转型的核心目标应是效能化与民主化,人口多、经济水平不好、权益冲突增多造成的效率压力是巨大且持久的,而"民主化主要指涉公共生活由传统向现代的转变,政府权力的理性化和职能配置的科学化,以及这种变迁对整个社会发展的总体影响"[②];有学者认为"从根本上说,以信息技术为支持的现代生产力和以市场为媒介的现代生产关系在中国的总体建构,这是中国社会转型的最终任务,也是中国特色社会主义发展的必由之路"[③]。

有学者对中国社会转型的时间界定也做了研究。有学者认为中国社会转型始于19世纪40年代,20世纪90年代开始确立市场经济为标志,中国社会

[①] 刘春香:《跨越与过渡:当代中国社会转型的二元特征》,载《学术交流》2003年第12期。
[②] 黄建洪:《当代中国社会转型的目标与挑战》,载《江西社会科学》2009年第7期。
[③] 商红日:《马克思主义政治学的当代中国主题——社会转型及和谐社会的基本问题》,载《探索》2004年第6期。

转型的核心就是市场问题,从而进入最富有实质意义的社会转型期。有学者认为20世纪的中国经历暴力式的和和平的、变革式的两次社会转型,分别是以1911年的辛亥革命以及相继成立的中华民国为标志的第一次社会转型,以及以1978年的改革开放为标志的由初步现代性的社会向建设较为发达的现代社会的第二次社会转型。但也有学者认为中国的社会转型由1840年至1949年是第一个阶段,1949年至1978年是第二个阶段,当前中国社会的转型应以1978年党的十一届三中全会的召开为开端;或是表述为总体而言从1840年鸦片战争开始,大致经历了1840年至1949年、1949年至1978年和1978年至今三个阶段,分别称为社会转型的启动和慢速发展阶段、中速发展阶段、快速和加速发展阶段。

研究社会转型要重视分析框架。中国社会转型的分析框架,有学者认为一个是马克思主义社会历史哲学的社会形态理论分析框架;一个是社会学现代化理论的"传统—现代"转换的结构分析和比较分析框架[①]。而马克思主义社会历史哲学的社会形态理论分析框架强调,人类社会有一个从人对人的依赖转向人对物的依赖并最终转向个人全面发展的过程。而从经济形态来说则依次对应以自然经济为基础的社会,以商品经济为基础的社会和以产品经济为基础的社会。在这一视野下审视,主要的观点认为中国社会转型正经历由第一阶段的社会形态向第二阶段的社会形态的更替。而现代化理论的分析框架下的观点主要认为社会转型是指传统社会向现代社会的转换和变迁,以"现代化"为核心内容,"包含着社会各方面,即政治、经济、文化、思想、社会结构等方面整体、全面的发展与变迁"[②]。对这两种观点,有学者进行评价,认为社会转型是社会的结构性变化,进而指出马克思的社会形态理论研究的是社会发展的一般规律,它属于历史唯物主义,即马克思主义的社会哲学;中国社会结构的转型研究则属于具体科学的研究层次。因此,社会形态理论是社会结构的转型研究的必要前提和指导原则[③]。

2. 对当代中国社会转型特征的思考

笔者认为,上述学者对当代中国社会转型的研究很深刻,研究中关注了社会转型所包含的主题内容等。但当代中国社会的转型我们也有必要关注在转

---

① 林默彪:《论当代中国社会转型的分析框架》,载《马克思主义与现实》2005年第5期。
② 张宪文:《论20世纪中国的社会转型》,载《史学月刊》2003年第11期。
③ 陆学艺、景天魁主编:《转型中的中国社会》,黑龙江人民出版社1994年版,第18—19页。

型推动中的主体问题,没有主体的行动就不可能有当代中国所谓的社会转型。而从这个角度,当代中国社会转型,笔者认为反映的是中华民族在中国共产党领导下自觉主动地把自身汇入世界文明主潮流——现代化的一个历史过程,并以此推动中国社会主义事业的发展。当然,对这个观点有必要进行具体分析①。

  应该说,现代化的这个历史进程是具有普遍性的,但在相当长时期我们在这个问题的认识上并不自觉。马克思曾经深刻地指出:自资产阶级开拓了"世界市场"的时期起,人类历史便开始从"史前历史"过渡到真正的人的历史,从"民族历史"过渡到"世界历史"。综观这一历史发展,我们发现,现代化从少数地区和国家向世界几乎所有地区和国家推进,是一种不可抗拒的历史潮流。生活在同一时代的世界各个民族和国家,无论其历史和社会背景如何,无论其自身处于怎样的历史发展阶段和社会制度中,都不能始终游离于现代化的世界进程之外,最终都要走向现代化的道路。这里就存在一个必然性的根据问题。笔者认为,这必然性根据不在其他而是商品经济或市场经济的发展,是商品经济或市场经济的发展,给人类的生活带来了这个具有本质性的变化。我们知道,从整个世界历史来看,各个民族和国家先后都经历由自然经济向商品经济的过渡,这不是偶然的,它与社会生产力的发展有着内在的联系。自然经济的特点,它是一种以生产使用价值为目的的生产方式,在自然经济下,生产的目的不是为了交换,而是为了满足生产者个人或某些社会集团的生活需要。自然经济实际上是生产力水平低下和社会分工不发达的产物。正因为如此,在当时的条件下,人们必须直接依赖于他们所属的共同体。也就是说,他们只有作为某个共同体的成员,才能占有土地和从事生产活动。人的独立性、民主意识、开放的生活方式、对科学或理性的尊重等作为现代化表征的这些因素,在当时就缺乏现实存在的条件。前资本主义形态在历史的发展上虽经历了若干阶段,且无论哪一个阶段都表现出了这一明显的自然经济的特征,但历史发展到资本主义阶段,情况就发生了深刻的变化。尽管商品生产和商品交换在前资本主义形态就已经出现,但只是到了资本主义形态它才成为产品的一般形式,不仅生产者的剩余产品是商品,他的生活必需品也成为商品,各种不同

---

① 这个观点,笔者在 20 世纪 90 年代初形成,并发表于《上海大学学报(社会科学版)》《深圳大学学报(人文社会科学版)》等刊物。

的生产条件也都是商品,一切生产活动表现为商品生产和商品交换。之所以形成这样的格局,其根据也在社会生产力发展到了机器大工业化和社会化大生产的条件,商品经济这种方式是适合生产力的客观要求的,因此极大地推动了生产力的发展。对此,马克思曾这样指出:这种生产方式的基础,不是为了再生产一定的状态或者是扩大这种状态而发展生产力,相反,在这里生产力是自由的、毫无阻碍的。不断的进步和全面的发展本身就是社会的前提,因而是社会再生产的前提,在这里唯一的前提是不断超越出发点。马克思的论断指出了商品经济的一般特性,即商品经济不是为了自给自足,生产者的生产并不是为了使用价值,而是为了生产交换价值,进而获得剩余价值。这就必然会产生一种无止境的追求发财致富的欲望,这种欲望推动着人们力图无限地提高劳动生产率并使之成为现实。同时,在商品经济中,由于价值规律的作用而产生的竞争关系,作为一种外在的强制力量也迫使每个社会主体不断提高生产力。在这个过程中,当然要借助于科学技术,不断改变生产条件。但它随之而来的是人们具有全新意义上的生活方式,人的独立性、知识性、民主精神、城市生活、平等主体等,这些表征现代化的成分有了现实存在的条件。

但中国的历史证明,只有社会主义可以救中国,这就有必要特别说明中国社会主义发展与现代化的关系。我们应当看到,在现代化的世界进程中,存在着许多错综复杂的矛盾和冲突,因此各个国家实现的方式都具有自身的特殊性。而中国社会主义的理论和实践,应当被看作是以现代化为主旋律的"世界历史"进程中种种矛盾冲突的一种表现形式。因为先发展起来的资本主义国家对中国的资本输入,并不是为使中国富强发达,而是要让它沦为殖民地,从而为这些资本主义国家获取廉价的原材料和劳动力提供条件。中国民族工业的落后,使得中国的民族资产阶级力量先天薄弱,无法完成本该由他们领导完成的民主革命的历史任务,由无产阶级领导以广大农民为同盟军的与社会主义事业联系在一起的新民主主义革命,就这样成为历史的一个必然选择。因此,可以说,中华民族正是为了争取本民族的现代化前途,而选择了社会主义的发展道路,对于他们来说,社会主义是实现现代化的途径。我们可以由此理解毛泽东提出的新民主主义理论和社会主义革命与建设理论。但是,中国现代化建设事业在中华人民共和国成立以后却并没有全面而顺利地得到发展,其中一个重要的原因在于,当时毛泽东及党的其他主要领导者在对社会主义制度与理论的理解上,受到了苏联斯大林高度集权的社会主义计划经济模式及理论的深刻影响,在摆脱苏联模式,探索自己发展道路过程中,又忽视了中国特殊国情,在片面追求高速度的同时,把渗进自然经济色彩的平均主义当作社会主义成分来贯彻,工农商学兵一体化的人民公社和一行为主兼搞别业的"五七"道路作为社会主义应有模式,忽视了现代化生活中社会分工、社会化大生产的客观存在以及在物质资料还极不丰富条件下利益原则在调动人们积极性和创造性上的巨大作用,并把社会主义时期在一定程度上存在的阶级斗争扩大化,使社会主义现代化的实践受到了严重挫折。是党的十一届三中全会以及在邓小平理论指引下,经过全国各族人民的共同努力,才改变了中国社会现代化发展一度下滑的历史惯性,使社会主义现代化的事业又重新进入正常的发展轨道。当代中国社会转型实质在于,我们以社会主义的方式在完成其他国家以资本主义方式所完成的发展商品经济的历史任务,也正是在这个意义上,当代中国的社会主义是社会主义的初级阶段,它具有初级阶段所特有的矛盾[①]。

3. 学界就法治社会建设面临问题的讨论

当代中国社会的转型,使得中国社会正在向法治社会目标进行建设。而法治社会建设主要涉及的内容及其在实践中存在的问题就有必要做深入分析。

(1) 法治社会治理的主要内容。法治社会治理就内容上,不同于法治国家、法治政府的治理,它主要涉及与民生、社会治理相关法律法规的实现问题。以下就突出的方面做些分析。

第一,社会事业发展及其法治化问题。社会事业发展的实质是国家运用再分配手段来保证社会资源的公平分配,以保证人的基本生存权、教育权、就业权、健康权等的实现。所谓社会事业的发展,通常包括如教育、医疗卫生、社会保障等事业的发展,而市场经济条件下我们要把这种对社会事业的推进纳入法治化的系统,克服过去存在的由个别领导拍脑袋或随意的主观定计划等简单的行政化的方式来进行处置。在这个领域,我们已制定有一定的法律法规,但其实现方式和存在问题如何,这是所要关注的[②]。

---

① 李瑜青:《邓小平理论历史主题与当代中国社会科学研究特点》,载《马克思主义哲学论丛(第3辑)》,社会科学文献出版社2014年版,第376—388页。
② 参见王绍光:《大转型——1980年代以来中国的双向运动》,载《中国社会科学》2008年第1期。

第二,社会组织建设及其法治化问题。社会组织是人们基于某种共同利益或需要整合而成的。社会组织的发展,反映市场经济充分发育以及社会民主政治生活的开放程度。党的十七大报告中第一次使用"社会组织"一词,提出在基层民主政治建设中要"发挥社会组织在扩大群众参与、反映群众诉求方面的积极作用、增强社会组织自治的功能"。这反映党中央对社会组织建设在社会事业等方面发挥的价值和功能已形成了自觉意识。但由于当代中国社会存在不同的阶级、阶层,其存在不同的利益诉求,社会组织的建设也呈现较为复杂的局面,因此积极地将社会组织建设纳入法治化系统使其得到有序、健康的发展是法治社会建设的重要任务。我们也要研究在社会组织建设上,法律法规真实的实现状况。

第三,社区建设及其法治化问题。所谓社区是由若干社会群体在某一个领域里所形成的一个生活上相互关联的大集体。社区是社会发育的一个重要现象。它可以是一个村庄,或一条街道,或一个小区等。人们在其间生活,逐渐形成共同的经济、文化等利益诉求。随着社会自身的发展,社区的自治性,人们之间的经济文化等利益要求和整个社会之间的关系,以及社区内部人们之间的关系,都需要加强法治化的建设,从而实现社会的和谐、稳定等法治社会建设的目标。我们也要研究在社区建设上,法律法规的实现状况。

第四,社会治理及其法治化问题。在相当长的时期,人们习惯的用语叫社会管理,而现在更多的是用社会治理。这两者概念上的差别反映的是理念上的重大变化,就管理的特点而言,它强调的是自上而下的单向度的权力运作行为,而治理不仅有权力运作行为,同时又有社会自身的自我治理等运作行为的存在,它表现为对社会组织的自治权、居民自治权等行为的认可。也就是说,在社会建设中不再只是存在单向度的指挥、命令、控制等行为,而更多的是协商、协调等合作互动民主自治的行为①。为此,全球治理委员会在1995年发表的一份题为《我们的全球伙伴关系》的研究报告中对治理做了界定:"治理是多种公共的或私人的个人和机构管理其共同事物的诸多方式的总和。它是使相互冲突或不同的利益得以调和并且采取联合行动的持续的过程。这既包括有权迫使人们服从的正式制度安排和规则,也包括各种人们同意或以为符合其

---

① 参见江必新、李沫:《论社会治理创新》,载《新疆师范大学学报(哲学社会科学版)》2014年第2期。

利益的非正式的制度安排。治理不是一整套规则,也不是一种活动,而是一个过程;治理过程的基础不是控制,而是协调;治理既涉及公共部门,也包括私人部门;治理不是一种正式的制度,而是持续的互动。"①而社会治理既涉及对公权力运作的规范化,也涉及对私权利行为的规范化,使得社会治理处于一种健康有序的状态,这就必须以法治化的模式来进行建设。

第五,利益调节机制及其法治化建设问题。所谓利益调节机制,即通过制度的或机制的安排,畅通人们之间利益诉求的表达,协调、平衡相互之间的利益关系,消解不同利益主体的矛盾,形成一定的有序和谐的社会秩序。而当代中国社会在转型发展的过程中在社会领域遭遇了种种矛盾,不同群体人们相互的利益有的时候处于冲突的状况,比如城镇化建设中征地拆迁出现的不同利益群众与群众的矛盾冲突、群众与政府的矛盾冲突等;企业内部不同利益群体的矛盾冲突;环境污染引起的不同利益群体的矛盾冲突;贫富存在过于悬殊差别引发的矛盾冲突;医疗纠纷引发的矛盾冲突,如此等等的这些矛盾冲突要通过利益调节机制的方式予以解决,就必须将其纳入法治化的轨道,通过法治化的利益调节使人与人之间处于和谐相处的状态等。

(2) 学界就法治社会建设存在问题讨论的分析。关于法治社会建设面临的问题学界已有不少讨论。有学者认为突出的是民主政治建设的推进与参与的不足②。比如居委会直选是民主政治建设的重要实践,但从北京、上海、深圳等城市实践反映的情况,积极响应选举动员的大多是平时与居委会联系较多的群体,青年选民和富裕群体的态度则比较淡漠,由于居民参与选举的比例不是很高,一些社区不同程度地出现了委托写票和投票现象,直选效果大打折扣。再比如许多城市已建立的保障居民对社区公共事务知情权和参与权的制度体系,但这些制度的"空转"问题比较严重。再比如广泛运用的"议行分设"制度,其目的是让居民代表们可以更好地"议"社区公共问题,可是居民代表们的"议"处于空谈状态,管理部门还是我行我素,居民"议"的积极性受到严重伤害。

也有学者关注在法治社会建设中存在的公共事务营造与实践的私人化取向现象③。认为社会公共事务是激发公众参与意识、培育"公平正义"社会价

---

① Commission on Global Govermance, *Our Global Neighborhood*, Oxford University Press, 1995, pp.23 - 38.
② 参见安东:《推进公民有序参与 提升执政水平思考》,载《法学杂志》2011 年第 8 期。
③ 李友梅、肖瑛、黄晓春:《当代中国社会建设的公共性困境及其超越》,载《中国社会科学》2012 年第 4 期。

值、提升社会自我协调和管理能力的基础所在,是公共性生产的现实载体。但近年来在现实中,公共事务私人化与营造社会公共事务的努力总是矛盾地纠缠在一起。比如村庄选举是国家在乡村中营造的最为重要的公共事务,通过公开、公平的普选和直选,建立代表村民利益和具有公信力的村庄自治组织。由于村委会主任这一职务对于村庄公共资源的配置有着决定权,在一些经济发达区域出现严重的贿选现象。贿选不仅破坏了村庄选举的公正性,还把原本关系公众利益的公共选择行为转变为基于个体利益的私人(或小集团)行为。这样,作为公共事务的选举蜕变成为私人牟利的经营行为。再比如在国家推进农村基层民主建设的同时,出现了宗族组织的重建与复兴,这两种进程在我国乡村社会以极为复杂的机制相互纠缠在一起。宗族组织渗透或介入乡村公共事务,固然可以在提供公共物品、克服损害共同利益的机会主义取向等方面发挥一些积极作用,但宗族组织所遵循的非普遍主义的行为逻辑和"差序格局"的行为伦理往往将村庄的公共事务切割或碎片化。尤其是在多个宗族构成的乡村中,宗族之间的消极竞争往往会造成公共事务的私人化,削弱了村民对更大范围共同体的认同,使得法治社会建设实际受阻。

有学者关注法治社会建设中社会体制建设问题[①]。认为在传统意义上的社会体制是围绕公共产品配置而进行的一系列制度安排。但在利益与公共产品的来源高度多元化,民众权利意识日益觉醒的背景下,要实现公平正义的社会建设目标,凭借传统体制内的单一努力和较小政策网络的动员难以产生长期效果,而必须借助社会多种力量和公众的有效支持。为此,有学者从历史发展的角度考察了当代中国法治社会建设在政策范式的变化,认为经历了三个重要发展阶段。即2004—2006年为第一阶段,以十六届六中全会通过的《中共中央关于构建社会主义和谐社会若干重大问题的决定》为标志,这个文件中第一次系统地概括了构建社会和谐的指导思想和基本原则,提出到2020年社会建设的政策目标其重点是利益关系调整,形成"以解决人民群众最关心、最直接、最现实利益问题为重点"的政策思路。2007—2010年为第二阶段,以党的十七大报告为标志,这个文件将社会和谐建设的重点进一步明确为"改善民生",提出教育、就业、收入分配、社会保障、医疗卫生、社会管理等六大领域社

---

① 参见李友梅、肖瑛、黄晓春:《当代中国社会建设的公共性困境及其超越》,载《中国社会科学》2012年第4期。

会建设的具体政策目标。相应的,政府有针对性地设计出一系列政策工具,如推动建立全面农村低保制度,全国性城镇居民基本医疗保险制度试点,《就业促进法》《劳动合同法》的立法,等等。而第三阶段从2011年初至2016年,以《国民经济和社会发展第十二个五年规划纲要》为标志,它对进一步"改善民生,建立健全基本公共服务体系"进行了政策工具的设计,即"提升基本公共服务水平""实施就业优先战略""合理调整收入分配关系"等具体领域提出了政策工具设置和改革的思路;强调了"加强党的领导,强化政府社会管理职能,强化各类企事业单位社会管理和服务职责,引导各类社会组织加强自身建设、增强服务社会能力,支持人民团体参与社会管理和公共服务,发挥群众参与社会管理的基础作用"的重要性。其核心论题都涉及当代中国社会治理模式的转型。

也有学者对法治社会建设中社会组织发展与主体意识的缺位进行研究[①]。认为社会建设的重要目标之一是引导各类社会组织加强自身建设、增强服务社会能力,过去几年来,国家在政策导向上鼓励发展作为社会建设合格主体的各类社会组织,各级地方政府也在政策上积极响应。在此背景下,我国社会组织在数量和规模上都有了强劲扩张,到2009年底,全国登记注册的社会组织总量达到42.5万个,其中社会团体23.5万个,占总数的55.29%,基金会1 780个,占总数的0.42%[②]。相比之下,社会组织参与社会管理和公共服务的主体意识的提升很有限。其具体表现在一些社会组织持"工具主义"的发展策略,带有明显资源获取的冲动,而不是依据特定公益价值而设置。有的则停留于"自娱自乐"层次,或仅提供"俱乐部产品",而没有发挥表达群体诉求、参与公共管理或提供公共产品等公共权力部门不具有的预期功能。另外,中国社会组织的建设面临"二重性"的难题:一方面具有行政性或官僚性,另一方面又有一定的自治性。这种双重属性形成了两种相互对立的力量,即回归政府的行政化倾向和走向民间的自治化倾向,两者之间的张力限制了中国社会组织的发展,也限制了社会组织主体性的不断再生产。

4. 法治社会建设面临主要问题思考

其实,学者们对法治社会建设存在问题的探索,往往与自身研究视角或对

[①] 葛道顺:《中国社会组织发展:从社会主体到国家意识——公民社会组织发展及其对意识形态构建的影响》,载《江苏社会科学》2011年第6期。
[②] 葛道顺:《中国社会组织发展:从社会主体到国家意识——公民社会组织发展及其对意识形态构建的影响》,载《江苏社会科学》2011年第6期。

问题的关注重点有关,这些研究都很有价值。笔者在这里突出从中国社会主义改革事业持续稳定发展的视角来讨论这个问题,认为有这么几个方面特别要予以关注:

(1)以法治的方式解决市场化改革和社会不公平面临的问题。中国改革开放带来的很大变化是原有的社会治理模式即单位制模式的逐渐解体。比如市场经济的发展,使得生产资料所有制相对多元化,政府也不再垄断所有的资源,在许多领域不再是资源的分配者;企业或单位有了更多的自身的独立性和自主性,成为市场活动的主体;社会成员不再被单位所固化,人们可以自由地流动和选择,如此等等的一些变化都使得原来的"政府—单位—个体"的关系链条转变为"国家—市场—个体"的关系链条。但在这个过程中,社会的不公平却以一种新的形式表现出来,现在存在的一个特别值得关注的问题是,人们有一种反映即所谓的"相对剥夺感",这是法治社会建设面临的重大问题。

对这种"相对剥夺感",有学者认为,是来自在市场经济推进过程中的不正当的权力和资本的结合。这种现象又称之为"权力维续假设"[1],其实政治资本要素在当代中国的社会转型中并没有真正从市场中消逝,而是以一种新的方式与资本相结合,并来谋得特殊化的利益,由此加剧了当代中国社会不平等现象。有资料证明,在计划经济时期,中国的基尼系数均值在 0.2—0.3 之间,属于世界上最平等的国家之一,但在 20 世纪 80 年代至今,作为衡量社会不平等的重要指标,基尼系数在中国大幅持续上升。就中国社会科学院关于新社会群体的研究所作的报告指出,中国社会出现了巨富群体大概有 30 多万人,其持有可投资产近 9 万亿元,相当于全国城乡居民 20 万亿中的近一半。而数量众多的低收入群体有的却存在看不起病,买不起房,供养不起子女上学升学等情况[2]。这一现象本身就蕴含着巨大的社会风险。

与上述情况相关联的,还有另一种情况,即存在所谓"去中产化现象"。从经济发展的一般而言,公共支出结构有一个特点,即在经济发展的早期,政府的投资在总投资的比重往往比较高,但一旦经济发展进入比较平稳或成熟的阶段,政府的公共投资的重点将从基础设施转向教育、保健和福利等公共服务

---

[1] Bian yanjie and J. R. Logan,"Market Transition and the Persistence of Power: The Changing Stratification System in Urban China", *American Sociological Review*,1996,pp.739-758.
[2] 参见中国科学院"新社会群体研究"课题组:《我国巨富群体的现状和影响》,载《中国社会科学院(要报)》2011 年第 50 期。

的方面,但中国的情况却不是这样,随着市场化改革的推进,并没有出现政府的公共投资的结构性变化,即从基础设施向公共服务的转变,它所带来的后果极为明显,即进一步拉大了由于市场化改革而带来的利益差异,使得作为社会最稳定基础的"中产阶层"却有"不安定感"。这是社会学界在调研中所得出的中国的改革存在一种"去中产化"的现象[①]。造成这种情况的其中重要原因是,在政府经济绩效为考核标准的指挥棒下,一些地方政府开展标尺竞争,这种竞争和财政分权制度相结合,使得把本应投向教育、保健和福利的资金转向用于刺激经济的增长上,使得在这个领域一批特殊的群体获得了极大的利益,而使包括中产阶层在内的广大的民众的利益严重受损,形成了所谓"倒丁字社会"结构[②]。法治社会建设一个很重要的任务,是要依法通过多种方式平衡在这个问题上的利益冲突。

(2) 以法治化方式提升公共权力的合法性和可信度。所谓公共权力,一般说是公共组织实施自身职能用于处理公共事务的权力。公共权力由社会的共同需要而产生,它的行使要体现全体社会成员的共同意志。行使公共权力的组织具有法定性,或其权力由公共权威部门授予。公共权力的特点在于,从主体上,公共权力属于公众而非某个个人;从客体上,公共权力指向的是公共事务;从功能上,公共权力为公共利益服务。法治社会建设中,公共权力的使用特别强调其依法行使,必须防止其权力的滥用。但在实践中,我们一些公职人员,特别是领导干部没有真正确立权力来源于人民的观念,"权大于法"的特权意识严重。比如一些公职人员缺乏对法律的尊崇和敬畏,没有规则意识,不愿意也不习惯依法办事。有的甚至一味追求自身利益公然违背法律规定,导致在经济生活中的无序状态;有的公职人员包括领导干部,缺乏用法治思维和法治方式化解矛盾、维护稳定的能力。对群众的正当利益诉求敷衍塞责,甚至对损害群众利益的违法行为熟视无睹;有的把法律当成自己手中的工具,在社会治理中进行"选择性执法",有的把执法作为一种交易等,使得公共权力行使的合法性、可信度严重缺失。

有学者认为,只要有法律制度,一切问题便可迎刃而解。但实际情况不是这样。其实,法治社会建设中立法当然很重要,立法是法治社会建设的前提或

---

① 参见何艳玲:《回归社会:中国社会建设之路》,人民出版社2013年版,第9页。
② 参见李强:《为什么农民工"有技术无地位":技术工人转向中间阶层社会结构的战略探索》,载《江苏社会科学》2010年第6期。

基础,但所立的法如停留于纸面就毫无意义,重要的在于有效运行。正是在这个意义上,法社会学强调"行动中的法",认为"行动中的法"使人们可以直接感受到法的事实上的存在,并对人的行为发生作用和影响。但也许有这种情况,这种"行动中的法"却不是国家法,而是所谓的潜规则、行内习惯等,真正的国家法却没有在起作用,这对法治社会建设所带来的伤害就十分的可怕!中国的法治实践有一句很重要的话,即有法必依、执法必严。据统计,其实,国家的法其中70%是通过行政主体的执法来实现的。如执法者根本就没有确立依法执法的法治观念,所谓的国家法就只是纸面上的了。这样,人们的法治观念特别是执法主体法治观念就很重要,其直接影响法治社会的实现。为此,有学者认为,我们必须要"减少官吏专断"。"现代法治的精髓是官吏依法办事,只有官吏依法办事,接受法律的约束,才有法治可言"[1]。而实践中往往问题比较复杂,在有的地方存在"上有政策,下有对策"以权代法,无视国家法律法规;一些官员地方保护主义思想作祟,干扰、抵制法律的贯彻执行;还有个别司法人员经受不起金钱的诱惑,徇私舞弊,不依法行事,严重妨碍司法公正等,而在司法实践中存在托人情、拉关系,给法治的推行造成极大妨碍。而改革开放以来还发生了不少群体性的上访事件。据2005年《社会蓝皮书》的统计,从1993年到2003年,中国群体性事件数量已由1万件增加到6万件,参与人数也由约73万人增加到约307万人。虽然人们习惯于通常的即有事找政府帮助,但对政府的实质性信任已明显下降。有资料表明,其实很多群体性上访事件,本身就与政府行为的不当有关[2]。另外,一个有趣的问题是,政府虽然积极地处置一些群体性的上访事件,有些事情也确实得到了及时的解决,但传递出来的信息却是"不认识领导办不成事情","不把事情闹大办不成事情",结果政府的形象不但没有提升,反而受到公众更加负面的评价。加之在社会转型中出现的经济活动中的大量假冒伪劣等事件,人们已严重缺失相互之间的信任。法治社会建设面临的重要任务,在于以法治化方式提升公共权力行使的合法性,以解决实践中已造成的民众与公共权力的紧张关系。

(3)以法治化方式加快社会治理模式转型。虽然现行的社会治理机制已随着市场经济发展正在进行适应性的调整,但调整的过程缓慢,不能适应社会

---

[1] [美]埃德加·博登海默:《法理学——法哲学及其方法》,邓正来、姬敬武译,华夏出版社1987年版,第283页。
[2] 参见蔡禾:《城市化进程中的农民工》,中国社会科学文献出版社2009年版,前言。

治理发展的要求。

首先,一些政府部门在社会治理的观念上还比较陈旧,具体而言,比如习惯于注重经济的发展,缺乏对社会发展的认识;习惯于命令式的管理,缺乏与民众进行沟通和协商;习惯于用行政的方式解决问题,不善于法治化的治理方式。另外,应对新的社会事物和社会问题,缺乏健全的法治社会治理机制,如对社会组织的管理机制、社区的管理体制、社会工作的工作体制等。

其次,单位制模式消解,实际为社会组织的发展提供了空间,而人们之间的利益调整也客观上需要社会组织的发展。但由于习惯于传统的用行政方式进行治理,社会组织的成立却变得困难重重,即使成立了,这些社会组织也无法发挥影响政府决策,参与政策的议定等工作,大多数的社会组织只能在体制外游荡,基本上被排斥在参与决策和获得谈判的正规化的途径以外,可以说法治化所要求的治理方式对很多人来说还很陌生。有研究认为,中国公共政策议程设置以内参模式为常态,也有上书模式和借力模式[①]。而体制内的社会组织又存在明显行政化特征。工会、妇联、共青团等组织有时具有较强的动员能力,但行政化又使得其动员能力无法发挥更大效能。

再次,市场化的改革使得人们之间处于高度异质化和流动化状态,个体之间在持续交往过程中这种陌生人关系期待着以法治化方式使人们有效结合,并形成互惠交换的规范等。但社会治理模式转型过于缓慢,原有的社会体系已被打乱,而新的又没有构建起来,使得社会个体之间处于"原子化状态",这种处于"原子化状态"的人们之间,还时常遭遇如市场化改革过程中出现的大量的食品安全、药品安全等问题的侵害等,使得人们的信任缺失进一步地加剧,社会个体已变得非常的脆弱。如何以法治化方式加快社会治理模式转型,可以说直接关系到整个国家的安全和社会的健康发展。

(二) 传统社会治理模式及其特点分析

这里所指的传统,是一个特指的概念,是要说明与法治社会治理所不同的社会治理问题。法治社会建设面临的问题,有不少是传统社会治理所带来的。而当代中国社会的转型却存在远远落后于经济的转型,社会的发展与经济的发展脱节严重,我们有必要对过去这种社会治理模式及其特点进行分析。

---

① 参见王绍光:《中国公共政策议程设置的模式》,载《中国社会科学》2006年第5期。

1. 传统社会治理特点及其运行问题

人总对社会具有依赖性。因为社会是人们依据一定的关系彼此结合而成的生活共同体,是人们相互交往的产物。人作为一种"社会存在物",其自身的非自足性、有限性和不完整性,决定了人的发展必然要以社会共同体为根基。而一定的社会,自然存在一定的社会治理方式,使社会得以正常地运行。一定的社会治理,与社会发展的一定水平等诸要素有关,也与人们一定的认识水平有关。因此,有学者认为:"一个国家的社会治理状况,既取决于政府对社会生活的管理能力,更取决于公民的自我管理水平。要实现良好的社会治理,既需要强有力的社会管理,更需要高度的社会自治。"①而社会实际的发展水平是讨论问题的全部基础。

可以说,在改革开放之前,中国社会治理中表现的一个重要特点是,强调政府对于社会管理的全权负责,政府通过单位制的方式来实现对社会个体及其相互之间的利益平衡。这也可以说是一种单位制的社会治理模式或行政单一性的社会治理模式。这种社会治理模式,其运行首先在于资源为政府所独有。政府以单位制运行消解或吸纳了人们之间的利益差别和其他社会组织存在的可能性,用有的学者的观点,单位制模式往往是一种"政府—单位—个体"这样的链条运行,人们的经济、政治、文化和社会生活都被整合于单位中。单位内部严格的户口和人事管理制度,使每个社会成员都被圈定在特定单位内部,不经相关单位领导的批准或同意,社会成员不能有任何的流动,人们的利益也由单位化而被固化②。由于单位制的这种模式具有极强的通过行政化的方式包容所有与人们的社会生活相关的事物,因此在体制外没有社会组织存在的可能性。单位制模式下,就是单位本身无论其是行政单位或事业单位或企业单位,也都隶属于某一个上级部门,被纳入政府的行政系统中,单位制社会治理其逻辑是:"上级指示"或"上级安排",而所谓在单位制内部的社会组织,如工会、妇联、共青团等,它们的工作逻辑也是如此。它们的干部也是作为一种行政的干部安排而被设置。

这种传统社会治理模式抑制了经济、文化、社会等领域的分化和协调发展。政府作为唯一的管理中心,地位和权力被无限放大,其权力可以随时地无

---

① 俞可平:《更加重视社会自治》,载《人民论坛》2011年第2期。
② 参见何艳玲:《回归社会:中国社会建设之路》,人民出版社2013年版,第7页。

限制地侵入和控制社会每一个层面和每一个领域。政府掌握资源并以多种方式对资源进行分配,被分配的单位以其行政级别获取,单位再把由政府分配的资源对每个个体进行资源的供给,如托儿所、幼儿园、学校、医疗、抚恤救助、养老、丧葬等各种所谓的资源供给福利分配①。这种社会治理模式其结果很明显。一方面,政府控制着一切社会资源,包揽了社会生活的方方面面,管了很多不该管、管不了也管不好的事情,导致政府的规模膨胀、效率低下;另一方面,社会已习惯了全能政府的逻辑和受国家强控的局面,既缺乏参与社会管理的热情,也缺乏相应的渠道和资源,自治能力的发展也因此受到了很大限制。正是在这个意义上,我们看到,尽管改革开放以来,我国开展了多次以政府职能转变为核心的政府机构改革,但往往因为社会自治能力不足,无法有效承接政府转移出来的那部分社会管理职能,以致政府改革陷入"精简—膨胀—再精简—再膨胀"的怪圈,社会管理格局仍停留在传统的"政府一元管理"的层面,社会治理本身则表现出"一放就乱,一抓就死"的特点。

也正是如此,传统社会治理模式运行表现出具有单一性。这种单一性首先在于,采用的基本是行政处罚或经济处罚的手段,以罚代管,以罚代法,方法简单,行为粗暴,这是人们对这种传统社会治理方式的基本评价。一些政府部门的行政执法人员也习惯于运用行政手段和经济手段管理社会公共事务,很少运用法律手段和思想教育的手段来实施社会管理,从而导致政府与公民的关系紧张②。另外,管制有余,服务不足。执法部门凌驾于社会之上,命令式地强调运用行政权力对社会组织或公民进行严格的管制,不存在有所谓的服务理念。在公共物品的提供上疏于管理与服务,不能有效地保护和扶持弱势群体,维护公平正义③。同时还存在严重疏导不足。传统社会治理模式对社会存在的不满情绪,习惯于堵,而不是疏,总是想尽办法压制,使得政府和民众之间形成严重的对立状态。

2. 超越传统社会治理模式是社会发展的客观要求

应该看到,传统的社会治理模式在中国发展中曾有其历史合理性。中华人民共和国成立之初,我国仿照苏联模式建立了高度集权的"指令性"计划经

---

① 参见刘建军:《单位中国:社会调控体系重构中的个人、组织与国家》,天津人民出版社2000年版,前言。
② 黄元龙:《我国政府社会管理的现状及其完善》,载《安徽职业技术学院学报》2006年第7期。
③ 黄元龙:《我国政府社会管理的现状及其完善》,载《安徽职业技术学院学报》2006年第7期。

济体制。与之相适应,在社会领域也采取了高度集中统一的管理模式,即传统的社会治理模式,政府对于公共事务和社会事务采取大包大揽,强调政府的一元主体地位,对当时社会的整合,克服战后社会的"一盘散沙"式的危机,并使国家很快恢复具备了强大的社会动员和社会控制能力,保证当时国家战略意图的顺利实施等,起到了极大的社会作用。而改变传统社会治理模式,也是社会发展的客观要求,对此笔者做如下分析。

(1) 社会利益主体多元化要求社会治理方式的创新[①]。改革开放以来,尤其是社会主义市场经济的发展,中国的整个社会生活已发生巨大变化,其中突出的是中国社会新的社会阶层不断出现,社会利益格局多元化,存在着不同阶层的利益诉求的现实情况,不能再运用单一的社会治理方式对各种具体的利益关系进行调整。我们必须要通过推进社会治理方式的创新,找准大多数人的共同利益与不同阶层的具体利益的结合点。正确反映并妥善处理不同阶层、不同方面民众的利益,有利于协调各利益主体的关系,推进社会的和谐。

(2) 社会规范有序发展要求社会治理方式的创新[②]。市场经济发展所带来的社会利益主体多元化、社会矛盾的多样化,要通过构建良好的平衡、整合、约束和救济机制,使社会矛盾能得到合理有效的控制,而这需要整个社会的力量动员,大量非政府组织资源的建设,社会治理多样化机制的构建等,比如建立社会舆情汇集和分析系统、社会信息反馈网络系统、多元纠纷解决机制等,而这不能在单一的社会治理方式中实现,传统社会治理模式已不适应社会发展要求。

(3) 社会治理问题的发展要求社会治理方式的创新[③]。中国社会主义市场经济的建立和完善,使得经济成分、组织形式、利益关系和分配方式日趋多样化。政府职能转变、单位体制变化、户籍制度改革等社会经济的进步已给社会治理带来了新的问题。单位不再是高度行政化的系统,而向多元化方向发展;人们已脱离单位制模式转为社会人;人们在择业上已可以自由选择、自由流动;农村大量剩余劳动力涌入城市,使城市的流动人口数量剧增等。这些变化,使得我们必须研究新的社会治理方式,以适应社会发展要求。

---

① 参见盛美娟:《中国社会转型与社会管理方式创新研究》,载《兰州学刊》2008年第12期。
② 参见盛美娟:《中国社会转型与社会管理方式创新研究》,载《兰州学刊》2008年第12期。
③ 参见李瑜青:《论市民社会的理念与现代法制观念的转化》,载李瑜青主编:《上海大学法学评论》,上海大学出版社2002年版,第1—9页。

(4) 经济社会的进一步开放要求社会治理方式的创新①。改革开放以来，中国社会对外开放得到飞速发展。经济的全球化必定对政治、经济、文化等产生重大影响。加入 WTO 后，中国经济已广泛而深入地融入经济全球化进程，中国政府面临的不再是一个相对封闭的国内市场，而是一个强调法律规则、公平竞争、优胜劣汰的开放的世界市场。与此同时，经济社会的进一步开放带来了文化的多样性和冲突、价值取向的多样性和冲突、信仰的多元化等。这使得在社会治理中必须改变原有的治理习惯，要更多地运用法律或经济手段治理社会经济事务，政府必须从控制型管理方式向立足于服务和监督的服务型方式转变，而在社会治理上必须进行模式创新。

(5) 社会结构的变化要求社会治理方式的创新②。改革开放以来，社会主义市场经济和民主政治的推行，使政府职能发生变化，政府已从许多经济管理、基层乡村等领域退出来，客观上为社会组织发展提供了条件，有专家估计，社会非营利性组织已达到 300 万个左右，发展迅猛。社会已基本形成政府、企业和非政府非营利性组织这种现代社会所要求的三大主体结构，中国社会结构开始由政府和企业组成的两大板块结构走向三大板块结构③。如何规范社会组织，如何处理政府、企业与社会组织的关系等，是传统社会治理模式所无法解决的，必须进行社会治理创新。另外，大量新的社会事务如行业管理、社会组织管理、社区管理、物业管理等；社会转型引发的如收入差距、城乡贫困、城镇失业、劳资纠纷、信访问题、"三无"农民、房屋拆迁、土地征用、城市地摊、环境污染、物业纠纷、突发事件、社会治安、恐怖活动、老龄化、艾滋病、自然灾害等问题，都要求我们必须进行社会治理创新，改变原有的社会治理模式④。

(三) 法治社会治理运行的机理分析

机理一词是从化学工程学转化而来的，它一般指事物变化的理由与道理。在化学动力学中，所谓"机理"是指从原子的结合关系中来描绘化学过程。在化学气相沉积中，机理的含义更加广泛。如果其过程是动力学控制的，机理是指原子水平的表面过程。我们在这里借用这个词，是要说明法治社会治理内

---

① 参见盛美娟：《中国社会转型与社会管理方式创新研究》，载《兰州学刊》2008 年第 12 期。
② 参见李瑜青：《依法全面推进国家治理方式转型创新》，载《思想理论教育》2015 年第 2 期。
③ 参见马仲良：《论社会管理体制改革》，中国人民出版社 2007 年版，第 1—5 页。
④ 参见盛美娟：《中国社会转型与社会管理方式创新研究》，载《兰州学刊》2008 年第 12 期。

涵的基本运行要素。

而对法治社会治理的机理研究涉及法治化道路模式问题。其实,任何社会治理模式所存在的根据在于社会发展的条件。中国随着社会主义市场经济发展,原有的计划经济模式所要求的高度集中的单位制的单一的社会治理模式就自然要向法治化的社会治理模式转型。真正的市场经济天然的是一种法治经济[1],这反映到社会治理模式上就要求其向法治模式转型。我们的论述首先从法治化道路模式入手。

1. 就学界关于法治化道路模式讨论的思考

在中国应该选择一种什么样的法治道路问题上,学界有很多讨论。比较有代表性的是认为在法治发展模式上,中国选择了政府推进型模式。与其所不同的还有一种自然演进或社会演进型模式[2]。

对政府推进型法治模式,有这样的观点。认为这种政府推进型法治模式,即一国的法治化运动是在国家"上层建筑"的推进下启动和进行的,"政府"是法治化运动的主要动力,法治目标主要在政府的目标指导下设计而形成,是"人为"建构的,法治化进程及其目标任务主要是借助和利用政府所掌握的本土政治资源所完成。需要指出的是,这里的"政府"是指相对于"社会"而言的广义上的政府,它泛指"国家上层建筑",这一点在中国尤其如此,因此,"政府推进型"法治道路亦即"国家上层建筑推进型"法治道路,即引导和推进社会法治化进程的,除了政府行政机关之外,还有执政党的机关、国家权力机关等。之所以称为"政府推进型",是因为狭义上的"政府"即行政机关,乃是执行、实施法律的主要机关,在推进社会法治化的历史进程中担负着重要任务,起特殊的重要作用[3]。

而所谓社会自然演进型法治道路,是指一国的法治化主要是从与"政府"相对立的"民间"社会生活中自然形成和演变出来的,是社会自然形成的产物,是一种"内源"发展的类型。这种法治道路模式的主要特点是,法治是在自己内部资源的基础上演变进化而来的,是商品经济逐步发展和民众法治意识逐步积累的产物。这种法治的直接动力主要来自市民社会而非政府和国家上层建筑,在法治化目标、程序上较少"人为"和"预设"的痕迹,在时间进程上需要

---

[1] 参见李瑜青、李明灿:《契约精神与社会发展》,山西人民出版社1997年版,第1—10页。
[2] 参见许娟:《论我国法治化道路模式选择》,载《法制与社会》2009年第12期。
[3] 参见郭学德:《试论中国的"政府推进型"法治道路》,载《中共中央党校学报》2001年第2期。

一个相对漫长的发展过程。西方国家在法治实践上大多数走的是这样一条法治道路。

也有学者提出存在第三种法治发展模式,即社会自然演进型与政府推进型相结合的法治模式,但很少有学者认为,这是中国乃至西方的法治发展的共同模式。笔者认为,其实无论是西方的法治发展还是中国的法治发展,都不存在所谓上述极端的两种情况。西方法治思想的发展中,有过两部出于法学家之手的重要著作,一部是《太阳城》,一部是《乌托邦》,但法治在当时的西方只能在法学家的思想中,不能转化为现实的实践。西方在近代启蒙运动时期出现不少卓越的法学学者,如孟德斯鸠、洛克、卢梭等,他们的法学观点在当时的历史条件下也无法实现。而19世纪的三大空想社会主义思想家圣西门、傅里叶、欧文,他们的探索也有法治化的思考,但同样在当时的历史条件下,不能转化为现实的实践。这充分证明,法治的实现必须与社会发展条件及其政治的开明相结合,不存在有所谓不经过国家上层建筑较少"人为痕迹"自然而成的法治社会。而中国法治实践同样是这种情况。有不少法学家对中国法治的发展经常进行一些批评,但实际生活还是如此表现自身的惯性。

我们可以发现其中一个规律性问题,即社会的法治化运动是与社会市场经济的发育水平交织在一起的。没有市场经济的高度发展,就不可能有社会的法治化及其进步。当然,不同国家在法治化建设的启动上会有区别。但启动上的区别,并不能得出在法治发展模式上有区别。西方的部分国家,当时特定的历史条件,作为上层建筑的国家一开始以传统的治理方式管理国家,而由市场经济发展中形成的新的社会阶层通过斗争逐渐实现国家转型,这样,这些国家开始法治化的发展。但这些国家在开始全面的法治发展中,仍然要重视法治作为国家的制度建设,要与社会经济、文化等社会发展条件相一致,既不能过于的超越社会发展条件,又不能落后或滞后于社会发展条件。而中国,在社会主义建设实践中,由于种种原因,当时受到了苏联高度集权的社会主义计划经济模式的深刻影响。而在后来摆脱苏联模式,探索自己发展道路过程中,又忽视了商品经济实际是社会发展必经历史阶段的认识,反而把渗进自然经济色彩的平均主义当作社会主义成分来贯彻,当时的中国自然缺乏法治建设的条件。党的十一届三中全会对中国的发展方向有了新的认识,而随着中国市场经济的深入和发展,中国法治化的发展得到全面推进。但在法治发展过程中,我们同样不能超越社会发展条件,以为法治万能,可以为所欲为。法治的发展作为制度的建设,必须要脚踏实地逐步地推进。我们必须看到,法治推进的过程,总带有一种人为的预设,而这种预设具有一定程度的主观性,有时这种主观的预设与社会生活对法治的需求存在脱节,不能反映社会发展的要求,法治实践就会存在一些潜在的危险。因此,推进法治建设的国家,其制度设计都不能超越或落后于社会发展条件,不存在对中国可以例外的情况。启动上的区别,并没有影响法治发展模式上所具有的共性,法治发展模式可以说唯一的是社会自然演进型与政府推进型相结合的模式。

有学者认为,中国选择政府推进型法治模式是因为中国具有很强的现实政治资源。这首先表现在,中国拥有一个集中统一、相对稳定而又具有较高威望的政府。这是推进社会法治化的一个强大推动力量。虽然,目前由于种种原因,政府的威信受到了一定的损害,政府机构和职能也亟需改革,但由于政府体系本身具有庞大的组织系统和强有力的控制、管理能力,因此它仍然是推进中国社会法治化的强大推动力量。其次,是国家权力机关,即各级人民代表大会及其常设机构。这是一支推进中国社会法治化的最可靠、最具生机和活力的推动力量。中国的"议会制度"不同于西方三权分立的议会制度,它不仅是代议机关和立法机关,而且是权力机关,政府和司法机关都必须对它负责。随着中国政治民主化进程的推移和人民代表大会制度的逐步完善,各级人民代表大会及其常设机构将成为推进中国法治化进程不断发展的最可靠的力量。最后,也是最重要的是中国现实存在着一个党员数量庞大的执政党——中国共产党,这个政党不仅以先进的理论作为自己的指导思想,而且集中了中国的大部分优秀人才,并且上自中央、下至乡镇街道,广泛而有效地治理着国家生活和社会生活。这是中国选择和走上政府推进型法治道路的一个最重要的因素和现实条件[①]。笔者认为,这种论证是似是而非的。上述的条件,在中国没有进行市场经济建设时也在一定意义上存在,但当时的中国就没有进行法治社会的建设。而在现实的法治实践中,我们推进市场经济,但法治建设力量与非法治建设力量的博弈还很激烈。如有的地方存在立法体现某政府部门特殊利益色彩,使法治所要求的民主、平等、人权等原则严重缺失;有的政府部门违法行政现象严重,搞所谓"虚假法治""形式法治";有的政府部门在执法中存在严重的腐败,而法律监督机制却形同虚设,如此等等,说明不能简单以中

---

① 参见郭学德:《试论中国的"政府推进型"法治道路》,载《中共中央党校学报》2001年2期。

国具有很强的现实政治资源,就推导中国就自然会选择"政府推进型法治模式",有可能在有的地方反而是阻碍法治发展的力量。我们的研究,不能建立在简单推导的基础上,必须关注法治在一国的实现实际是如何进行的。

2. 法治社会治理运行的机理特点

法治社会治理的运作机理实际是一个综合性概念,它包含如以法治化的方式协调社会关系、规范社会行为、解决社会问题、化解社会矛盾、促进社会公正、控制社会风险、保持社会稳定等,社会治理所运用的如技术的、行政的、经济的、法律的、教育的等多种手段外,还必须有一个社会治理的基本方略,这个基本方略与国家治国方略相一致,且是社会治理工作的灵魂或基石。

所谓机理,如前所述,即事物运行的基本要素。而法治社会治理的运作机理,反映的是法治社会治理过程所体现的基本要素,这些基本要素贯穿于法治社会治理的全过程,并对这个过程的性质起决定性作用。笔者认为这些要素应包括主体性要素、控权性要素、民主性要素、服务性要素、协同性要素等。对这些基本要素我们做些分析。

(1)确立社会公民是社会治理最重要主体的基本要素。法治的基本原则在于确立国家的一切权力属于人民,这是法治国家的基本观点。而要真正实现"国家的一切权力属于人民",落实在具体的制度上,落实在现实生活中,就是社会公民是城市社会或农村社会治理最重要的主体。社会公民对社会治理要通过人民代表大会制度体现出来,也包括广大社会公民通过各种组织,如自我管理、自我约束、自我发展的社区组织、行业组织、职业组织等直接参与社会治理。这一社会治理的内容不仅是事务性的,而且应当是决策性的,如问责、听证、巡访、公益诉讼、法规制定等,以及社会公民对各级各类国家机关,包括对政府的有效监督等形式加以实现。

(2)确立对国家机关和国家机关工作人员实行有效控权的基本要素。法治从人性的弱点和权力的特性出发,强调必须对国家各级机关行使的权力进行有效地控制,孟德斯鸠名言:"一切有权力的人都容易滥用权力,这是万古不易的一条经验。有权力的人们使用权力一直到遇有界限的地方才休止。"[1]历史的经验已证明,没有监督制约的权力必然导致腐败,对权力的有效制约是依法治国的必然要求。从权力授受关系而言,对权力的制约实际是使权力所有

---

[1] [法]孟德斯鸠:《论法的精神(下册)》,张雁深译,商务印书馆1963年版,第154页。

者与权力使用者从最初的分离而加以统一,使权力的使用者按照所有者意志在正确的轨道上行使;同时也意味着在授受关系中,其实授权者只是暂时性地让渡了权力的使用权,并非所有权,因而权力所有者有资格制约和监督用权者的一切用权行为,有权力对一切用权行为实行必要的监控。法律控权本身是一种制度架构,以确保权力运行的合法性和安全性。

(3) 确立民主化方式共同进行社会治理的基本要素。法治的本质在于民主,法治社会治理要让广大社会公民有序参与包括事务性治理、决策性治理等工作,同时无论是行政性事务、专业性事务等,要体现民主化的工作原则,反映广大社会公民的意志和要求。在社会治理中,社会组织、社会公民能自行解决的事情,由社会组织、社会公民依照法律规定加以解决,尽量减少国家机关的介入和参与。社会治理法治化需要有高度的社会自治,并逐步培植大量的非政府性社会组织,如社区自治组织、行业自治组织、职业自治组织等。发达的社会自治能最充分体现社会公民的意志和利益,并以最低成本最有效地满足民众的大多数公共品需求,同时也为政府权力划定一个界限,限制政府权力的滥用。

(4) 服务型政府建设的基本要素。法治社会治理中,必须改变政府的职能,政府要成为服务型政府。政府通过为社会提供良好、及时的服务,履行政府的社会治理职能。这些良好、及时的服务通常包括,如公共安全服务(公安、消防、民防等防灾救灾);公共设施服务(文化、教育、卫生、康乐、休息等设施完好);公用事业服务(交通、能源、电信等);公共福利服务(对弱者、失败者和生老病死的救助);公共卫生环保服务(防疫、保健、环境治理和生态保护);公共关系服务(保障众多的社会中介组织,如行业协会、社区自我管理及优质服务);公共信息服务(准确、及时、全面公布法规、政策,并提供咨询);公共经济服务(在本城区提供足够的劳动力、先进的技术、充足的资金、商贸的政治保险,以及对本地产品的大力宣传介绍)①。总之政府要为社会提供良好的生态环境、良好的生产力发展环境、良好的社会保障环境等。

(5) 系统的法治化协同体系构建的基本要素。首先是立法、执法和守法的法治化协同体系的构建。社会治理立法要着眼于执法和守法的现实性,即立法要与社会经济、政治、文化的发展相协调,与执法水平和守法意识相适应;

---

① 参见蒋晓伟:《论社会管理法治化的基本要素》,载《河南财经政法大学学报》2012年第1期。

立法必须注重健全和完善百姓身边的事关民权和民生的法律,使这些法律真正地走进百姓生活,惠及百姓,给百姓幸福感,使百姓认识到法律就是"我"的权益,法律就是"我"的幸福生活,法律就是公平正义,从而促进全社会对法律的信仰、对法律的追求、对法治的向往。社会治理执法要遵循立法的原则和宗旨,并考虑守法现实的实际情况,即在"有法必依、执法必严、违法必究"的基础上做到正确、合法、及时,同时尽量体现合情合理;执法在方法上,要柔性与刚性结合,即情理与强力结合,并体现有原则的适度的宽容;执法的程序公正与实体公正同等重要,在执法中要恪守程序合法。守法既要遵循立法的精神和宗旨,又要考虑执法的立场,即做到自觉遵法、自觉守法、配合执法。其次,公民、社会组织与政府共同进行社会治理法治化协同体系的构建。要处理好公民、社会组织与政府参与社会治理的协同关系,必须建立公民是社会治理最重要主体的体制,建立服务政府的体制;公民通过人民代表大会和其他社会组织来实现自己的利益,政府则通过公民的授权,来维护公民的共同利益。最后是行政、经济、教育、法律等社会治理手段的法治化协同性关系的构建。法治化的社会治理不能依靠以往那种以单一的手段包打天下的做法,而是需要将技术的、行政的、法律的、经济的、教育的诸种手段进行综合运用,唯有这样,才能进行现代化的社会治理,才能促进现代化社会的发展。技术手段是运用包括信息技术在内的现代科学技术管理社会的方式;行政手段是政府运用行政职权为社会提供全方位的服务的社会管理方式;法律手段是全体公民、社会组织和各级各类国家机关通过各种法律、法规的制定、实施和遵守来管理社会的方式;经济手段是社会组织和国家机关依据客观经济规律,运用价格、工资、税收、投资、奖金、罚款等经济杠杆,影响和调节各类社会行为主体的管理方法;教育手段则是通过国家、社会和市民的宣传教育普及法律和科学知识,促进国家机关、社会组织和公众对社会管理的积极参与[①]。上述技术的、行政的、法律的手段是刚性的手段,经济和教育的手段是柔性的手段,两者结合,刚柔相济,知性适度,就能使社会管理法治化工作具有效果。

(四)党的领导在法治社会建设中的作用分析

在法治社会治理机制运行上,我们还要解决党和政府在其中的作用问题。

---

① 参见蒋晓伟:《论社会管理法治化的基本要素》,载《河南财经政法大学学报》2012年第1期。

笔者认为,法治其实不仅是一种制度,更是一种理念和价值观。作为一种理念或价值观,其实现之路必须以全球化与本土化、地方化的有机结合为基础。而从全球视野进行分析,中国法治与西方的不同突出表现在党的领导、人民当家做主和依法治国的统一[①]。为此,党的十八届三中全会就社会治理创新,明确提出要"坚持系统治理,加强党委领导,发挥政府主导作用,鼓励和支持社会各方面参与,实现政府治理和社会自我调节、居民自治良性互动"。法治社会治理中党的作用很重要,但对这一点我们有必要做出说明。

笔者认为,首先必须明确,在法治社会治理中党的作用主要是思想领导的作用。当代中国社会的进步与发展,都与中国共产党的领导有着内在联系。为此,中华人民共和国宪法确认了中国共产党的执政地位。中国共产党作为执政党,要把执政党的思想贯彻于社会治理事务中,这反映的是现代以来国家治理所表现的共性。而依法治国、建设社会主义法治国家,是中国共产党的治国纲领,因而在社会治理中要体现法治的要求,实际就是执政党中国共产党的思想主张。作为一个政党,中国共产党具有内部的组织体系和动员能力,它可以通过国家机构贯彻实施自己的政策方针,以其所具有的优势,有效推动法治社会建设目标的实现。但在实践中也存在另外一种情况。有的基层党组织机构在面临社会转型、利益多元等新情况时,却出现组织涣散、领导力不足的情况;有的党员变成"隐形党员",组织观念缺乏,不再有理想信念。在这些地方,法治社会建设工作就会出现很大困难,使民众的合法权益受到损害,这从反面进一步说明加强党的领导在法治社会建设中具有极为重要的作用。

而就党在对社会治理的领导中,必须以人为本,把以全体人民和每一个公民全面自由发展的权利作为其工作的最高目标[②]。这是党在对社会治理的领导中必须坚持的基本原则。这样,最大限度地维护民众的合法利益、引导社会成员依法有序开展维权;提升党和政府工作人员运用法治思维和法治方式处理日常事务、化解矛盾的能力;最广泛地动员社会大众参与社会治理,使社会治理成为每一个公民的真实需求和实际行动等,是党对社会治理的具体要求,与法治社会治理的精神也具有一致性。

但党的思想领导作用,要通过政府具体贯彻,这就涉及政府的作用问题。

---

① 参见汪习根、武小川:《社会治理的法治实践模式构建》,载《法学论坛》2014年第3期。
② 参见汪习根、武小川:《社会治理的法治实践模式构建》,载《法学论坛》2014年第3期。

政府的作用具体而言,就是反映出社会治理中公权力的作用。学界在讨论法治化社会治理时,对公权力运作特点分析较少。其实在法治社会治理中,政府公权力作用很重要,这不仅在于当市场失灵时需要公权力提供公共服务,更在于当社会失灵时需要公权力及时干预并有效化解矛盾①。正是从这个意义上,笔者注意在社会治理创新上,有一个很重要的观点,即政府在社会治理中要起主导作用这一观点。明确了政府在社会治理中的作用,更要理解这种作用的方式。可以说,政府在社会治理的作用所表现的方式不再是传统的自上而下命令的方式,也不是简单地以平等主体之间的意思自治处理事务。政府在社会治理中,既不能大包大揽,又不可放任不管;既需要保障社会领域的独立自主、尊重基层社区和市场的自我治理和积极创新,又要对社会生活进行整体性的维护与协调,从而引导各类社会主体选择某种行为模式,达到预期的社会治理目标。公权力的这种运作方式,反映政府的权力要依法运行,要尊重和利用市场规律,通过激励、吸引而非惩罚、威慑实现社会治理的持续发展。社会治理既需要克服"政府失灵",也需要克服"市场失灵"。除了政府滥用权力外,市场因素也是造成社会矛盾激化的因素之一,比如贫富差距问题、就业问题、环境污染问题、人口流动问题、道德冷漠问题等。有学者把这种治理方式称为"软权力"。美国政治学家约瑟夫·奈在 1989 年撰写的《注定领导》一书中提出了"软权力"(soft power)一词,将它视为国际竞争中与军事实力、经济实力相并列的第三权力资源。在他看来,经济威胁和武力威胁都是"硬"权力。在信息时代,"权力正在从'拥有雄厚资本'转向'拥有丰富的信息'","对新信息做出反应的能力是一种至关重要的权力资源"②。政府要在社会治理中发挥主导作用,必须以拥有全面准确的社会信息为前提,并对信息做出及时应对。

当然,由于党在领导法治社会治理中,必须明确不能要求政府大包大揽,要求鼓励和支持社会各方面主体的参与,这样契约化在法治社会治理中便可具有重要作用。我们可以看到,当下无论是经济或非经济行为,其基本是以契约化方式实现的③。而法治社会治理也是这样。正是在这个意义上,笔者同意有学者的观点,契约是现代法治文明的基石。具体来说,契约促进了市场经济及其社会交往的发展,为法治社会提供了行为范本与交往基础;又有助于为社

---

① 参见汪习根、武小川:《社会治理的法治实践模式构建》,载《法学论坛》2014 年第 3 期。
② 参见汪习根、武小川:《社会治理的法治实践模式构建》,载《法学论坛》2014 年第 3 期。
③ 参见李瑜青、李明灿:《契约精神与社会发展》,山西人民出版社 1997 年版,第 18—19 页。

会治理提供良好的秩序。契约所内涵的法治原则包含了契约自由、契约平等、契约守信、契约责任等。政府在社会治理中要与社会组织或公民发生联系,必须以平等主体的方式确认双方的地位,通过书面契约形式,把社会治理的某些事项固定下来,明确双方的权利义务、履行时间和违约责任等,达到公开透明、责权明晰、执行有据、运作规范等效果。这有助于改变原有的传统治理方式,使政府从权力至上转化为依法合作共赢的法治化社会治理方式,增强人们的权利意识、自由意识和责任意识等。

契约化的社会治理要求探索政府行政管理与社会民众自治的界限及其相互有效衔接的机制。在传统社会治理模式中,人们看到的政府对社会的治理行为往往是通过行政命令式的如行政责任书、行政处罚令等方式出现,而契约化的社会治理必须划清"行政权力"与"自治权利"的界限,以签订基层自治组织协助政府治理协议书的形式,政府根据协议规定将部分的工作事项交给基层民众自治组织,由基层民众自治组织协助政府进行社会治理并提供协助的相关经费,依法保障政府与基层自治组织的平等法律地位,有效规范公共权力,保障基层自治组织的自治权利。

四、法治社会建设主体间诚信机制及其建设

法治社会的建设,对人主体的自觉有高度的依赖,人们制定法律、实施法律、遵守法律,其基础都在于人主体的诚信和自觉。从这个意义上,也可以说诚信是法治社会建设之本。因此,以下我们主要讨论这样的问题:主体间诚信机制涉及的相关概念;诚信与法治社会建设的内在关系;诚信价值的内涵和主体间诚信机制建设。

(一) 主体间诚信机制涉及的相关概念

就诚信机制的讨论,我们首先有必要分析所涉及的一些概念。

1. 诚信概念分析

一般来说,诚信一词有两层意思,一为诚实,坦诚、坦荡、不虚假;二为信用,可靠、守信、不违约。但在人类交往实践中诚信作为社会规范,为不同国家或民族普遍认可,但由于历史文化传统不同,其最初表达的角度具有丰富性。

在中国,诚信的底蕴一开始主要是从做人的标准和治国的准则来思考的。首先表现在把诚信作为一种人品,是做人的根本准则。据考证,诚信一词最早

出于《商君书·靳令》。《说文解字》中说:"诚,信也,从言成声。""信,诚也,从人言。"孔子在《论语》中多次强调信在人格修养中的重要性。他说:"人之所以立,信,智,勇也。""人而无信,不知其可也。大车无輗,小车无軏,其何以行之哉?"(《论语·为政》)诚信也是人与人交往的基本道德准则。中国传统文化历来主张的一个原则:"与朋友交,言而有信。""吾日三省吾身,为人谋而不忠乎?与朋友交而不信乎?传而不习乎?"(《论语·学而》)"与国人交,止于信。"(《礼记·大学》)"信则人任焉。"(《论语·阳货》)其次诚信还是治理国家的基本准则。如孔子就强调"信"在治理国家中的作用,认为即使"去兵""去食",也不能"去信";做人要"以信为本","民无信不立"。他与子路说:"上好信,则民莫敢不用情。夫如是,则四方之民襁负其子而至矣,焉用稼?"(《论语·子路》)突出诚信作为做人的标准和治国的准则是中国传统文化的理路。但当时的这种诚信文化是建立在一种亲缘基础上重感情色彩的诚信。这里所谓的亲缘,是指一种牢固的私人关系,它可以是血缘之亲,也可以是非血缘的地域或交情之亲。这种诚信主要不是看一个人的品德或能力如何,而是注重这个人和自己的私人关系怎样,因此它更多的带有感情的色彩。

而在西方国家,诚信最初则是作为经济伦理的要求发育于简单的商品经济活动。在古代希腊罗马时期,当时西方社会商业贸易较早地得到发展,商品经济也开始相对发达起来,契约作为一种商业手段和人际交往原则被广泛地应用在社会生活中。诚信就是建立在以相互承诺、相互信赖、信守诺言为内涵的经济伦理的基础上。因此恩格斯曾经这样评价罗马法在当时的价值:"罗马法是简单商品生产即资本主义前的商品生产的完善的法",是"商品生产者社会的第一个世界性法律"[①],诚信契约和诚信诉讼早在古罗马时期已成为普遍的商业和司法原则。随着西方社会市场经济的不断扩大和发展,诚信意识和相关的法律制度也不断地得到完善。西方社会诚信文化发展的理路,其特点在于它与商品经济的活动紧紧地联系在一起,诚信是建立在相互承诺、相互信赖为内涵的经济伦理的基础上,这种诚信的文化打破了人群和地域的限制,对不确定的第三者也要求遵循诚信的规则,具有广泛性和开放性的特点。

但进入近代社会以来,中西诚信价值取向得到融合,逐渐成为约束人们行为的一种伦理观念,道德与法律为一体的制度规范,也为现代宪政理论所吸

---

① 《马克思恩格斯全集(第三十六卷)》,人民出版社1972年版,第169页。

纳。就西方社会来说,从18世纪中叶起,由英国兴起的产业革命以后又逐步遍及欧美各国,资本主义经济进入了自由资本主义的时期,与自由竞争相适应,人们强烈要求实行自由贸易的政策,要求开辟广阔的国内外市场,由于市场上充满着残酷的生存竞争,一些不诚信的现象屡见不鲜,使人们意识到推动诚信价值建设的重要性。同时现代社会也打破了血缘地域对个人的限制,人的流动性增加,使得人们不必长期依附于某一个特定的地方,与陌生人打交道的机会也越来越多。于是在1804年拿破仑颁布的《民法典》明确规定了诚信条款,确立了市场经济是信用经济的法律基础。而《德国民法典》著名的第22条规定:债务人应依诚实与信用的原则并参照交易惯例履行给付义务,在民法史上第一次使诚信原则真正成为契约法的一项基本原则。资本主义自由竞争走向垄断,以银行为代表的金融系统得以合并壮大,金融体系成为信用经济的核心内容。其具体的表现是银行、股票、保险、信用合同等,从此信用经济作为一种经济形态正式确立。20世纪以来,诚信所代表的道德内涵以及作为一般条款的工具意义在立法上进一步得到高度的认同。1907年《瑞士民法典》第二条中明确规定:"任何人都必须诚实、信用地行使权利和履行其义务,明显地滥用权利不受法律保护。"这条规定第一次把诚实信用原则作为基本原则在法典中加以规定,诚实信用原则被扩张到一切民法关系中权利的行使和义务的履行中,成为世界各国公认的普适性条款。同时,诚信价值还在现代宪政体制中得到张扬。根据现代宪政理论,政府行为的正当性和可依赖性从根本上说来源于合法性。政府可以行使对经济的调节、市场的监管、社会的管理和公共的服务等职责,根据就在于宪法和法律的授权。

中国在近代以来的社会变革中,诚信价值思想也得到很大发展。当时的中国正处在社会的转型中,在自然经济、集权政治以及宗法制度的影响下,整体至上成为调节中国社会关系的根本的伦理原则,但当时这种整体至上道德原则从实质上说反映的是封建王权利益至上的要求,并通过"三纲五常"等道德规范以及仁、义、礼、智、信等一系列范畴来反映。中国近代道德革命的主题突出了个性的解放、个性自由的思想内容,如李大钊对中国近代以来的道德革命有过精辟论述,他指出:"看那二千余年来支配中国人精神的孔孟论理,所谓纲常,所谓名教,所谓道德,所谓礼义,那一样不是损卑下以奉尊长?那一样不是本着大家族制下子弟对于亲长的精神?"总之,"乃是使人牺牲的个性",因此中国今日"社会上种种解放的运动是打破大家族制度的运动,是打破父权(家长)专制的运动,是打破男子专制社会的运动,也是推翻孔子的孝父主义、顺夫主义、贱女主义的运动"①。中国近代以来的诚信思想开始反映现代道德文化的要求,并与对当时西方学说的传播及吸收联系在一起。据考证,当时的《清议报》《新民丛报》等报刊连续发表了许多文章,评价亚里士多德、培根、笛卡尔、霍布斯、斯宾诺莎、孟德斯鸠、卢梭、康德等人的思想和学说,卢梭的《社会契约论》被译成《民约通义》(1898)出版,孟德斯鸠《论法的精神》被译成《万法精理》(1903)出版。另大量外国的法律制度如《荷兰刑法》《意大利刑法》《德国民事诉讼法》等也被翻译过来。国人通过大量系统地引进、介绍,比较深地吸收了现代诚信思想的精髓,推进了诚信思想的发展。而把诚信作为重要的经济理性原则在中国社会生活中则早有反映。如明清时期山西票号能汇通天下,靠的就是"诚信"二字,由于当时票号的兑付都实行"认票不认人"的制度,所以汇票的防伪性极其重要,为了保证票号和顾客的利益,山西各票号都有十分严格的保密制度,如专人书写汇票,创造了以汉字代表数字的密码法等,诚信成为票号制度通行的基础。而解放后特别是改革开放建设社会主义市场经济的实践中,随着社会经济体制的转轨和适应现代市场经济发展的要求,诚信价值的建设在各个方面得到充分体现。1986年制定的《民法通则》第四条就明确规定:"民事活动应当遵守自愿公平、等价有偿、诚实信用的原则。"1999年制定的《合同法》在第一章第六条也规定:"当事人行使权利、履行义务应当遵循诚实信用原则。"同时,我国政府也重视政府依法行政的建设,强调政府践约、守法是应有的品质。政府依法办事,不超越法定职责和权限,有法必依,执法必严。为此,邓小平同志就指出,立法的目的是"使这种制度和法律不因领导人的改变而改变,不因领导人的看法和注意力的改变而改变"。强调政府的责任性,推进民主政治建设。在诚信价值的建设上可以说我国与世界在同步发展。

2. 政务诚信概念

所谓政务诚信的政务,狭义指的是行政事务,也泛指国家的管理工作。政务诚信涉及党和政府相关部门执政、行政行为要遵守法律、信守承诺。政务诚信可以说是一种宪法制度的要求,它将民主与法治融为一体,是民主与法治的

---

① 李大钊:《由经济上解释中国近代思想变动的原因》,载《李大钊选集》,人民出版社1959年版,第597—598页。

发达形态,体现了当代民主法治的发展趋势和方向,同时又是对它们的高度发展。其主旨在于,促使执政机关的执政源于民众的授权,合乎民众的要求,接受民众的评判。

政务诚信涉及政府的形象。随着现代政府职能扩增与社会转型,原来传统的单向型政府决策模式已面临挑战,政府作为一个社会主体,不论是面对民间或是政府间,参与、沟通和协商等互动模式已经成为决策的必经过程和重要内涵。

对政务诚信,人们关注其法治化的建设。一般意义上政务是要把秩序的供给作为公共产品提供给社会,但不同形态下情形有所不同。在习俗型政务条件下①,政务的存在依据于血缘的关系,主要是基于朋友、亲戚、邻居、家族等熟人的范围,靠社会舆论、家族观念、权威确认、个体自觉来为人们之间的信任提供保证,信任是自然的,也是模糊的、混沌的。而在契约型政府条件下信任与被信任的关系以法律为依据,信任者与被信任者都有法律规定各自的权利与义务。政府要被信任,其行为一定有法为据,信任关系变得清晰,可计算。信任关系具有广泛性的要求,由于经济活动的向外扩展化的特点,由封闭走向了开放,又加上网络时代的到来,信任必须考虑有社会广泛性的支持。而从理论上讲,市场经济的自发秩序中是包含着诚信的要求的,遵从诚信原则的行为,能够使市场主体在持续的竞争过程中处于优势地位。但实际情况却往往不同。市场主体的非理性冲动总是使市场主体在具体的竞争环境中作出非诚信的行为选择,造成对自发的信用秩序的冲击和破坏。正如市场本身有着自发的竞争秩序,却又会产生破坏这种竞争秩序的垄断一样,市场经济自发的信用秩序也会在具体的非诚信行为中遭到瓦解,从而表现出理论上的推定与实际情况不一致的现象,正是在这个意义上,政府有责任来引导和促进一个社会诚信价值的建设,有一个稳定的社会秩序的供给。

但政府的诚信建设重要的是制度的打造,以制度创新打造诚信政府,这是行之有效的方法。在这个问题上,学界和实务界都已经提出了许多建设性的观点。

3. 商务诚信概念

商务诚信有时又为企业诚信,因为企业无疑是商务诚信的主体。有学者

---

① 笔者赞成有学者的观点,大致来说政府建立的基础有三种模式:其一,习俗型基础关系;其二,契约型基础关系;其三,合作型基础关系。三种政府建立的基础是由当时社会因素、发展趋势、特点所决定的。

认为广义上商务诚信是企业或单位谋取公众信任,并不断提升公众信任水平的过程①。但这一定义显然过于狭窄,目标过于单一。打造商务诚信是为了让企业或单位承担应有的社会责任和道义,公众对其的信任及企业或单位软实力的提升是其附带效果,我们不能本末倒置,过于功利,否则诚信建设的持久性与真实性将受到挑战。

从比较的视野来分析商务诚信,可以看到它的某些特点。从主体上来看,商务诚信有别于政务诚信与社会诚信。政务诚信是对政府的诚信要求,直接关系政府的形象,其核心是以信息公开等制度建设来提升政府社会公信力。社会诚信则是对社会主体(包括个人、家庭及社会组织)的诚信要求,这直接关系到整个社会的文明程度、和谐程度,是诚信体系建设的基础,其关键在于诚信意识的培育、发展等②。商务诚信显然是对各类企业或部门所提出的诚信要求,其既关涉企业的存亡与兴衰,亦关涉消费者的利益与安危,并且有的商务诚信行为比如中国大型国企的诚信甚至直接影响到整个国家的形象。尽管主体不同,但这并不妨碍我们在构建商务诚信时吸纳政务诚信和社会诚信的核心要素。

诚信是市场秩序的保证。市场经济是信用经济、诚信经济,这是市场经济的内在属性。我国实行的是社会主义市场经济,必须注意提升作为市场主体的企业或单位的诚信意识,维护良好的市场经济秩序,促进经济健康有序地运行,商务诚信是市场交易正常发生和持续进行的必要条件。

4. 司法公信力概念

司法公信力是诚信在司法领域的反映,是司法存在的道德基础和制度基石。对司法公信力的内涵,学界有不少讨论。我们有必要对学界的观点做些分析。

有学者对该词在西方语境中的相关性词源做了分析,认为主要有四个,即 account、credit、trust 和 faith。其中,account 指经济领域会计责任、经营责任,后扩大为对某一件事进行报告、解释和辩护的责任;credit 来自拉丁语动词"credo"一词,由"crad"和"do"合成,意思是"我给予信任";trust 的含义是信任、信赖、依靠;faith 指强烈的情感信任及精神信仰③。有学者认为,"公信力"

---

① 参见王书玲、邰振廷等:《企业诚信经营新论》,中国经济出版社 2010 年版,第 123 页。
② 参见王伟国:《诚信体系建设法治保障的探索与构想》,载《中国法学》2012 年第 5 期。
③ 参见陈立军、陈立民:《司法公信力生成基础研究》,载《湖南科技大学学报(社会科学版)》2011 年第 4 期。

一词在我国出现始于20世纪末期,1999年《公信力与媒介的权威性》一文首次针对社会公众与媒体之间的关系提出"媒介公信力"这个概念,将"媒介公信力"界定为媒介在长期的发展中日积月累而形成的在社会公众中的权威性和信誉度。后来我国"非典"事件导致社会对于公众知情权及政府公信力问题的关注度达到空前程度,关于公信力研究的文章迅速增多,不同学科、不同领域的研究者对公信力进行了探索。按照一般理解,"公"指社会公众,"信"指信用、信任,"力"指一种由社会普遍认同的权威态势,"公信力"指社会公众相信的力量和程度及其信赖基础。当一定数量的社会公众或公共权威组织对某一社会现象或事物具有普遍认同感时,我们说这一现象或事物取得了公信力。我国学术界自21世纪初期开始关注司法领域公信力问题。如当时讨论司法腐败对司法公信力的负面影响问题[①]。

有学者从法治的内涵推导司法的公信力,认为法治意味着法律获得普遍的服从,也就是说法律具有极大的权威性。司法公信力解决的就是司法的权威性。所谓司法公信力即表现为司法权所具有的赢得社会公众信任和信赖的能力。一般说司法权的履行,其职能在于平息纠纷,司法行为的发生具有强制的控制功能,但这种强制的控制功能,却赢得社会公众普遍的信任和信赖,使利益竞争和矛盾可以被控制在秩序允许的范围内,这说明司法的公信力程度高。司法的权威性与公众的信任或信赖呈正相关关系[②]。

法律实务界及学术界还有从不同角度对司法公信力内涵进行的研究,主要有信用说、能力说、认知说、信赖说、资源说、状态说、复合说等观点。其中能力说、信赖说、复合说较有代表性。能力说即认为司法公信力表现为司法权所具有的赢得社会公众信任和信赖的能力,这种能力直接取决于司法在拘束力、判断力、自制力和排除力方面是否能够经得起公众的信任和信赖。信赖说认为司法公信力是司法机关依法行使司法权的客观表现,是裁判过程和裁判结果得到民众充分信赖、尊重与认同的高度反映。复合说认为司法公信力是一个具有双重维度的概念,从权力运行角度是司法权在其自在运行的过程中获得公众信任的资格和能力,从受众心理角度是司法行为所产生的信誉和形象在社会组织和民众中所形成的一种

---

① 参见龚廷泰、何晶:《司法公信力与良性司法》,载《江海学刊》2009年第2期。
② 参见郑成良、张英霞:《论司法公信力》,载《上海交通大学学报(哲学社会科学版)》2005年第5期。

心理反映[①]。

　　上述的一些观点都从一定程度上揭示了司法公信力的某些特征,有助于我们对这个问题做进一步的理解。但对一个事物如果不进入其内部的结构,往往所看到的还是表面的。因此笔者试图从司法权的结构进行分析,来揭示司法公信力的内涵。有学者从司法要素的角度也分析过这个问题,认为司法权是由司法拘束力、司法判断力、司法自制力和司法排除力四个方面的要素构成[②]。但其实司法权从根本上是面对社会的矛盾或纠纷的居间裁判权。司法权的发生是基于人类文明的发展。最初的阶段,人类主要通过私力救济的方式解决矛盾和纠纷,同态复仇或血族复仇是其主要形式。但随着国家的产生,统治者要把社会矛盾和纠纷控制在自身可以接受的状态,司法权就开始发生了。司法权的发生意味着国家要防止冤冤相报这种恶性事件的发生,不使人类社会陷入无休无止的流血冲突。而依法司法又进一步体现司法权的现代文明,使司法权成为法治国家重要的组成部分。而司法权要实现居间裁判,从结构上分析,一是司法判断力,二是司法执行力,三是司法的自我约束力。司法的公信力是通过这三个力得以反映。

　　先来分析司法判断力与司法公信力的关系。可以说司法权的核心是判断权。社会生活和利益关系的复杂性,使得相当多的涉讼纠纷,各方当事人、每位直接或间接的证人以及参与诉讼的鉴定人等,对引发纠纷的事实常常有着不同的甚至截然相反的感受和认知,而且,即使他们的感受和认知是相同或相似的,对某个事实因素的意义也可能有着完全不同的理解。另外,人们也会对同一法律规定产生不同的理解。面对那些在涉讼事实和法律适用两个方面都有争议的复杂案件,如何在各方的争议中作出恰当公允的合理判断,就具有了极大挑战性。司法公信力作为赢得公众信任和信赖的能力,当然地包含着公众对司法裁判者的判断力能够予以信任和信赖的内容。司法判断力是使公众产生信赖和信任的最为基础的要素。司法判断广泛存在于实践中,是公众普遍接触司法机关的途径。在一个个案中,得当的司法判断能够使当事人产生司法公正的印象,进而加深对司法的信赖。司法判断不力则对当事人产生负面影响,容易导致缠访、缠诉,产生司法信赖缺失的局面。因此,司法判断力乃

[①] 参见陈立军、陈立民:《司法公信力生成基础研究》,载《湖南科技大学学报(社会科学版)》2011年第4期。
[②] 参见关玫:《司法公信力的结构性要素》,载《长春大学学报》2004年第5期。

是司法公信力的核心和前提。司法判断力的缺失将会导致司法执行的谬误，也就无所谓司法的自我约束问题。只有拥有了较为良好的司法判断力，才有可能有良好的执行效果，才有必要进行司法的自我约束。

良好的司法执行力是司法权取得公信力又一关键。可以想象，如果司法权在面对不当干扰和非法妨害时，它软弱无力、不知奈何，或者就根本没有原则、见风使舵，这样的司法权不仅无力承担起它本应承担的职能，还会彻底毁掉公众对法律制度的信心。司法执行力可以说是司法排除一切私人和公权力不当干扰和非法妨害，实现审判结果的能力。司法判断力和司法执行力密切关联。司法判断力展现出司法机关的审判公正与否，司法执行力则是实效和效率的代言人。即使法院作出了公正的司法判断，如果执行不力，效率低下，或者迫于种种利益纠葛或政治需要不敢去坚决、彻底地与违法违规行为作斗争，当事人的合法权益依旧得不到保护。作出公允的司法判断，如果不能进行执行，那么由此判断产生的公信将会随时流失，公众归根结底是要公允的司法行为产生实效，"说一套，做一套"只能加重公众的不信任。

司法的自我约束力是实现司法公信力的重要保障。一个不争的事实是，法官也是一个有血有肉、有着七情六欲的感性的人，在履行职责、解决纠纷的过程中，如果没有很强的司法约束力，他可能会被某种外部信息所刺激和诱导，从而在行为上偏离法律规则和职业戒律所指示的方向。同样，就司法机关也是如此，由于种种特殊利益的诱导，也会使其偏离法律规则和职业戒律所指示的方向。因此，所谓司法约束力也就是司法自律或自我自制的能力。如果在司法判断力方面，司法已经表现出值得公众信任和信赖的品质，但是却缺乏足够的自我约束能力，那么，它仍然不能具备起码的公信力。因为仅仅凭借司法判断力，并不足以保证司法者一定会对正在审理的纠纷作出合法和公正的裁判。可以说，司法判断力和司法执行力是在司法活动中直接针对公众产生影响的要素，而司法的自我约束力虽然不直接针对公众，却是保证整个制度合法合理运行，保证所谓公正高效权威的保障性要素。仅仅拥有司法判断力和良好的执行力，但是缺乏自我约束能力，则无法在面对诱惑和外在压力时，以职业道德进行自我克制，将外在因素和个性偏差对司法活动带来的影响降到最低，自然无法作出使公众信赖的司法行为。司法机关如果不诚信、腐败、把人民的利益放在自己的利益之下，那么，司法公信力便无从谈起。

5. 社会诚信概念

社会诚信可以从广义、狭义两个方面分析。广义上社会诚信指的是人们在社会交往活动中相互信任的情况。社会作为一定的人群共同体，其存在需要一定的社会信任，这可以从两个维度上来考察：其一即横向的维度，社会总由若干人所构成，若完全缺乏了社会信任或信任度太低，人们之间就难以顺利交往。其二是纵向的维度，由于社会的分工，人们之间存在着一定的阶层区分或等级差别，不同的阶层的人们之间、人们和政府之间，在社会管理的各个层次之间，也需要一定的信任作为基础。

但从狭义的意义上，社会信任也指谓每个社会公民的诚信。每个社会公民个体的诚信反映的是道德的层面。现代诚信至少包括两个方面：一为传统道德层面的诚信，二为现代法律层面的诚信。道德层面的诚信其实主要体现一个国家的软实力，通过国民的修养以及自律性来维持。儒家思想中曾经有"慎独"的思想，意指越到独处之时越要洁身自好，因为到此时本性中不好的一面便容易显露出来。千百年来，诚实信用的品格作为做人的首要德性和基本准则，伴随着一代又一代中国人历经岁月沧桑，逐渐积淀融化进民族文化的精髓，成为中国人安身立命的根本。不过，道德层面上对诚信的约束毕竟是十分有限的，而且道德约束也有其自身的缺陷。上文所提到的"慎独"其实是一种很高的人生境界，并非人人皆可达到，通常我们所见到的情况是无人之处人性的弱点爆发得更为全面，而非审慎待之。此处其实已经溢出了通常所谓道德的层面了。道德其实恰恰是利用"他者"的眼光对于主体自身的行为进行监督，它所依靠的是一种朴素的善恶观念。一方面，这种观念没有强制性，只能带来舆论上的压力，所以其实难以对真正的违法行为构成打击；另一方面，道德观念自身具有迟滞性，有时也具有陈旧性，所以难以依据道德得出准确的结论。在这种情况之下，为避免诚信沦为一句悬空的口号，现在人们更关注从法律层面确立诚信机制的制度体系，并配套以强有力的支撑机制——惩戒机制，进而让诚信在市场经济中发挥积极并治本的作用，但每个公民个体的诚信修养却具有基础性意义。

正是在这个意义上，公民个人信息的保护强调要重视诚信的机制建设。党的十七届六中全会通过的《中共中央关于深化文化体制改革、推动社会主义文化大发展大繁荣若干重大问题的决定》明确提出，要"把诚信建设摆在突出位置，大力推进政务诚信、商务诚信、社会诚信和司法公信建设"。可以说，稳定市场秩序、构建和谐社会是架构诚信制度的最本质的目的。其主要依据为诚信是市场经济的基石,其基本要求是无欺、守诺与践约。在市场经济条件下,缺失诚信的组织或个人的最终结果是无法在市场中获得生存,失信泛滥造成的恶果是扰乱整个经济秩序,甚至影响社会稳定和政治安定。

笔者认为,公民个人信息的保护的诚信机制建设属于商务诚信的范畴。其主要约束对象是通过正常活动暂时保有公民个人信息的组织或个人,其尽管拥有保管权、知晓权和管理权等,但绝无交易权。基本要求是参与社会主义市场经济的主体以诚信为本开展商业活动,从事商业买卖,防止并杜绝此类组织或个人参与到非法倒卖公民个人信息的商业活动中。具体到如何利用法治保证公民个人信息的问题,需要诚信的法治治理规范化。

(二)诚信与法治社会建设的内在关系

明确了诚信所涉及的相关概念,进一步需要说明的是诚信与法治、法治社会建设的关系,这样,可以使我们理解为什么在法治社会建设中,诚信机制的建设显得特别的重要。

1. 一个学理的分析

从诚信与法治社会建设的关系而言,诚信对法治社会建设具有基础性的意义。我们从诚信与法治所要求的法律内在品质相互关系来分析。法治所要求的法律,必须正确反映人民的真实意志,体现社会发展的内在需求并符合社会进步的规律性;法律要以此来合理设定公民、法人与其他组织相互间权利义务关系;法律语言必须严谨、准确;法律机构、法律职业人员及法律本身都要贯彻尊重程序的理念;确立违反程序是最大失信的意识并承担责任,如此等等,可以说明,诚信是法治所要求的法律的内在品质和形式要素。正是在这个意义上,笔者注意有学者的分析,即认为诚信对法治所要求的发展可以起重要促进作用,具体概括为:一是以信破律,即因履行诚信对当事人或第三方造成损害而触犯法律;二是以信补律,即在法律空白或不能规范的领域,诚信作为补充手段进行社会控制;三是以信释律,即法无明文规定时,诚信直接作为法律原则援用;四是以信饰律,即以诚信为说服力,增强法律行为的正当性。以此为基础,才能进一步认知诚信与法治的关系,为法律规范失信模式的建构积累理性[①]。而法律对诚信而

---

① 参见付子堂、类岩村:《诚信的自由诠释与法治规训》,载《法学杂志》2013年第1期。

言,是诚信所要求的基本底线,法律蕴含着社会最基本的诚信观,是对各类主体所要求恪守的诚信的最低要求。

分析了诚信与法治的学理关系,就可以明白诚信与法治社会的内在关系。法治社会建设,必须要以建立良好的社会诚信为基础,这是一个基本前提。而实践中我们已经看到这样的一个不争的事实,近年来中国社会生活中诚信缺失问题变得十分严重。如有的公民在经济和社会生活中赖账、信用卡的恶意透支、伪造票据和证件、剽窃他人的研究成果等;有的企业恶意逃债、商业欺诈、账务造假、偷税漏税、伪造票据、生产伪劣假冒商品等;有的地方政府搞所谓的政绩工程,做表面文章,统计数字造假等。曾记得,早在2001年全国高考命题设定过这样的写作场景:一个青年带着七个背囊涉水过河,七个背囊分别标明为健康、美貌、诚信、才华、金钱、荣誉、地位,青年行至河中遇险,只有放弃一个背囊才能保命,他选择放弃了"诚信"。考题的问题是,要求考生对这个青年人如此的选择发表自己的看法。可以说这个考题抓住了一个敏感的社会问题,诚信早已成为人们关注的热点,但这个讨论一直延续到现在。2007年6月7日,"八佰教育网"刊登出一组"2001年广东高考优秀作文",其中的一篇《关于诚信的思考》有如下的文字:"这让我想起了中国的诚信问题,本来,中国是个5 000年的文明古国,诚信一向是中国人引以为傲的美德,'人无信而不立'、童叟无欺的故事熏陶了我们几千年。然而,近年来,信用违规的事情却不绝于耳。中国有个报社曾做过调查,信用危机位居腐败之后成为阻碍中国经济发展的第二大因素,信用危机导致企业生产经营成本增加百分之十五,这不能不让人感到恐惧。试想,生活在无信用的社会中,你的眼睛还可以相信谁?衣食住行,你在消费之前必须确认:这些是否是假货?商家是否在'宰'你?"①

这是一篇在没有充分准备情况下而完成的高考命题作文,一个涉世未深的高中学生在这篇作文所提出的质问,却很有深度地触及了当前中国诚信缺失这个令人深思的问题。但在之后我们却一再地看到社会上一些不诚信事件的公开报道,如"周老虎事件""三鹿毒奶粉事件""达·芬奇造假风波""三亚宰客事件"等,多领域造假丑闻频出,公众对诚信的期待,一次次被这些丑陋的事件所冲击。

当然,社会诚信的缺失,必将严重影响法治社会的建设,我们有必要从实证的角度进一步分析诚信与法治社会关系。

---

① 参见孙家洲:《国学视野中的"诚信"问题》,载《南都学坛》2008年第6期。

2. 诚信是市场经济内在要求并期待法治的保障作用

诚信是市场经济的内在要求,诚信价值的建设为市场经济的发展创造良好的环境。一般说市场经济是市场作为资源配置的基础方式和主要手段的经济,这就是它的运作机制。这里突出的是它的资源配置的方式的变化。但如果我们的认识不是停留在这个层面上,而进一步地深入下去,可以看到其实市场经济由前提、手段、目的三要素构成。前提即社会的生产分工,手段即市场交换,目的即满足人们之间的消费需求,所以市场经济又可以这样来概括,它是以市场交换为手段,由不同的社会分工的独立性主体所构成,以满足主体消费目的的经济运行方式。市场经济各个要素都受价值规律的调节,在市场经济的运作机制中,资源配置的变化确实不同于计划经济,是它的重要特征,但不仅仅是资源配置方式的变化,更为重要的是人的生存方式和生活态度的改变,市场经济的主体包括在市场经济活动中的一切自然人和法人。市场经济运作中,诚信具有基础性的意义。市场经济活动以交换来实现各自的利益,而诚信是实现这种交换活动的基础,在市场经济活动中每一个当事人都充分认识到自己的独立存在及价值,他们都是不同的利益主体,都有自身独立的要求。人们之所以要进行市场交换,因为他们都认识到自己本身并没有能力生产出自己所需要的所有的物质生产资料,同时又没有权利命令他人无偿地提供这方面的帮助,因此就有了与他人进行交换的需求。市场上利益主体进行交换,双方都以主体的身份出现,诚信就成为交换活动之所以可能的基础,因为任何一方的不诚信都可能会带来交换活动的终止,或者缔结契约后又通过救济的方式要求赔偿。诚信是市场经济资源合理配置和流动的基本条件。

但事物往往具有复杂性。市场经济的发展对诚信价值具有内在的需求,但同时其内涵的"物欲化"要素使人们可能对自身利益作不正当的诠释,而消解这种需求。所谓物欲化,就其倾向而言实质是对物质的过分崇拜、过分迷恋的现象。它把人从自由自在的生命主体沦为崇尚享乐,没有情趣和理想,均为消费与欲望所支配或满足的工具。而这种现象使得某些人或组织为一己的利益不择手段,使市场经济发展所要求的诚信价值被消解。这是中国在推行市场经济中所面临的深刻的文化矛盾,也是诚信问题为什么迟迟不能予以解决的重要根据[1]。

---

[1] 参见李瑜青:《人文精神与法治文明关系研究》,法律出版社 2007 版,第 9—11 页。

在人类历史上，商品经济及其文化较之自然经济极大地促进了人的发展，因而具有伟大的历史进步作用。与自然经济的生产主要是生产使用价值不同，商品经济或市场经济主要是交换价值的生产，获利成为其经济活动的基本动力。马克思深刻地揭示了商品生产的动力机制："劳动的目的不是为了特殊产品，即同个人的特殊需要发生特殊关系的产品，而是为了货币，即一般形式的财富。"①交换价值之所以在再生产过程内部结构中具有实在的根本意义，因为只有在实现交换中，资本才能达到自我增值的目的。而交换关系总是表现为某种"物"即货币，货币是同商品并存的一种普遍起作用的社会存在形式，这样也就产生了人与人关系的"物化"即人的独立性是借助于货币这种"物"来实现或表现。人类的生产这时出现二重性格：一方面，由于市场经济有效地发挥和调动了人们主体的积极性，所创造的巨大物质财富为人类个性自由发展创造了前所未有的条件，人类开始有了越来越多的时间可以从事科学、学术、文化等精神活动；另一方面则形成了人对物的依赖代替了人对人的依赖。虽然在历史上这种关系打破了以血缘为纽带的人身依附关系，造就了人的独立性，但它是以物的依赖性为基础的人的独立性，人表现为完全屈从于货币的权利。这就成为物欲化形成的根据。就是说，市场经济发展、资本的生产，虽然为人的自由发展提供了物质手段和条件，但市场上资本的生产方式的目的又有其对立的一面，即它不是从对人的发展的意义上，而是从资本增值的角度来衡量的。商品经济原则渗透到社会生活的一切方面，并力图按照商品的形象来改造整个世界。一切人都依赖商品而生活，或者说，在一定程度上，一切人都成为商品，形成一种独特的经济统治或"政治强制"。物欲化成为社会市场经济最为本质的内容之一。

物欲化使原本人的独立、自由、主体性等存在形态以片面的方式展现出来。首先是把人当作"物"来看待，有用性是唯一具有意义的。因为资本所关心的只是交换价值的交换，它要求人具有满足他人和社会需要的有用性，这种有用性必须是具有相当的使用价值，被他人实际占有和消费。人要成为能够实现资本增值的工具，这就是物欲化下的人的存在特征。其次是主客体发生颠倒。本来人是主体，人支配物，现在物则转过来成为支配人的主体。人所具有的主体性属性，比如劳动、才能、名誉、良心、爱情等，在物的诱使下会变成商

---

① 《马克思恩格斯全集(第四十六卷)》，人民出版社1989年版，第174页。

品一样被用来交换或交易,人在这样的条件下感受自身的独立或自由。再次,人的物欲化导致精神生活的萎缩。人的精神生活本来是丰富多彩的,但在物欲化的影响下,不具有直接使用价值、不能构成商品的许多精神的东西,因为没有供需市场,因而受到积压。人自以为自己是独立的、自由的,其实他被物欲化所塑造。最后,在物欲化导向下,人对物质需求变得极度膨胀。所谓的独立、自由、主体性变态为过分张扬的人欲,它在观念上的反映就是商品拜物教,对商品和金钱的崇拜会成为一种时代性的社会心态。同时,人对自然的无节度的索取也会严重破坏自然平衡和社会可持续性发展。由此可见,在物欲化的诱惑和压力下,如果缺乏人的自我批判意识,不能在物化世界中保持积极的反思精神,那就很容易把人降低到物的水平上。如何引导人超越有限的物质生存实践,不断寻求更开阔的人生意义和价值世界,是市场经济时代必须解决的一道难题。诚信价值建设面临市场经济发展中内涵的又一种消极的物欲化要素的腐蚀和挑战。法治社会建设中,必须要构建有效的机制来保障诚信在市场经济发展中的作用。

3. 诚信是社会信任的基石并要求法治的保障机制

诚信与社会的信任有内在联系。"诚信是社会信任的基石"[①]。一个社会的和谐必定是建立在人们之间相互信任的基础上。从社会作用的意义上说信任是一种社会资本。一个社会信任度高,就意味着具有良好的社会秩序,信任可以增进人们之间的合作,提高工作的效率。这里所谓的信任,一般说它的逻辑前提就是对他人具有可信性。但如何使人们之间建立起信任?这里突出了社会成员与社会成员之间以及社会成员与政府之间的关系问题。社会成员与政府之间的关系涉及政府的公信力。人类社会发展的历史已经表明,政府是借助于对公共社会事务的管理而发展起来的权力机构,政府的社会公共性职能随着社会的发展而不断得到扩大,公共属性日益突出。法治社会的建设则强调政府职能的行使必须以合法性为基础,也就是说必须以宪法和法律为依据。政府诚信践约、遵纪守法,严格依法办事,使政府的行为具有公信力。合法性是政府诚信存在的基石,或者说是政府获取公共信任的必要条件。而社会成员与社会成员之间的信任,体现社会成员之间和谐的状态。今天中国社会信任的条件与过去相比已经有了很大的变化。改革开放的发展,中国的社

---

① 俞正声:《在九届上海市委十六次全会上的讲话》,载《解放日报》2011年11月14日。

会正在由过去的相对传统的封闭的社会向开放的社会转换,人际交往的范围不断地扩大,内容更为丰富,这样建立信任关系的条件就有了很大变化。有学者把社会成员与社会成员之间的信任关系分为"习俗型信任关系""契约型信任关系""合作型信任关系"等不同类型。依靠"关系""熟人"等元素维系的是"习俗型信任关系",这种信任关系具有特殊主义的取向;"契约型信任"是一种基于功利谋划的信任,谋私利己的功利驱动导致具有个人主义的取向。这两种信任都不利于现代公民意识与公民精神的成长。而"合作型信任"是一种良性社会信任,经验事实告诉我们,一种良性的社会信任对于人类社会历史的发展相当重要。而"合作型信任"的形成有利于民主与公共精神的培育与成长。在现实生活中建立起"合作型信任关系",它不是依靠于个人的声誉、名望、文化程度等外在因素,而是建立在人们诚信基础上的内在因素。我们可以看到,社会信任以诚信为基础,就有了人们之间的凝聚力和向心力,大家相安共处、互爱互助,诚信道德是处理人际关系的精神纽带。正是在这个意义上,人们把"人无信不立"作为做人的基本准则,如果每个人都能以诚信待人,那么人们之间的关系就能达到很高的和谐境界。一个社会的发展当然是离不开物质的因素,如能源、信息、技术等,但必须要获得非物质因素的文化支持,信任就是其中重要的环节。信任的价值在于通过一种精神性的方式把每个个体联系起来,建立起一个合作的、稳定的社会联系。人们发现当双方以一种信任合作承诺精神来把其特有的技能与财力结合起来时,人们就具有了安全感,各方面的工作将会更有效率。

同时,诚信也是人的自由发展应有的品质。诚信价值的张扬有利于提升公民主体素质。自由一词具有丰富的内涵,但把自由看作是人应有的品质的意义上,这是从人的本性以及人们之间的社会权利关系的角度来确定自由的内涵。马克思曾指出,"自由就是从事一切对别人没有害处的活动的权利。每个人所能进行的对别人没有害处的活动的界限是由法律规定的,正像地界是由界标确定的一样"[①]。这里把自由理解为在不妨碍他人的地位和权利的范围内,按自己的意志和愿望去决定自己的行动,诚信的行为内涵了这个要求。同时,诚信的行为注意处理好社会的各种关系,马克思还把这种行为的自由称为

[①] 《马克思恩格斯全集(第一卷)》,人民出版社1972年版,第438页。

人的"类特性","人的生命的具体表现"①。这就是从人的本性和自身发展的关系上来确定自由的内涵。自由表现为人对自身固有本性的承认和认可,并且自觉地把这种本性的要求转化为自己的意志,进而在自身各方面的活生生的存在和不断发展过程中将其实现出来。在这里所说的自由,也就是主体的一种自主的状态。比如在家庭关系中,要尊老爱幼、男女平等、夫妻和睦、勤俭持家、邻里团结;在职业生活中,要爱岗敬业、诚实守信、办事公道、服务群众、奉献社会;在社会工作中,要文明礼貌、助人为乐、爱护公物、保护环境、遵纪守法等,这些规范要求每个个体对内以诚、对外以信,使人的自我得以完善,达到一种自由的境界。而诚信可以说就是人自身发展中自由所应当具有的品质,它与人的平等、人格的独立等内容一样反映为是人的意志自由所包含的要素。中国要成为世界大国、强国,呼唤着具有这种自由品质的公民的建设。人们之间没有人身的隶属,人的意志是自由的;没有特权,人们在权利上是平等的;没有权利被无偿地抢占掠夺,人们在权利的交换上是等价的;没有强迫欺诈,有的是自愿和诚信;没有强权意志,有的是自由的合意,如此等等实际上就是要提升做人的品质,诚信是人的自由应包含的内容,是一个公民应具备的基本品质。

但我们必须看到,在过去诚信价值的建设上,我们往往停留在道德的形式阶段,其理想的成分高于实用的方面。在中国,"诚"更多指谓主体的自我修养及由此形成的内在的道德品质、德性或者道德的境界,而"信"则往往以一种比较主观的形式表现出来,信任他人是一种主观的态度,判断他人可信与否也主要地依据于一种主观的判断。注重个体及内心的诚信修养,成为过去诚信价值建设的一种特点,这样的道德实践使诚信没有转化为一种具有普遍性的道德的义务,没有上升到责任心的层面,诚信作为人生的伦理而言,突出的是主体的内心修养,使得理想的成分较多,比较的抽象,同时也存在一定的封闭性②。尤其要强调的是,诚信建设上的这一缺失还和过去一些重大的政治运动相结合,使得诚信应有的内涵还进一步遭到消解,比如过去在极左思潮影响下出现的"浮夸风横行",多次的政治运动使得有些人变得唯唯诺诺、明哲保身,有的甚至是落井下石、损人利己等。诚信失却泛化成当时一种非常普遍的社

---

① 《马克思恩格斯全集(第四十二卷)》,人民出版社1972年版,第255页。
② 参见蒋璟萍:《诚信缺失原因分析》,载《湖南商学院学报》2004年第3期。

会现象。我们重视诚信价值的建设必须要对过去所进行的诚信实践进行认真的反思,根据社会发展的要求不断地丰富和发展诚信建设的内涵。而通过法治社会的建设,构建起有效的机制,来保障诚信价值作用的实现,这说明诚信与法治社会建设具有内在的关系。

(三) 诚信价值内涵和主体间诚信机制建设

对诚信价值的内涵,过去人们主要从字面上进行把握,即从一般意义上强调诚实、信用的道德内容。但把诚信价值和一种社会角色相结合,其内涵就具有了深刻性和丰富性。当然,法治社会的建设,我们更要关注通过一定的机制建设,使诚信在人们主体间建设起来。

1. 诚信价值内涵分析

这里所做的研究,与第一部分即诚信研究涉及的相关概念的分析有一定的交叉,但笔者还是把诚信价值和一种社会角色关系作为一个问题来讨论,因为这样可以使我们对诚信的理解带有更丰富的社会学意味。笔者认为有以下主要的内涵值得关注:

(1) 从执政的公信力视角理解诚信价值的内涵。在诚信价值取向内涵的理解上要特别重视执政的公信力问题,把诚信价值取向内涵的揭示和执政的公信力相结合。所谓公信力是执政党或政府在具体行使职能中所产生的客观结果,体现其工作的权威性、民主程度、服务程度和法治建设程度等状况。当然这具体来说也是反映了人民群众对执政党或政府的满意度和信任度。一个政府的合法性从本质上来说是建立在人民对它的信任的基础上。我们可以看到,自改革开放以来,中国经济社会事业得到了又好又快的发展,四个文明建设齐头并进,综合国力显著增强,国际地位进一步提高。这些执政成就赢得了人民对党和政府的高度信任。但是新旧体制的摩擦冲突,社会利益分化、就业方式和组织方式多样化、价值取向多元化以及外来文化冲击等诸多因素的影响,在有的地方政府的公信力出现弱化的现象,特别是有些地方存在的腐败问题,严重损害了党和政府的形象,影响和制约我国经济社会的稳定健康发展。

诚信价值取向反映到党和政府公信力上,突出的就是党和政府的政策要取信于民,真正体现公共性,具有合法、正当、科学、有效等特征。政策的制定者应当是公共的权威机构,反映公正、效率、平等的价值理念,体现公意的要求。其中公正是首要的价值。马克思主义指出,公正是一种应该的、合理的价值选择,这种选择出自全体社会成员共同的理性判断,是人类社会理性的充分体现。作为在制度框架下生成与运用的政策,须以实现社会公正为出发点和终极目标。政府要依法行政,推行行政决策的科学化、民主化。同时推行行政效能监察,建立问责制度,实施行政责任追究。诚信价值取向的内涵深深地反映在执政的公信力基础上。

(2) 从企事业信誉的视角理解诚信价值的内涵。社会主义市场经济的发展,要求建立诚信的社会体系。从全面化的角度理解诚信的价值,涉及个人、企事业等自身的建设如何与社会主义市场经济的要求相一致,适应社会主义市场经济发展的特点。中国在改革开放、建设社会主义市场经济中取得了很大的成绩,但同时我们发现在诚信的现状上却存在不少问题。如有的地方假冒伪劣商品屡禁不止,坑蒙拐骗行为时而可见;合同得不到履行,借款人赖账,经理人说话不负责等。诚信的缺失,不仅会扰乱正常的社会经济秩序,加剧社会公信力的下滑,甚至会影响社会的稳定。但有的人在强调诚信价值问题上,把目光仅仅对着企业或个人,其实诚信价值上的问题尤其要重视政府在其中的作用。政府不仅对社会的经济等活动在进行管理,而且也在进行一种示范。我国政府是人民的政府,依据于人民主权的原则,权力来自于人民,应当用之于人民、服务于人民。正是在这个意义上,政府守信是法律对政府的要求。"一切企事业单位,一切经济活动和行政司法活动,都必须实行信誉高于一切的观点,严格禁止坑害勒索群众"[①]。这就提出了在对诚信价值取向内涵的理解上,各个方面都要与建设社会主义现代市场经济体系的内在要求联系起来进行思考。

(3) 把诚信价值内涵的理解与党的思想建设相结合。思想建设是中国共产党的根本性建设,是中国共产党做好各项工作的前提和基础。要把诚信价值取向内涵的理解与党的思想建设相结合。通过思想建设推动党的其他各项建设是中国共产党执政重要的经验。事实证明它是非常重要的。改革开放以来,在国内外环境发生深刻变化的情况下,中国共产党巩固了执政地位,并成功地将中国特色社会主义事业不断推向前进。邓小平同志曾指出:"不解决思想路线问题,不解放思想,正确的政治路线就制定不出来,制定了也贯彻不下去。"中国共产党从建设小康社会到建设社会主义和谐社会,从强调"发展是硬

---

① 俞正声:《在九届上海市委十六次全会上的讲话》,载《解放日报》2011年11月14日。

道理"到树立科学发展观,这些理论、路线、纲领、政策的正确首先要归因于党的思想建设的成功。而诚信价值内涵了我们党实事求是的要求。"'实事求是'是诚信价值观在我们党思想路线上的体现。'有无认真的自我批评是我们党区别于其他政党的显著标志之一'是诚信价值观在我们党作风上的体现。我们要继承、坚持与发展这些好的作风,讲真话、办实事,不讲大话、少说空话,不回避和掩饰困难、问题和错误,坦诚地对待一切,以党和政府的诚信引领社会的价值取向。"①可以说,实事求是、诚信价值是一面重要的思想旗帜,旗帜就是方向,旗帜就是形象。有了旗帜,才能凝聚起战斗力、向心力,从而领导中国人民取得社会主义现代化事业的新成就。另外,在宪政与行政法治的时代里,党的执政要依照体现人民意志的法律执政。党要严格按照宪法与法律,按照人民的意志和要求办事,否则,执政党会丧失作为社会公共利益代表者的存在价值。历史与现实的经验都表明,一个政权或一个政党,其前途和命运根本上取决于人心向背。只有做到始终执政为民,才能始终获得人们的选择与认同,从而保障党的执政资格。

(4) 诚信价值内涵的理解上道德的教化与制度的创新相结合。对诚信价值取向内涵的理解一定要突破仅仅把诚信看作是道德范畴的观点,要把诚信的道德要求和法制的规范性有机地相结合。道德与法制是社会系统有序化的两大基石,但在诚信价值的问题上过去我们从道德上强调得比较多,因而效果上就不明显。其实诚信价值的问题必须要有法制的加入。一般说,道德是人的一种特殊的社会规范,它主要依靠社会舆论、传统习俗和人们的内心信念来维系。而将这种社会规范"硬化""固化"和常态化,就成为法制。法制介入道德领域,并对人们的道德行为加以强制性规范,使社会结构日趋稳定。道德与法制有着内在同质性,又具有相异性和互补性。道德与法制虽然同属于上层建筑,但都以对方作为自己的参照系,各有其特点,具有相异性。这些相异性在社会文化系统中互相补充功能和协调发挥作用,其中突出的在于二者虽然都是对人的行为的限定,但遵循的原则不同。法制强调对人的行为的外在规制,主体在这里是受制的、被动的,理智地服从不以人们意志为转移的外部强制力量。而道德遵循自愿的原则,行为是出于意志自由,主体在这里是主动的积极的。正是在这个意义上,要把道德教化和法制手段有机相结合。诚信问

---

① 俞正声:《在九届上海市委十六次全会上的讲话》,载《解放日报》2011年11月14日。

题的最终解决,仅靠道德的教化是不够的,还是要靠法制。我们应该创造诚实守信受尊敬不吃亏,欺骗失信受惩罚遭唾弃的法律条件和舆论环境,为诚信的价值取向做扎扎实实的制度性基础工作。这项工作意义重大,这是社会主义市场经济的基础工作,是中华民族复兴的基础工作,是惠及子孙后代的基础工作,是千秋大业。

(5) 诚信价值的内涵的理解要与中国文化传统相结合,强调历史的传承性。如前所述,在中国诚信一开始主要从做人的标准和治国的准则来思考的。中国传统文化历来主张:"与朋友交,言而有信。""吾日三省吾身,为人谋而不忠乎?与朋友交而不信乎?传而不习乎?"(《论语·学而》)"与国人交,止于信。"(《礼记·大学》)"信则人任焉。"(《论语·阳货》)这是做人的基本准则。同时还强调"信"在治理国家中的作用,认为"以信为本","民无信不立"。但当时的这种诚信文化是建立在一种亲缘基础上重感情色彩的诚信。而随着社会发展,诚信文化也作为经济伦理的基本要求。对诚信价值取向内涵的理解当然要与中国的历史发展结合起来,重视诚信价值取向的历史传承性。

2. 主体间诚信价值机制建设的思考

法治社会建设,要通过制度化的方式,保障并推进诚信价值作用的发挥。但我们也要重视发挥道德的说教功能、社会舆论的功能等,因此笔者在这里结合起来进行分析。

(1) 诚信价值道德教化的思考:

第一,诚信价值道德教化功能分析。可以说,诚信是人类社会特有的道德现象。所谓诚信价值的道德教化,指的是人们在主张诚信价值时,强调要根据一定社会的要求和受教育者的需要,遵循品德形成的规律,并采用一定的道德教育方法,培养受教育者诚实与守信的道德品质的活动。诚信价值的道德教化是使诚信的价值自省转化为社会化的过程,它包括了政治诚信价值教育、经济诚信价值教育、文化诚信价值教育和有关诚信价值原则的法制教育等。

但在强调诚信价值的道德教化功能时,国内的学术界有些学者存在误解,认为我们重视法治建设,就不再应当把道德的教化作为重要的问题予以强调,从而把法治与德治两者截然对立起来。其实,法治是一个时代的命题[①]。法治

---

① 参见李瑜青:《论"德治"对法治文明的精神功能》,载上海市邓小平理论研究中心编:《论"德治"与"法治"——学习江泽民同志"以德治国"思想论文集》,上海人民出版社2001年版,第319—331页。

国家的建设，德治是其重要的组成部分和内在要求。在具体的治理方式上德治和法治从来都是相辅相成、相互促进的，两者缺一不可，也不可偏废。社会主义法治的建设必须充分反映和体现道德的要求，通过法治加强社会主义法制建设，在法律和制度中明确规定道德内容，以其权威性和强制手段规范社会成员的行为，培养人们高尚的道德品质和道德情操，以增强公民道德规范的责任感，同时也可有利地保证公民权利和义务的实现。但仅靠法律手段来调整和规范人们的行为是不够的，通过德治，提高人们的道德素质有利于人们自觉地去营造和谐的社会公共秩序，遵纪守法，保障社会主义事业的进步和发展。另外，道德建设还能弥补法制建设的不足，因为人们的立法再完整也不可能把社会成员所有的行为都包罗无遗，它只能涉及一定的社会关系和社会秩序，大量的社会生活和社会关系的调整是要借助于德治方法的运用，比如通过说服教育以提高人们道德的选择和道德的判断能力，扶正祛邪，扬善惩恶，追求高尚，激励先进，从而形成良好的道德风尚。这样道德的说教通过其特有的手段可以促进法治文明的建设，使人们由内向外地发展形成行为的自觉性。通过社会舆论的谴责、批评、赞成或反对以及唤起行为者内心的信仰，培养善恶判断能力和道德责任感等方式，引导行为者借助于自我认识、自我批判和内心立法把外在的道德要求转化为自愿的行为活动①。

第二，诚信价值道德教化的途径。从道德教化发展的规律来说，诚信价值的建设要突出以下一些方面：其一，重视中华民族传统文化和传统美德思想的挖掘，培育和提升公民的诚信意识。中华民族在历史的发展长河中已产生和形成了极为丰富的诚信价值文化，如《周易》就记载："君子进德修业。忠信，所以进德也；修辞立其诚，所以居业也。"（《周易·乾文言》）孔子云："人而无信，不知其可也。"因此，他把"言必信，行必果"（《论语·为政》）作为规范弟子言行的基本要求。这些优秀的中华民族传统价值观点是我们不可多得的精神财富。有一句话，只有民族的才是世界的。在培育和提升公民诚信价值意识时我们必须要自觉地对民族传统文化加以理解和把握。通过学习和把握中华优秀传统文化和美德中的价值理念，加强公民的诚信道德修养，使公民的诚信价值意识能够在社会主义市场经济的条件下得以提升，获得深厚的社会土壤

---

① 参见李瑜青：《论"德治"对法治文明的精神功能》，载上海市邓小平理论研究中心编：《论"德治"与"法治"——学习江泽民同志"以德治国"思想论文集》，上海人民出版社2001年版，第319—331页。

和高度的民族自觉。其二,结合时代和社会的发展,吸取世界各民族优秀的价值文化成果。诚信价值的道德建设既要重视中华民族优秀传统文化和传统美德的历史承继,还应该积极吸收世界各国优秀价值文化成果,从而提升它的道德内容。我国已经进入了建设中国特色社会主义市场经济发展的新时期,诚信价值的道德建设也要与时俱进。现在经济的全球化得到很大的发展,这种发展不仅反映出经济领域中产品和资本的跨国性的流动,同时也带来了以信息为载体的各种文化和思潮在全球范围内的传播,因此全球化是一个具有全方位特征的社会现象。我们要充分利用这种机会和有利的条件,借鉴和学习世界各国所创造的一切有价值的文明成果,广泛地吸收各民族的优长,从而不断升华诚信价值道德建设的内容。其三,把提升公民诚信价值纳入国民教育和精神文明建设的体系中。提升公民的诚信价值是一个庞大的社会工程,在这个过程中我们要特别强调以广大的青少年作为教育的重点,而学校是对青少年进行诚信价值教育的重要场所,把诚信价值的教育贯穿于从幼儿园直至大学的全过程,在充分发挥课堂教育主渠道作用的同时,还要动员社会各个方面进行有利的配合,为学校的诚信价值教育创造实践的平台。诚信价值的道德教育内容要进行具体的分解,并贯穿到学校不同学科的课堂教学中,同时还要重视学生日常行为教育,让学生了解实践并接受诚信价值,把它作为世界观、人生观、价值观的重要组成部分。诚信价值教育要和整个社会的精神文明现实联系起来,把它作为精神文明建设的重要组成部分。诚信价值的思想或观点渗透到群众精神文明创建的活动中去,教育形式要活泼多样,做到寓教于学、寓教于乐,人们广泛地参加到诚信价值教育的实践中,并不断地总结、推广,使公民的诚信价值意识得到不断地提升。其四,充分发挥大众媒体、文学艺术的作用,从社会舆论的角度为培育和提升公民的诚信价值意识营造良好的社会氛围。公民诚信价值意识的培育和提升还需要借助于社会舆论宣传的力量,通过社会舆论宣传来促进诚信价值的建设。具体来说,要借助新闻出版和大众媒体等现代化的传播手段来进行诚信价值的教育,宣传在诚信价值建设上先进人物和先进事迹,宣传中华民族传统优秀的诚信价值思想和观念,宣传社会主义诚信价值道德规范,同时对不讲诚信并造成危害的人和事进行曝光。文艺作品还要热情地宣传人民群众中良好的诚信价值风尚,以独特的形式和艺术的魅力,唱响社会主义的文化主旋律,弘扬时代的精神,陶冶人们的情操,塑造人们美好的心灵。另外也要发挥体育在诚信价值道德建设中的作用,通过丰富多彩的诚信体育活动强健人们的体魄,丰富人们的思想感情,增加人们的心理健康,并达到提升全民的诚信价值意识培育的目的。而在诚信价值道德教化上,主要的内容即要确立诚信是立人之本的观念,诚信是交友之道的观念,诚信是家庭和睦之基的观念,诚信是为政之德的观念等。

(2)诚信价值制度构建及其体系。虽然诚信价值道德层面的建设是极为重要的,它为制度建设提供了重要的智力支持,但没有制度上的保障诚信价值不能够真正地落实下来,这是以前的实践给我们带来的启发。因此,我们必须重视对诚信价值的制度建设。

第一,诚信价值制度建设的思考。一种制度的设计当然要有社会发展客观的依据作为支持。诚信价值的制度构建,其依据在于现代社会市场经济发展的要求。现代市场经济的发展使社会分工日益精细。生产要素的所有权和控制权相分离,商品和服务的供给者和消费者相分离,形成了广泛的商品与服务的交换关系,以及与此相联系的契约关系和委托的代理关系。专业分工强化了信息的不对称,同专业化的代理人相比,委托人掌握的专业知识和信息比较匮乏。这些在客观上都对诚信价值的制度构建提出要求。而社会主义市场经济既要遵循市场经济的一般的规则,又要体现社会主义的本质要求,因而更加重视诚信和信誉,更加关心消费者的正当利益。在现代经济活动中,诚信不是空洞的概念,而是资本,是财富,也是竞争力。一个市场主体,只有讲诚信才可能获得牢固的伙伴,才可能有品牌的形象,才可能获得持续的发展,否则就会被市场淘汰。而市场经济是一种竞争的经济,在激烈的市场竞争中,价值规律、竞争规律、供求规律,共同发挥着各自不同的作用,从而形成一种合力,促进着市场主体的优胜劣汰。竞争必须是有序公平合理的竞争,否则就不能保证市场经济稳定、持久和健康地发展。诚信的价值要求也在这里找到依据。价值规律要求人们遵守等价交换、平等互利的原则,使所有的交易者进入市场的机会平等,获取收入的机会也平等,只有这样才能充分地调动每一个市场主体的积极性和创造性,使其潜在的能力得到充分的发挥。供求规律要求商品的供应者必须提供货真价实、为广大消费者所欢迎的商品。只有这样,商品才能实现销售,迅速地回笼资金,否则将会造成商品的积压和浪费,资金无法周转,利润也就无法实现。由此可见,要实现公平合理的竞争、平等互利的交换,除了法律赋予每个市场主体平等权利外,最重要的就是诚信。

但诚信价值的制度建设又与政府有关。市场经济的发展要求政府成为讲诚信的政府,但政府在一个社会中的特殊地位需要它承担起社会诚信体系建设的责任,需要把信用秩序的供给作为公共产品提供给社会。从理论上讲,市场经济的自发秩序中是包含着诚信要求的,遵从诚信原则的行为,能够使市场主体在持续的竞争过程中处于优势地位。但实际情况却往往不同。市场主体的非理性冲动总是使市场主体在具体的竞争环境中作出非诚信的行为选择,造成对自发的信用秩序的冲击和破坏。正如市场本身有着自发的竞争秩序,却又会产生破坏这种竞争秩序的垄断一样,市场经济自发的信用秩序也会在具体的非诚信行为中遭到瓦解,从而表现出理论上的推定与实际情况不一致的现象,正是在这个意义上,政府有责任来引导和促进一个社会诚信价值的建设。

而诚信价值建设要突出的是制度建设。诚信原则能否得到普遍的遵守,人的行为的信用度的状况等,当然关系到一个社会交往关系的状况,对社会秩序的稳定有着很大的影响。人们普遍遵守诚信原则,行为信用度高,有利于一个安定和谐的社会局面的产生。但历史的实践已经证明,诚信价值建设不能仅仅停留于道德的说教,必须加强制度的建设。这无论对个体或组织而言都是如此。市场经济在很大的程度上也是信用经济,在市场经济条件下,经济发展的活力和总体的态势是蕴涵于每一个经济主体的市场行为及其效果之中的,每一个经济主体对诚信原则的遵守和行为的高信用度可以把市场经济的消极因素降到最低点,从而减少市场经济的破坏因素,使市场经济总体上的活力增强,促进市场经济良性地运转和健康的发展。但如果我们不是自觉地从制度层面加强建设,很难看到这种格局。

加强诚信价值的制度建设,不仅可以创造良好的社会秩序和经济秩序,也会降低政府执政和社会管理的成本。一个社会普遍地遵从诚信的原则并有着健全的诚信的制度体系,也就能获得良好的社会秩序和经济秩序,社会也因而获得了较强的自治的能力。在这样的条件下,政府社会管理的成本就会减少,政府也从日常烦琐的社会管理事务中脱身出来,把精力更多地转移到关系国计民生的重大战略性工作中来。诚信价值的制度化建设状况对一个社会的文化和道德水平有着很大的影响,从社会发展的继承关系来看,诚信原则本身就是一笔文化和道德的财富。道德规范体系的建设甚至整个文化体系的健全都需要以讲诚信为切入点,只有当诚信的原则得到了普遍的遵守,人们才会拥有由道德行为构建起来的健康向上的社会关系和文化生活。政府有责任去积极地进行诚信的制度建设。

第二,政府、企业、个人诚信价值制度构建的体系。

一是政府诚信价值制度的构建。在诚信价值制度建设上,我们首先来讨论政府的建设问题。这既与中国文化传统有关,也是由我国政府的性质所决定。我国政府是人民的政府。依据于人民主权的原则,权力来自于人民,应当用之于人民、服务于人民。正是在这个意义上,政府守信是法律对政府的要求。但在现实生活中,我们却看到政府失信的行为屡有发生,如政府决策的随意性、任意性强,甚至朝令夕改,使行政相对人处于左右为难、无所适从的境地。有的政府执法过程中存在地方部门的保护主义,纵容一些违法乱纪行为存在,有的政府工作透明度不高,存在暗箱操作现象,这样为"权力寻租"提供了机会。可以说政府的诚信关乎大局,不可或缺。政府诚信制度建设得好其作用非常鲜明:① 具有示范引导作用,在日常的经济社会管理事务中,政府讲诚信就会给企业和个人树立榜样,产生良好的示范的效用。政府诚信不仅涉及政府作为组织的一个形象,而且也是通过每一个公务员个体的行为表现出来的,因此要加强公务员的自身的修养,提高道德业务的水平,做诚信的,忠实的践诺者。② 具有规范协调作用。社会诚信的建设涉及社会生活的方方面面,诚信建设起点要高,要有效用离不开政府对诚信建设统一的规划,协调各方面的利益关系,否则诚信就不可能作为一盘棋来进行建设,一盘散沙式的诚信建设是不可能收到良好的效果。③ 具有监管保障作用。社会诚信制度的建立和完善不可能是一个一蹴而就的过程,肯定会产生各种各样的矛盾和冲突,政府作为公共权力的代表在大力推动诚信建设的过程中就要充分发挥监管保障的作用,使诚信建设按照预定的目标和方向发展。

但政府的诚信建设重要的是制度的打造,以制度创新打造诚信政府,这是行之有效的方法。在这个问题上,学界和实务界都已经提出了许多有建设性的学术性的观点,但笔者认为其中有几点很值得关注:其一,政府权力运行的制衡制度。政府权力的运行状况直接关系到政府诚信的道德形象,市场经济的发展要求政府权力的运行体现廉洁、高效、公正、规范的特点,而实行职权分解,以权制权的相互制衡才能实现这种权力运行的方式。同时,还应建立权力运行的外部约束体系,为有效监督权力创造条件。其二,政府权力运行的承诺制度。构建政府权力运行的承诺制度,对加强政府诚信的建设具有基础性的意义。政府的权力是人民给予的,根据人民主权的原则,政府要对人民负责,当一个政府公开承诺、有诺必践时,我们才有可能期待政府的行为会怎么做、怎样做。政府权力运行的承诺制度使民众可以参与到对政府工作的监督中来。对民众的忠诚是政府存在的合理性基础,它应该先于对特定机构或官员的忠诚。其三,政府权力运行的政务公开制度,这是构建诚信政府建设又一个基础性制度。政府所制定的政策由抽象的行政行为转化为具体的行政行为,有必要公平、公开、公正地对待每一个社会的个体。政府权力运行的公开化、透明化,打造阳光政府,让民众了解政府机构的设置、权力运行的规则和方式等,还群众一个知情权,可以确保政府真正的取信于民,为民办实事,并有效地接受群众的监督。公示制度、听证制度、专家咨询制度、预告制度、通报制度、第三方评估制度以及建设"电子政府"等方式都是政府权力运行政务公开制度的重要组成部分。其四,政府权力运行的程序制度。诚实信用原则本身只是一种抽象的道德观念,在具体的行政行为实施的过程中,只有通过行政程序才能具体化。诚信政府要真正保护行政执法主体与行政相对人之间的信任关系,就必须有相应的行政程序作为保障,比如具体行政行为实施过程中的告知制度、期间制度、回避制度等是实施程度制度的重要内容。政府诚信应严格按照行政的程序处理相关的业务。其五,政府权力运行的责任政府制度。政府诚信建设还取决于政府有否健全的责任制度,一个不愿意或不敢承担责任的政府是不可能形成人们对它的信任。与这个制度相关,比如行政的监察制度、问责制度、投诉制度等一系列的制度要与此配套,形成行政行为失信责任的追究和惩罚。

二是企业、个人诚信价值的制度构建。再来探讨一下企业和个人的诚信问题。可以说诚信是企业的生命,但在诚信问题上,企业又有自身的特点。企业诚信涉及到两个相互对立的逻辑,即道德逻辑和资本逻辑,它们以如何处理利益关系而形成分界线。道德逻辑要求行为者更多的考虑社会整体利益或他人利益,而资本逻辑要求行为者更多的考虑自我的利益。可是市场经济作为资源配置的一种经济形式,它在充分发挥资源配置作用时,必须要依赖于公平、公正和平等的等价交换,而这种交换又必须以双方诚实守信作为基础,否则就不会真正地实现。追求利润是企业的目的,处在转型社会的环境中,有的企业也许透支诚信,可以在利益回报上一时膨胀,但它最终会受到社会的道德批判,并被逐出市场的舞台。而失去信用制度约束的市场将在利益驱使下陷于混乱,企业与企业、消费者与企业之间的关系恶化为极度的不信任,最终成为企业发展的瓶颈。

诚信也涉及每一个公民个体的存在。诚信是公民做人立世的基本道德规范。我国《公民道德建设实施纲要》就明确,把爱国诚信、团结友善、勤俭自强、敬业奉献作为公民基本道德规范。诚信可以具体体现在公民日常生活的各个方面。但随着社会的发展和社会主义市场经济体制的建立,诚信的道德规范在日常生活中却被有些人所忽视、淡忘,特别是由于受到市场经济的一些负面影响,使一些人在面对各种利益的诱惑时,背弃诚信、唯利是图、见利忘义,导致社会诚信出现危机。

在企业和个人诚信的建设上,我们当然必须加强诚信的宣传,去营造良好的社会诚信的氛围。但从制度层面,有几点特别值得关注:其一,建立企业和个人诚信档案制度。高效实用的企业或个人诚信档案制度是建立我国社会诚信体系的重要突破口,可以将公安、司法、检察、税务、商业银行、保险公司、医院等相关的信息集中起来管理,有专门的机构负责整理企业或个人如纳税的资料、司法的记录、福利保险的记录、信贷的记录、资产的状况等。其二,建立健全相关的诚信奖惩制度。构建诚信社会,必须要有制度性的奖励和惩罚机制。只有在制度的约束下,人类文化才能成为可持续性的力量,对失信者进行惩罚,使其一处失信,处处受制,为他的失信行为付出沉重的代价。在全社会形成人人诚信的社会风气,不仅要重视惩戒,还要有鼓励。通过奖惩制度的运行,使诚信逐渐从他律转化为自律。其三,完善企业内部的诚信制度的建设。企业制度从大的角度是产权关系的制度,只有明晰产权关系,企业的管理者和职工才能真正体验到自己的角色及其与企业息息相关的联系。但产权关系明晰之后,企业又要通过内部的具体的制度管理,使在企业中承担不同角色者明确什么是应该做,什么是不应该做,使企业具体的行为点点滴滴落实到诚信要求上。一个诚信的企业一定是严格进行制度管理的企业。

五、市民社会理念与社会自主性发展

(一)市民社会理念的传统含义及其在当代的变化

有学者已经指出,市民社会最早指的是欧洲中世纪的自治城市,当时的城市手工业者结成行会来反对封建土地贵族,主张由城市来安排自己的制度。当欧洲社会生产力发展进入工场手工业时期,市民社会进入第二阶段。在这一阶段,当时欧洲产业对农牧产品原料的巨大需求,促使大量耕地变成牧场,使得城市逐步取得对农村在经济上的领导权。资本的数量增大了,资本的形式也由商业资本转为产业资本。生产方式的转变,促使传统的封建体制也发生变化。土地贵族开始失势,大批的农民从自己世代耕种的土地上被赶走,加入到庞大的城市失业者的队伍;而财产私有权也被确立为一般原则。市民社会的第三阶段是资产阶级获得社会领导权的时期,它开始于17世纪。当时随着大生产时代的到来,资本又以突飞猛进的方式迅速发展,因此,已获得经济领导地位的资产阶级商人和工业手工场主,再也不甘心在国家生活中充当配角的角色。同时,思想启蒙运动的发展,把文艺复兴倡导的世俗观念、科学精神、理性原则普遍化为人们广泛接受的社会意识,于是便有了1640年和1688年的英国革命以及1789年的法国革命。资产阶级政治革命的胜利真正确立了资产阶级社会形态。

从市民社会历史演化的三个阶段可以看到,市民社会的原本含义指的是当时资产阶级所控制的城市逐渐摆脱封建国家的控制而追求自身独立的利益,它反映了当时社会经济发展与上层建筑国家的剧烈的矛盾。正是在这个意义上,马克思不同意黑格尔把国家作为整个社会基础的看法,认为市民社会才是基础,而历史本质上是市民社会进化的过程。但是,当代世界不同国家的学者提出的市民社会理念则又具有了新的含义,即着重描述与国家相对应的社会自主性的发展。具体来说,随着市场经济和现代化的发展,各个国家都存在着国家的政治职能的转换问题,因而,思考国家与社会这两个范畴的关系,目的是从制度结构上为国家或政府寻到其存在的合理性基础,或者更明确地说是研究如何使社会得以自主性发展的问题。

我们可以看到,世界不同国家的学者使用市民社会理念虽然使命感不同,但都不同程度反映了对社会自主性发展的关注。欧美学者对市民社会问题的关注,与全球化运动带来的社会生活的变化有关。主要表现为,随着全球的重构——灵活的积累和资本的三级组织(美国、日本、欧洲共同体)出现了对机构部署和结构的重新安排,国家主义开始盛行。西方一些激进的学者为此感到有必要诉诸市民社会的理念,对国家与社会间极度的紧张关系做出检讨、批判和调整,以求通过对市民社会的重塑和选择来重构国家与社会的良性关系。东欧及前苏联学者所说市民社会问题则与当时为摆脱国家的集权式统治的思考有密切关系。原苏联模式的极权政体造成了国家对整个社会生活的全面控制,从而使国家的目标与社会的目标在任何一个细节上都完全趋于一致。在这种体制下,国家意志是唯一被认可的社会进步动力机制,国家同时垄断了所有的社会资源和社会价值,个人价值则只能通过由国家提供的渠道得以体现。于是东欧及前苏联的一些学者把市民社会的概念提出来,并进行一种理论预设,认为市民社会的建设不仅是用来抵御暴政、集权或统治的必要手段,而且还是一种就应被视为当然的目的。

中国大陆学者是在20世纪80年代下半叶开始引入市民社会理念的,并在市民社会理念的使用上也特别强调了社会自主性发展问题。当时在引入市民社会理念时,当然受到东欧和前苏联国家摆脱集权式统治的某种"示范"作用的影响,但学者们更多的是在思考或设计本国改革的具体的框架,与此同时,还有一部分学者则用市民社会的理念话语去解读中国近代历史,试图对中国近代史的发展作出一种独特的思辨的说明。由此可见,把中国学者的理论意图说成只是以西方市民社会模式为依据,在中国社会历史中寻求发现或期望发现中国与西方两者间的相似之处的说法是不全面的。

其实,无论是西方早期市民社会的成长过程,还是它所倡导的一系列制度、观念等,对我们都没有真正的模仿意义,西方现代化道路并不是现代化发展的唯一的形式,中国的现代化道路有它的特殊性。研究市民社会的理念,目的是使我们从中国现代化发展的特殊性中找到某种共性的因素,即去研究随着市场经济和现代化的发展,国家与社会这两个范畴的关系以及社会的自主性发展问题。

(二)用市民社会的理念,检讨我国在国家与社会关系上以及在社会自主性发展上所存在的问题的意义

从中国古代思想史上看,国家与社会几乎一直处于胶合的状态。形成这一胶合状态的原因是多方面的,其中最为关键的则在于小农经济以及宗法制度的决定作用。当时的中国,这种分散的小农经济多如繁星或汪洋大海。小农经济必然伴随着宗法制度,并形成对宗法制度的依赖关系。作为宗法制度最基本的单位的家族,其每个成员都置于一个高度系统化的等级名分体系中,并且由此产生权利和义务关系,而父家长则有无可置疑的权威。家族的社会功能是广泛的:一个家族往往有自己的宗祠,里面放着一块记载着为家族认可的习惯法的石碑,家族有无可置疑的权力把它强加给自己的族人;家族负责安排其成员的婚姻和继承以及相关的必要的礼仪活动,从而使更多的人陷入

家族控制的罗网之中。这种家族体系的运行准则广泛地渗透到国家政治生活之中,专制国家实际上就是宗族主义家庭的放大。皇帝被渲染成父亲般的人物,总揽国家最高权力,官吏和绅士对他和他的家系竭尽忠诚之职。国家生活围绕皇帝而旋转。黑格尔对中国古代这个特点作了较为深刻的说明,他认为"中国政府就完全建立在这种伦理关系上。客观的家族孝敬是国家的标志。中国人认为自己既属于他们的家庭,同时又是国家的儿子,在家庭内部,他们不具有特性,因为他们所在的实体单位是血缘和自然的单位。在国家内部,他们同样缺少特性,因为国家内部占统治地位的是家长制。政府的任务仅仅是落实皇帝预先制定的措施。皇帝像父亲一样掌管一切";马克思也指出"虽然皇帝占有政府的法律,居高于国家政府的顶峰,可是他以父亲对待孩子的方式行使权力。他是家长,集全国的敬畏于一身"①。很显然,根深蒂固的宗族制度不仅构成了古代中国的社会结构的基本特征,同时也使整个社会生活形成家国一体的框架,并被置于一个高度系统化的等级名分体系之中。人不被看作是独立的个体,人与人之间有着依赖,天子、诸侯、卿大夫之间既是政治上的君臣关系,又是血缘上的大宗小宗关系。国家的治理主要是通过宗法关系来实现的。总而言之,以血缘为纽带的家庭等级制度放大到社会就是社会上的等级制度,而等级制度在政治上的表现又只能是专制制度。

  1949年中华人民共和国建立之后,由于当时的特殊情况,国家这个主体在政治、经济及社会生活的各个方面都起着主导作用。从经济上说,中国由于原来的工业化基础很薄弱,国家或政府不得不扮演直接的经济组织者和管理者的角色。它通过直接的计划和行政指令最大限度地集中资源,并进行资源配置,以推进工业化进程。但在完成了社会主义改造,建立了社会主义公有制经济基础后,由于历史的惯性和受原苏联经济模式的影响,形成了以指令计划为主的经济体制。这种高度集中统一的以行政直接控制和调节为根本特征的计划经济体制,由于国家享有至高无上的权力和几乎无所不包的渗透力量,使得在社会中行政控制力量占据了主导地位,使得国家与社会处于同构状态,从而造成整个经济生活的过度政治化特征。它的直接的后果,就是作为社会生活基础的企业或个人都成为国家计划的执行者,缺乏自主性和独立性;社会生活

---

① [德]夏瑞春编:《德国思想家论中国》,陈爱政等译,江苏人民出版社1989年版,第118—120页。

单一、缺乏活力,社会无力有效地对国家权力进行监督。

当今学界对市民社会的研究,使人们意识到社会自主性发展的问题。该问题强调社会本身应有的独立地位,强调经济及社会生活的多样性、自主性、主动性,公民的自由及选择,及对行政权力的社会有效监督等。

我们看到,当代中国的诸多系统都在有力地促进社会自主性的发展,我们可以从经济和政治的两个方面作出论证。

经济体制的转换,有力地促进了社会自主性发展。所谓经济体制转换,指的是从计划经济体制向市场经济体制的转变。在经历了一个比较曲折的过程之后,市场经济终于被写入国家根本大法,得到了制度上的确认。市场经济对社会自主性发展的意义,我们可以从市场经济运作的特点作出分析。一般说,市场经济是以市场作为资源配置的基础方式和主要手段的经济,它的运作突出了市场这个轴心点,这其中社会的生产分工是它的前提,满足不同人们之间的需求是它的目的,市场交换是它的表现方式。这样,市场经济的主体就不再只是国家或政府了,一切自然人和法人都是作为主体活跃于市场经济中。人们在经济活动中,以平等主体的方式交换。不仅如此,经济组织的方式也有了多样性,除国有企业外,还有许多其他的经济组织形式,独立地活跃于社会舞台上。经济是基础,市场经济的发展,促进了社会自主性的发展。

随着市场经济的发展和市场经济体制的建立,逐步改变了现行政治体制,从而也促进了社会自主性的发展。我们可以看到,经济体制的深入发展,已经使我们的所有制结构从单一公有制转变到公有制为主体、多种经济形式并存;公有制的实现形式由工厂制度变到公司制;经济运行方式从行政命令、计划配额转变到市场竞争自主选择;政企关系从企业是政府的附属物转变到企业是独立法人,国家政府的权力也要求以法律为依据,并应受到有效的制约。从国家与社会的角度看,经济市场化是政治民主化的必要基础,而政治民主化又有力地促进了经济市场化的发展,从而使得社会自主性发展得到支持。

(三)社会自主性发展的表现

社会自主性发展的直接结果,其重要表现就是,国家行政权力不再是社会唯一的支配力量,其部分权力分配给了相关的社会组织,从而形成了众多利益群体、社会组织与政府机关并存,社会权力与国家权力互补的多元化社会控制的局面。社会自主性发展的表现是多方面的,我们可还以特别关注以下一些方面。

1. 人由"单位人"变成了"社会人"

"单位人"是一个专门的术语,指中国人当时在计划经济体制下的存在状态。当时国家是单位资源唯一或主要的供给者,单位同国家及上下级单位的关系以及单位同职工的关系是行政性的而非契约性的,单位组织不仅具有专业功能,而且具有经济、政治、社会等多方面功能。国家权力和众多分散的社会成员,是由行政化的"单位"组织起来的,无论是企业、学校、医院、科研机构或当时农村组织等都归属于行政的系统,它们不仅是生产单位,同时又是生活单位,职工的生老病死、衣食住行、文化娱乐,乃至于子女入托上学、家庭邻里纠纷等,都由单位统一安排、管理。各种"单位"组织也许规模大小不同,等级有别,但小而全的基本结构则是相同的。同时,在计划经济条件下,人的流动性受到了极大的限制,"企业办社会"、"机关办社会"成为普遍现象。当时自上而下建立起来的部门或单位被规范为不同的行政系列而把人集合起来。同时,城乡户籍制度也限制了占全国人口70%左右的农民,他们中除了极少数人通过升学、招工、当兵或提干等方式可能转为吃商品粮的城镇居民外,其余的均只能耕作在世代延续的土地上。还有,城镇中的大、小集体企业和国营单位之间也壁垒森严,人员之间的流动受身份、指标等因素的限制,并需经层层审批,而跨地区的流动更是困难重重。上述状况在客观上便造成了人们的一种相对稳定的心态。每个公民自觉或不自觉地意识到,唯有自己的行政单位或部门才能实现自身真实的利益,并保障自身真实利益的实现。

人由"单位人"转为"社会人",是当今中国社会的重大变化。所谓"社会人"即指人不再像过去那样附属于行政系统或单位,他的自身利益、自主地位得到了确认,他能够以平等主体的身份与外界发生联系的这样一种存在状态。这种变化首先表现在"单位"意义的变化,进入市场经济后,单位的自主性明显增强。各种单位,尤其企事业单位适应社会需要,在社会竞争中求生存、求发展。许多新发展起来的单位也不再具有行政性,它们本身是一些生产性和服务性机构,是根据市场的需要生存和发展的,它们自主管理、自主行为。因而在这些单位工作的人是具有社会性特征的。同时我们看到,市场经济的一个重要变化是促进了政府行政职能的转化,使它不再像过去那样充当社会生活一切领域的组织者和指挥者的角色,而主要以社会公共权力持有者的身份,通过法规和政策来调整或干预社会生活。另外,市场经济给人以经济自由及独立、平等追求自身利益的权利,灵活和多变成了市场经济中个体与单位关系的特点。人们在一个单位或部门,如果工作不称心或特长难以发挥就可以跳槽,而社会也开辟了劳动力市场为他们创造条件;有的人还可以独立地创办企业,开拓自己的事业。不少人除了做好一门主业外,还从事第二职业,从而与其他部门或单位发生联系。人群的阶层性意义便由此突出出来。由于经济结构的多元化、分配方式的调整、市场竞争因素的作用等,社会人群因职业、收入、受教育程度的不同而出现了社会性分化。

2. 社区及其社会组织在现实生活中具有了重要意义

在传统计划经济体制下,行政体系支配一切,政府行政命令包办一切,因此,基层行政部门成为人们社会生活的最基本单位。行政系统通过指令性的控制方式,按隶属关系层层具体化,组织同构对口,权力纵向运行,这样,社区及其一般的社会组织在社会生活中就不具有了实质意义。但随着中国社会自主性的发展,情况发生了变化,社区及社会组织在社会生活中的作用突显出来。当然,其中原因很多,比如:企业把原来兼任的社会职能还给社会的同时,政府也把历来兼任的社会职能还给了社会。此外,自改革开放以后,非国有经济组织大量出现,它们已不具备所有的社会职能,有的甚至根本不具备社会职能,它们只是社会劳动场所,企业员工的业余生活和社会劳动生活已有了明显的分界。由于社会资源分配渠道增多,单位以外的可替性社会资源增多,单位的吸引力已大大减弱,单位的聚合能力已不断下降,这就为社区的发展提供了广阔的舞台。同时工业化进程加速并促使生产的专业化、生活的快节奏以及竞争压力的挑战等,也为社区生活及社会组织在其中起一种整合、调整人们心态的作用提出了十分迫切的任务。

一般说来,社区作为一个区域社会,有四个基本的构成要素,即相对稳定的人文区位意义上的地域、一定规模的具有同质性的人口、有基本共同性的文化心理和生活方式、以横向分布和联系为主要特征的组织结构。社区作为一个"社会生活共同体",在过去的传统生活中,它的主要功能是满足直接发生于居民日常生活中的各种需要。对于这些大量发生在家门前的衣食住行及情感性需求,任何庞大发达的行政系统都是难以包办处置的。但新型的社区管理在内容上更为丰富,它把过去由政府管理的内容也归于自身,因此,在新型的社区结构网络中,各类社区服务团体、社区福利委员会、业主管理委员会、居民委员会、老人和妇女自给组织、各类旨趣性组织以及社区内具有法人地位的企业、学校、中介团体等,它们以专业化的分工履行满足社区成员的多样化要求的任务。

与社区的发育相联系的是非行政性社会组织的发展。就企业组织而言,随着政企分开,改革进程的逐步深入,企业日益减少了对政府的行政性隶属和依附关系,它们成为自主经营、自负盈亏、自我发展、自我约束的法人实体和市场竞争主体。企业作为经济组织,将确定以市场为取向的资产经营的单一功能和目标;企业将实行公司法人治理结构组织形式。与此同时,教育、科研、文化、医疗等事业单位的组织和运行方式也发生变化。它们逐步摆脱行政性的管理方式,拓宽了社会化管理的途径,增强了自主性和独立性。同时还有大量旨趣性、公益性、互益性新型的社会化组织,如各类行业协会、各类志愿者组织、各种俱乐部、各种中介机构等,它们以一种独特的方式把成为具有"社会人"功能的广大社会成员重新组织起来,使它们广泛参与到社会生活的各个方面去。

3. 人们结合方式的契约化特征

在改革开放前,行政的指令性计划在人们的社会生活中具有特殊的意义,人们的一切活动都必须严格依照政府指令或指导进行,从而对国家具有无限依赖性。但随着中国改革开放和市场经济的发展,社会自主性的有力推进,情况发生了变化。这种变化表现为,市场经济运行机制造成了不论主体与主体间、主体与客体间,只能是以契约关系为基准的经济运行模式,契约关系遂成为人们社会生活的基本关系。造成这种变化的原因是,由于社会自主性的发展及一切自然人和法人的主体地位的确立,当事人之间都充分认识到自身的独立存在以及价值:他们都是不同的利益主体,都有自己特定的利益要求。人们之所以偏偏要进行市场交换,而不去自己生产自己需要的全部物质生活资料,是因为他们认识到自己本身并没有能力生产出自己所需要的所有物质生活资料,同时又没有权利命令他方无偿地提供这方面的帮助,因此,就有了与他方进行交换的客观需求。在市场上利益主体进行的交换中,双方都是以主体的身份出现的,契约方式就体现了他们在地位上是平等的。具体地说,平等不仅仅是契约缔结的提前,而且还可以看作是契约实现的过程和结果,否则,契约的任何一方都会因不平等而中止交换活动的正常进行;同时,利益主体在缔结契约时,其意志的表达也是自由的。对于市场主体的双方来说,就是以这种方式彼此相互为对方提供服务以满足自身利益的,对于社会而言就是以这种方式实现了资源合理的配置和流动的。

从中国来说,契约关系发展很快。不论是个别的产购销活动,还是承揽工程、不动产租赁、企业联营、科技攻关协作、技术转让等广义交易活动,都映现出我国社会自主性的进程。据国家工商行政管理总局的统计,1983年全国合同经济总量大约4亿份,1985年约6亿份,1987年约占10亿份,1991年达到20亿份,到了2000年其数量之多已无法统计,这些就是明显的例证。

4. 法律在社会调控中具有决定性意义

传统中国缺乏法律的基础,法律是以皇权为中心,以"重刑轻民"为表征的。这个历史起点,对社会主义新中国的法律建设以极为深刻的影响,使得在改革开放之前社会法律制度建设出现过多次挫折。对于这些挫折,尽管我们可以从政治、经济、文化等多方面加以分析,但笔者以为,特别有必要指出的是法制发展在当时所受到的限制,这种限制使人们不能马上意识到法在社会生活中的主要作用。这当然与当时特殊的计划经济体制有关。这种体制由于国家享有至高无上的权力和几乎无所不包的渗透力量,因而在社会生活中行政控制力量占据了主导地位,法只是作为行政的辅助力量而起作用,这使得封建的法律虚无主义的文化传统在社会主义条件下以新的特殊方式表现出来,造成了在社会主义建设中不少悲剧性的事件。但经过思想的解放运动和反思"文化大革命"的痛苦经历以及改革开放、确定现代化发展的历史主题等,终于实现了法的现代转型。法被强调作为了国家或社会最高的统治力量,以约束政府权力并对社会进行有效的治理。这时法律作为治理国家的方式与人治相对立反映出社会自主性的进步。在这种情况下,行政权力当然仍有重要意义,但政府的行政控制也有一个依法守法的问题。一言以蔽之,法治是以公民的权利自主为前提的,它体现着社会自主性发展。

六、多元化纠纷解决机制的价值及其路径思考——兼驳机制的运行与法治社会建设相悖论

多元化纠纷解决机制的研究在我国业已开展了十余年,但人们对这一机制的研究偏重于技术层面,也从技术层面思考其价值,缺乏从深层次的文化层面的探索。因而,近年来也就有些声音认为,诸如调解等纠纷解决方式与中国法治事业进程中法治社会的价值目标相冲突。然而,这是对多元化纠纷解决机制价值内涵的一种曲解。事实上,多元化纠纷解决机制与法治

社会的价值内涵有着契合性。法治社会条件下完善多元化纠纷解决机制，要以这一机制所内涵的宽容精神价值取向为基础并建构起合理化的运作路径。

(一)多元化纠纷解决机制价值的认识现状

多元化纠纷解决机制自20世纪末引入中国,经过多年的发展与实践,业已形成具有中国特色的较为完整的制度体系。然而,以诉讼、调解、仲裁等纠纷解决方式为主要内容的多元化纠纷解决机制在我国的制度运行中出现了宏观立法不充分、启动程序不规范、终结条件不明确、方式方法不全面、地区发展不平衡等诸多现象和问题①。现实性矛盾与困境的集中爆发,背后必然有着深层次的、根源性的因素在发挥影响。多元化纠纷解决机制的价值认识,很大程度上恰恰扮演了这一角色。而就事物的价值而言,一般反映的是人们对这个事物所具有的意义的认识。审视人们就多元化纠纷解决机制的价值的认识,主要有以下几个角度:

1. 从多元化纠纷解决机制的内角度进行的价值的思考

多元纠纷解决机制作为包括诉讼、调解、仲裁等诸多纠纷解决方式的总和系统,因而不可避免地沿袭了诸纠纷解决方式的价值,并在纠纷解决上有着突出的表现。具体来说,学者们认为多元化纠纷解决机制的价值表现在:其一,平和解决纠纷的价值,这也是多元化纠纷解决机制的基础性价值所在。作为纠纷解决方式的系统化产物,处理与化解矛盾是其基础性的价值意义。此外由于淡化了传统司法纠纷解决中的对抗性色彩,因而无论是纠纷解决方式还是具体手段,都更加平和,这使得该机制具有实现纠纷平和式解决的价值。其二,节约成本,提高效率的价值,这是多元化纠纷解决机制现实性价值的表露。多元化纠纷解决机制,在程序上更为简化,改变了司法解决纠纷方式在程序上的僵化特征,又以机制、系统的形式完成对不同纠纷解决方式效力认可上的衔接,使得纠纷解决的综合成本大幅下降,效率显著提升。其三,意思自决,尊重利益的价值,这是多元化纠纷解决机制现代性价值

---

① 张卫平:《我国替代性纠纷解决机制的重构》,载《法律适用》2005年第2期;黄文艺:《中国的多元化纠纷解决机制:成就与不足》,载《学习与探索》2012年第11期;黄斌、刘正:《论多元化纠纷解决机制的现状、困境与出路》,载《法律适用》2007年第11期;孙益全、鲁保林、刘永红:《多元化纠纷解决机制问题分析》,载《社会科学家》2008年第11期;等等。

的体现。多元化纠纷解决机制,着力维护社会主体之间的平等性,充分彰显了对私权益处分的尊重①。尊重和保障多元化的利益,恰恰是现代化的核心要求之一。其四,新纠纷解决模式建立的价值,也可以理解为是其进步性的价值。虽然我国学者对当前中国社会"诉讼爆炸"有着认识分歧,但单一诉讼的纠纷解决方式已不能适应时代要求却也是共识②。新纠纷解决模式的建立,可谓大势所趋。鉴此,多元化纠纷解决机制不但是对司法的有效补充,也是一种更为高效、公正的纠纷解决模式③。

2. 从多元化纠纷解决机制外角度进行的价值的思考

不可否认,多元化纠纷解决机制自身具有特有的价值属性,这是其存在合理性的来源。但从整个社会控制系统而言,多元化纠纷解决机制与其他的社会系统之间同样维系着紧密的联系,由此形成内在的价值,具体有以下的观点:其一,推动社会管理、社会治理方式转变的价值。当前我国面临着社会管理创新以及社会治理模式转变的历史任务,有必要建构政府与社会的互动关系④。作为政府与社会关系再建构的必要,需要将"政府——单轨制"治理变为"政府+社会——双轨制"治理。在此意义上,多元化纠纷解决机制强调社会力量对矛盾纠纷的解决,利于社会共同体、社会组织自治功能的发挥,是实现我国社会治理模式转变的重要途径。其二,促进社会规范以及法律法规形成的价值。社会规范与法律法规的形成,依托于具体的纠纷和冲突,而多元化的纠纷解决方式可以将社会现实和法律法规在实施中的问题,反映到新的社会规范和法律法规的形成过程中,通过纠纷解决机制与其他社会机制诸如立法机制的衔接,完成对社会规范以及法律法规形成路径的丰富。其三,缓解司法压力,促进司法改革的价值。目前我国法院案件量大的状况没有得到多少改善,一些地区中院年收案量达数万件、基层法院收案量达十几万件的情况也毫不罕见。多元化纠纷解决机制可以在纠纷矛盾进入社会司法系统之前进行化解,缓解司法压力。也因此,自党的十八届四中全会后全面展开的司法改革帷幕,就

---

① 胡晓涛:《替代性纠纷解决机制的价值及在中国的适用分析》,载《江西财经大学学报》2011年第6期。
② 大部分学者直接移植美国 ADR 兴起的缘由,认为我国20世纪90年代开始出现了"诉讼爆炸",因而有必要引进 ADR。相反,有学者从实证等角度论证,并不存在前述的"诉讼爆炸"现象。参见徐昕:《迈向社会和谐的纠纷解决》,载《司法》2006年版;范愉:《以多元化纠纷解决机制保证社会的可持续发展》,载《法律适用》2005年第2期。
③ 范愉:《纠纷解决的理论与实践》,清华大学出版社2007年版,第179—181,223—225页。
④ 刘旺洪:《社会管理创新:概念界定、总体思路和体系建构》,载《江海学刊》2011年第5期。

将多元化纠纷解决机制与司法改革的衔接建设视为了重要的组成部分①。其四,分流信访上访,实现社会稳定的价值②。信访作为党与政府的一项制度,曾在中国社会控制体系中发挥过显著的作用。可在21世纪社会转型的中国,由于基层政府治理能力的羸弱和司法纠纷解决功能的受挫,使得大量社会群体诉诸信访渠道表达自身的愿求,进而形成了"信访潮"③。多元化纠纷解决机制中的调解,尤其是行政调解制度,可以实现对涉政府纠纷矛盾的分流,从而减少社会的信访压力,维系社会稳定。

3. 从文化、道德、习惯等本土性资源角度对多元化纠纷解决机制进行的价值思考

有学者重视研究多元化纠纷解决机制的本土资源问题。如在文化层面上,有学者指出"天人合一"哲学观下形成的"和合文化"的意义,它强调人类社会生活领域中人与人之间的关系和谐的重要性,把"无讼"作为社会的理想状态。多元化纠纷解决机制与我国历史上"无讼"文化传统存在联系④。在道德层面上,我国历史上向来重视道德教化、讲求人伦礼仪。现代的多元化纠纷解决机制则是在法治的基础上,强调对于道德、人伦的尊重,注意对道德规范要求的维护。可见,我国传统道德要求也是可被现代多元化纠纷解决机制所吸收的。在习惯层面上,我国的多元方式解决纠纷历史悠久。春秋郑国子产铸刑鼎,开启中国古代法制成文法历史。可在国家法律定纷止争程序外,以乡正、乡保、乡绅的调处,宗族家长的调解,行会的裁决为代表的其他纠纷解决方式也都是我国古代作为纠纷解决的典型习惯性方式⑤。古代这些习惯上的纠纷解决方式,一定程度上被现代的多元化纠纷解决机制所继承。另外,我国古代传承至今在国人行为模式上烙下的"面子"情感观念,也让人们不愿将私人性质的纠纷纳入到国家公权力轨道之中来解决⑥。

以上学者对多元化纠纷解决机制价值的思考,首先是从不同视角进行的。

---

① 参见《中共中央关于全面推进依法治国若干重大问题的决定》。
② 李瑜青主编:《法律社会学教程》,华东理工大学出版社2009年版,第282—283页;周永坤:《信访潮与中国纠纷解决机制的路径选择》,载《暨南学报(哲学社会科学版)》2006年第1期。
③ 章志远:《信访潮与中国多元化行政纠纷解决机制的重构》,载《法治研究》2012年第9期。
④ 瞿琨:《非诉讼纠纷解决机制的价值再分析与发展路径探讨——兼论社区调解制度的完善》,载《上海大学学报(社会科学版)》2007年第2期。
⑤ 马晨光:《中国古代多元纠纷解决机制及现代价值》,载《国家行政学院学报》2010年第2期。
⑥ 尹伟民:《多元化纠纷解决机制的合理构建:现实基础、影响因素与原则》,载《贵州社会科学》2011年第8期。

其中,机制内的价值思考,主要从纠纷解决的方式方法角度出发,看到的是在纠纷解决机制框架中的诸多意义。而机制外的价值思考,反映了学者们已意识到多元化纠纷解决机制的运行不是孤立进行的,它的意义还体现在与其他社会机制存在的联系上。至于多元化纠纷解决机制本土性的价值思考,则是从历史纵向的文化传承维度上审视了多元化纠纷解决机制资源正当性意义。可以说,这些价值的思考都是值得肯定的,但其仍有较为致命的偏失。这个偏失主要在于都是从某个具体的、微观的角度的归纳,以工具性价值视角进行的思考,没有与法治社会建设内在关系联系起来,从更为深刻的文化发展的角度进行思考。正是由于如此,使得在实践中有学者认为多元化纠纷解决机制与法治社会建设存在悖论。因此,作为在法治社会建设中运行的多元化纠纷解决机制,我们有必要对它运行的正当性予以证明。

(二) 法治社会中多元化纠纷解决机制的价值正当性

对多元化纠纷解决机制价值的解读,不能从具体、微观的视角进行特殊性的理解,要从工具性价值的角度跳出来,从与法治社会建设相联系并内在于这个机制本质进行思考,笔者认为突出的应当是这个机制运行中本身所包含的"宽容精神"的价值,这种"宽容精神"的价值贯穿在这个机制整体运行的每个环节,是这个机制的灵魂所在。而这种"宽容精神"也是法治社会建设所应包含的价值思想内容。

"宽容",可以理解为宽厚、容忍、宽恕等,具体来看也指允许别人自由行动或允许他人自主进行判断,耐心且毫无偏见地容忍与自己的观点或公认的观点不一致的意见等。当人们用"宽容"一词来形容具体某个人的时候,一般多指该人宽大、有气量。多元化纠纷解决机制具有的"宽容精神",在继承原有语义上,"宽容"内涵基础上有些许不同,即其要求应当在符合法治要求的范围内宽容,而非恣意的宽容。具体来解释其中的"非恣意",即多元化纠纷解决机制的"宽容精神"虽不简单的以合法性要求为要件,但也绝不轻易逾越法律的界限。之所以强调多元化纠纷解决机制的价值在于"宽容精神",我们可以从这个机制本身的三部分,即"多元化""纠纷解决"和"机制"所内含的特点做出论证。

1. 多元化纠纷解决机制中"多元化"彰显着"宽容精神"的价值取向

多元化纠纷解决机制中的"多元化",专指在纠纷解决中可以接受诉讼或非诉讼,正式或非正式的纠纷解决方式,即纠纷解决的途径可以具有多样性。

多元化的这个要求是以"宽容精神"的价值取向为基础的。首先,它确认对不同利益主体有"宽容精神",以平和的方式解决纠纷。其次,不同的纠纷解决方式由不同的主体来担当,在这个机制中不同的纠纷解决方式被平等地看待,这体现的是"宽容精神"的价值取向。再次,"多元化"体现在纠纷解决的手段的多样性,如有协商、调解、诉讼、仲裁等,可以通过座谈、对话等方式。这都有赖于以"宽容精神"价值取向来协调。最后,"多元化"自然内涵对纠纷解决结果要有"宽容精神"。纠纷解决结果上,可能不一定是机械的简单化的,有纠纷的双方要有忍让精神。

2. 多元化纠纷解决机制中"纠纷解决"体现以"宽容精神"价值取向为基础

理论界的学者对多元化纠纷解决机制中"纠纷解决"的理解目前仅停留在字面理解上,即将其解释为解决、化解具体社会生活中的纠纷。也有部分学者对纠纷解决的理解又以体系化的深层方式,进行了较深的解读[①]。但是,"纠纷解决"的内涵不只是解决、化解具体社会生活中的纠纷,还隐藏着如何使纠纷的解决实现效率性和公正性的要求。如果没有意识到这点,便不能发现"纠纷解决"与"宽容精神"价值取向的联系。多元化纠纷解决机制既不是要牺牲效率来实现公正,也不是用舍弃公正来满足效率,不同的方式、方法有着不同的立场与倾向。审判诉讼作为纠纷解决的一种方式,它的基本态度偏重于公正,而调解、仲裁等作为纠纷解决方式,它的态度就更倾向于效率。因此,迫切需要以"宽容精神"价值取向的确立使这个机制有效地运作起来。由于多元化纠纷解决机制中具体不同的纠纷解决方式有着明显倾向性,所以必然要求我们要宽容不同纠纷解决方式制度间的、针对效率和公正优先顺序的不同倾向性。对于在一定程度牺牲的公正而满足的效率,或是在一定程度上牺牲效率所达到的公正,我们都必须予以宽容。否则,多元化纠纷解决机制的构建基础就将被动摇,也无助于解决我们面临的现实实践困境。所以说,在"纠纷解决"层面上,"宽容精神"价值取向是实现其机制有效运行的基础。

---

① 有学者认为纠纷解决在第一个层次上要实现冲突的化解与消除,纠纷主观效果的全部内容要从外在形态上被消除,但实体结果最终如何并非该层次所要解决的。纠纷解决的第二个层次要求实现合法权益的保护与调整以及实现法定义务的督促和履行,这是对前一层次只重视形式结果而不要求实体结果的一个补正。该层次的纠纷解决是要弥补纠纷形成、发展给社会原有秩序造成的侵害与影响。纠纷解决的第三个层次是要在前两个层次的基础上,实现对法律或统治秩序尊严与权威的恢复。纠纷解决最后的一个层次,也是最高的一个层次是要让社会冲突的主体放弃和改变蔑视以至对抗社会统治秩序和法律制度的心理和态度,避免纠纷的重复发生。具体参见顾培东:《社会冲突与诉讼机制》,法律出版社2004年版,第27—29页。

3. 多元化纠纷解决机制中"机制"的内涵，同样要求必须以"宽容精神"价值取向作为其基础

"机制"一词，在多元化纠纷解决中指所构建的诉讼与非诉讼、官方与民间的等多样的工作系统及其对这些系统的整合。在这中间不同纠纷解决方式间的平等性，是实现多元化纠纷解决方式整合的有效基础。然而，这样的基础条件和"宽容精神"价值取向密切相关。试想，如若没有宽容精神在其中发挥作用，那么不同纠纷解决方式间的平等性就不会存在。难免会出现一种纠纷解决方式地位高，或是否认另一种纠纷解决方式的畸形状态。这样，多元化纠纷解决机制就不能有效建立起来去解决社会纠纷。

"宽容精神"作为多元化纠纷解决机制价值取向，与法治社会建设的价值要求有契合之处，主张多元化纠纷解决机制运行与法治社会建设相悖的观点明显缺乏依据。我们以法治社会建设所内含的价值来分析这个问题。法治从内涵上理解是与人治根本对立的，但从层次上可以有三个方面：即国家的层面，法治表达是一种治国的方略[1]；而社会的层面，法治又是一种社会的秩序或社会状态；在公民个人层面，法治则以公民个人的尊严与自由为核心要求[2]。法治在社会层面的内涵，经引申、发展，也就成了人们经常论及的法治社会概念[3]。因而有学者将其定义为国家立法所确立的制度、理念和行为方式能够得到有效贯彻实施的有序社会状态[4]。法治社会的价值丰富，如自由的价值、秩序的价值、平等的价值、正义的价值、人权的价值、效率的价值，但包容性也是法治社会的重要价值。"包容"一词可以从多学科作出解读。如从社会学角度，是指社会要素的聚集和整合并以此来促进社会的和谐。从伦理学的角度，

---

[1] 李步云：《实行依法治国，建设社会主义法治国家》，载《中国法学》1996年第2期。
[2] 夏勇：《法治是什么——渊源、规诫与价值》，载《中国社会科学》1999年第4期。
[3] 有学者认为法治社会的说法是不可取的，认为强调法治社会的概念会导致法治建设重心的偏离，容易造成权力的扩张，从而使得社会生活以及人们的权利与自由受到国家权力的干涉与影响。（参见张光杰主编：《法理学导论》，复旦大学出版社2012年版，第274—275页）这其实是对法治社会概念的曲解。一般意义上，法治意味着是要将法律作为人们基本的生活准则，法律具有崇高的权威性。但法治的这种要求，都不可避免需要依托社会来进行，而非只是国家。学者们担心强调法治社会，会造成政府权力对社会生活领域的干涉，其实是忽视了法治本身就要求政府不得对社会生活进行没有法律授权的干涉，也错误理解了法治社会的价值要求。法治社会是将法治的精神运用到社会系统的治理上来，法治的核心内涵即对政府权力的限制和对公民权利的保障仍然适用在法治社会中。法治社会并不是要实现政府权力对社会生活的过度干涉，而是要求政府权力对社会生活作最小限度的干涉，使社会生活更具多元化、包容性。
[4] 史丕功、任建华：《法治社会建设的价值选择及主要路径》，载《山东社会科学》2014年第9期。

突出要严于律己,宽以待人。社会以人为本,人以社会为本。而从法学的角度,"包容"是要人们尊重宪法和法律所赋予公民的权利。确认公民的这种权利是神圣的、全面的。既包括公权利也包括私权利,既包括对世权也包括对人权,既包括政治权也包括社会、经济、文化等权利。法治社会建设的包容价值与多元化纠纷解决机制的宽容性价值是一致的,即他们都接受了这样的事实,在法治社会建设中,由多方社会主体参与社会事务活动。社会生活的多样性,人的主体的自由和对自我权利的张扬,要坚持在宪法和法律的框架内,人们可以自己决定自己的生活方式及其对纠纷的解决方式。我们要坚持对不同主体的平等对待,创设社会运行的和谐有序及人们在心态上的宽容宽松。这具体如法治社会的规范方面具有包容性的特征。在法治国家中,主要的规范由宪法、法律法规等成文法、判例法、由国家机关认可的习惯法以及国际法等形式组成。法治社会的规范更加多,种类更加广,更多元。不但其涵盖法治国家中的国家法,也包括种类繁多的如道德、习惯、风俗、文化、政策、行业行规、商业惯例、组织章程、村规民约、家规家风等社会规范,也都是法治社会中进行关系调整的规范依据。在社会生活的不同领域,我们确认国家制定与认可的法律法规的重要作用,但也对道德、习惯、风俗、文化、政策、行业行规、商业惯例、组织章程、村规民约、家规家风等的社会规范予以包容,承认其实际运行中的效力。而这正是多元化纠纷解决机制的"宽容精神"价值取向所包含的思想内容,从而在解决矛盾纠纷中采用多元的方式,除了法律规范外,道德、习俗、行业行规、商业惯例等都可以成为平等的裁决依据。因此人们有了较多的选择和自由,由于规范形式的包容性,使得其判断依据多样,但法律法规作为判断的依据则是纠纷解决的底线。其实,任何一项制度要在法治社会的语境下发展、完善,就要和法治社会建设的价值取得一致。多元化纠纷解决机制的"宽容精神"与法治社会的价值具有内在的一致性。多元化纠纷解决机制的运行适宜法治社会建设的需要。

(三)以"宽容精神"价值取向推动多元化纠纷解决机制的路径思考

所谓路径即方式或方法。多元化纠纷解决机制以"宽容精神"作为价值取向,其实现的方式有自身的特点,其中突出有这么几个方面值得重视。

1. 以法律法规为多元化纠纷解决机制"宽容精神"价值取向实现的底线

在对多元化纠纷解决机制价值分析的时候,笔者已经着重说明了"宽容精神"中的"宽容"二字与语义上的意思稍有差异。而这里的差异是与法治限制"恣意"的基本要求相一致的。早在古希腊时期,亚里士多德在其《政治学》一书中就指出,对比人治,法律统治可以消除人治中的情欲影响,"法治"可以避免权力的恣意,包括僭主政体、寡头政体和平民政体在内的变态政体,不适宜法治,就在于其是无法限制恣意,极易使某一群体以一己利益凌驾于人民整体利益之上①。因而,多元化纠纷解决机制的"宽容精神"意欲巩固其在法治社会中的地位,就必须强化已有的以限制恣意为前提要求的"宽容精神",以法治的限制恣意作为自己的"宽容精神"底线。

如何实现法治的限制恣意?即要以法律法规的规定内容作为自身机制运行过程中"宽容精神"的底线,而非以个人的主观意志为标准。法治限制恣意的方式,即通过普遍规则指引的方式来实现对社会事务的管理。具体来看,法律法规由于其确定性、稳定性、公开性,成为该普遍规则较为适宜的表现载体。自然地,多元化纠纷解决机制的"宽容精神"当然性地继承该基础。法律法规规定的内容,同样也是具体指引多元化纠纷解决机制"宽容精神"的普遍性规则,是其底线。但由于法律法规的内容,按照性质和调整方式分类,有义务性规范、禁止性规范和授权性规范之分,多元化纠纷解决机制的"宽容精神"的底线因此有必要作出区分②。义务性规范也叫作积极义务规范,是规定主体应当或必须做出一定积极行为的规则,即直接规定人们负有一定义务的规范。禁止性规范规定主体不得做出一定行为,即规定主体的消极的不作为义务,它禁止人们做出一定行为或要求人们抑制一定行为,以实现权利人的利益。授权性规范,与前面两者不同,其是规定主体享有做出或不做出某种行为的权利,肯定了主体为实现其利益所必需的行为自由③。在授权性规范下,人们享有做出或不做出某种行为的可能性和权利。对于多元化纠纷解决机制的"宽容精神"法律底线,应当由义务性规范与禁止性规范两者组成,无论何时,其都不应逾越这两类规范的内容界限。这里我们必须批判在现实生活实践中存在的这种过度性调解现象。所谓过度性调解,即在调解纠纷时没有法律底线,对某些

---

① 鄂振辉:《自然法学》,法律出版社2005年版,第40页。
② 有学者同理下将法律规范分为义务性规范、授权性规范和权义复合性规范。义务性规范是指法律要求人们必须从事或不得从事某种行为的规范。授权性规范是指人们可以做出或要求别人做出一定行为的规则。权义复合性规范是指兼有权利和义务的属性的规范。具体参见陈金钊主编:《法理学》,北京大学出版社2010年版,第70页。
③ 朱景文主编:《法理学》,中国人民大学出版社2008年版,第353页。

当事人的要求存在过分迁就;或者以形式主义方式来对待调解,造成调解工作陷入庸俗化等现象。人民调解本是具有东方特色的一种社会实践,其在制度上是当事人主动启动的一种模式。但在目前发展的过程中,在有的地方由于片面追求调解成功率,开始出现侵害当事人自主选择权的现象,如有的地方存在的强迫调解,在有的地方把进入调解作为法院立案的第一程序,有的地方存在调解耗时竟远超过诉讼时限等。这些都是有违于法治建设框架中多元纠纷解决机制"宽容精神"价值取向的,从根本上说,是多元化纠纷解决机制"宽容精神"价值取向的运作缺乏以法律法规为底线。

2. 丰富以道德、习俗、惯例、职业伦理等为多元化纠纷解决机制"宽容精神"价值取向实现的依据

多元化纠纷解决机制的"宽容精神",既然要实现非恣意的"宽容"这一目标,就必须找到可以作为"宽容"依据内容的普遍性规则。如若不能,则其"宽容"也就是建立在非普遍性规则特殊指引下的"人治思维"上,这就不但和法治社会价值有出入,也背离了多元化纠纷解决机制的初衷与灵魂。诚如前所言,多元化纠纷解决机制的"宽容精神"应当以法律为底线,尤其是以义务性规范与禁止性规范作为"宽容"的边界。然而,构成多元化纠纷解决机制"宽容精神"的具体内容,应当符合灵活、包容的要求,不应当僵化地停驻于法律法规这唯一的普遍规则内容之上。所以,笔者认为,以道德、习俗、惯例、职业伦理等为代表的社会规范也可以构成多元化纠纷解决机制"宽容精神"的主要内容。

道德,作为伦理的概念,也是一种社会现象,是人们在善和恶、荣誉和耻辱、正义和非正义等问题上的观念、原则而形成的人们相互行为的某种准则、规范[①]。作为道德,虽先天性地具有模糊、不确定的特点,然也必须要以人们普遍性的接受为主要条件。个人的道德标准,因其不具备普遍性的前提,并不能成为广泛意义上被人们接受的道德。习俗,更是一种具有普遍性特征的规则,其是指一地区社会文化长期形成的风尚、礼节、习惯等,可以包括食、衣、住、行等方方面面。同样的特点,在惯例、职业伦理等社会规范中也得以表现。这些社会规范,既满足限制恣意的普遍规则要求,同时也确实在社会事务中发挥着调整人们行为的作用。因此,多元化纠纷解决机制的"宽容精神"在实践运行

---

① 李瑜青:《人文精神与法治文明关系研究》,法律出版社 2007 年版,第 184—187 页;转引自李瑜青、苗金春主编:《法理学》,科学出版社 2008 年版,第 246 页。

的过程中,要以这些具有普遍性特征的规则为依据内容,而不是主观的臆断。这类具有普遍性特征的社会规范,不但在机制内成为裁判是非矛盾的依据,同时也是与法律法规具有平等地位的依据。以此为内容的"宽容精神",也就具有了非恣意的属性。

3. 践行以缓和利益冲突的妥协、退让、协商方式为多元纠纷解决机制"宽容精神"价值取向实现的态度

与多元化纠纷解决机制相比较,传统法治理念下的诉讼这一解决纠纷方式,因司法对最终的评价结果施以调整或惩处,其具有浓厚的对抗性的刚性特点,非黑即白。此外,纷繁众多的矛盾纠纷背后,悉数皆是利益的纠葛。但传统诉讼以法官裁判的方式解决纠纷,很大程度上最终的结果取决于法官的自由心证与自由裁量,排除了当事人合意因素。作为并非双方当事人合意下的处理结果,即使是胜诉的一方当事人对判决结果有时也可能会不满意①。

当代国际社会,价值多元化成为不可违逆的趋势。在社会主义市场经济的环境下,契约精神带给我国自由、平等等精神观念,我国现实中人们的价值观念也确实呈现出多元化的倾向。伴随着价值多元化,人们的利益多元化也就接踵而来。多元化的利益下,并非是一种利益取代另一种利益,往往呈现共生共荣的关系,不同的利益共同平和地存在于社会之上。因此,不同利益之间的调和应是柔性的,非刚性的,这就需要妥协、退让。

法治社会,并非否认在利益冲突之时的妥协亦或者退让行为。相反,国家法律规范的制定过程就是一种妥协、退让的活动。多元化纠纷解决机制的"宽容精神",得益于此,其"宽容"的具体表现态度即是相互的妥协、退让。现实利益纠纷中,难免不同主体的利益之间会有矛盾与冲突。可但凡这样的矛盾或者冲突,未达到不可调和的质变状态时,均可以"宽容"的态度来进行调和、妥协、退让。通过对冲突利益的此种妥协,直至达成矛盾纠纷双方的意思合意。此时,由于纠纷解决双方的合意达成,使得纠纷的解决能赢得双方的满意。纠纷解决的实质也就是化解双方当事人对争议利益的不同主张间的矛盾,这时得益矛盾解决,纠纷也就消弭。虽然如此,笔者仍要强调的是,妥协与退让确实是多元化纠纷解决机制"宽容精神"的具体表现态度,但是仍要满足前面的法律底线要求,不然就背离了法治与"宽容精神"自身要求的非恣意性。

---

① 王振清:《多元化纠纷解决机制与纠纷解决资源》,载《法律适用》2005年第2期。

4. 群众广泛参与为多元化纠纷解决机制"宽容精神"价值取向实现的方式

法制的现代化,可以依托自上而下的方式来推动,但其有效性仍有赖于自下而上的参与和认同。所以,广泛的主体参与面,对于法治社会中任何一项制度的建设来说都是必需的。此外,法治社会与法治国家在概念上的很大不同就在主体范围上,法治社会有着更为广泛的主体参与。多元化纠纷解决机制的内涵,也要求更多的社会主体参与到矛盾纠纷的解决过程中来。因而,更为广泛的社会公众参与面,号召热心于社会公共事务的群众参与到多元化纠纷解决机制的具体实践中,是必然的要求。然而,实践中,社会群众主体对多元化纠纷解决机制的参与力度较为有限。这在不利于发挥多元化纠纷解决机制优势、活力的同时,带来了另一个问题,即多元化纠纷解决机制"宽容精神"的泛化。

多元化纠纷解决机制"宽容精神"的内容,有着多元化的特点,既包括法律法规等国家规范,也涵盖道德、习俗、惯例、职业伦理等民间规范。虽然上述规范,都有着普遍性的特征,并不是个例化的。然往往民间规范,也有着模糊、抽象以及待发现、待确定的特点,因此对此类规范的解读也就尤为重要。忽视这一环节的建设与保障,无疑等于又将多元化纠纷解决机制的"宽容精神"推向了恣意、主观化的非法治方向。尤以多元化纠纷解决机制的调解制度为例。对矛盾纠纷进行调解的过程中,主持调解人员掌握着关于感情、道德、习惯等规则的解释权。若其不恪守中立,或片面追求纠纷解决而施压其中一方,这无疑都是在伤害法治社会与多元化纠纷解决机制,其也沦为了主观恣意的代表。假设可以有更广泛的社会群众参与,因其热心公共事务,则可以对相关具有模糊性的"宽容精神"内容,起到更好的明确作用与监督效果。对"宽容精神"内容的解释,更加透明与公开,其中可能的恣意性也会在一定程度上被遏制。多元化纠纷解决机制的"宽容精神",也就得以有效地在法治的轨道中获得进一步发展的活力。

七、诚信价值在上海城市的内涵与发展——基于民间法视野的考察

对于一定的文化,要注意其文化空间的特点。本文从民间法的视角,考察了上海城市发展与诚信价值的内在联系。诚信文化在历史发展中有一个从中西分流到融合的过程,而上海这座城市由于在近代遭遇了特殊境遇等因素,使其较早地实现了诚信文化的中西合璧。不仅如此,诚信文化在当代还具有普适性的文化内涵。本文重点探讨诚信文化在上海发展的特点及其诚信文化对

法治建设所应具有的内涵。

（一）上海这座城市特殊的历史发展过程，使得诚信较早地与商业文化结合起来

上海是一个具有深厚历史文化基础与文化传统的城市。但在近代，它的发展有一些不同于中国其他地域的特点。从文化的渊源来看，上海在古代主要属于吴越文化圈中的一种亚文化类型。在长期的历史发展中，上海逐渐形成了一系列兼有吴越文化特征与自身本土风格的文化形态，它们具体地表现在与当地民众的社会生活关系极为密切的各种民俗文化行为方式之中，如锣鼓说唱、滚灯舞龙、滩簧、申曲、皮影、顾绣、城隍庙会、观音信仰、民间制艺等方面。但是近代以后，随着经济文化的发展与城市化进程的加快，上海城市文化中传统文化的生存空间日益缩小，生存基础日益削弱①。这当然有深刻的原因，其中重要的原因在于近代的上海成为西方文化输入的一个典型的场所。有资料可以证明，上海租界设立早，比天津英租界早15年，比广州、汉口、九江租界早16年；历时久，比天津英租界长15年，比广州英租界长16年，比汉口英租界长33年；范围大，上海两租界总面积是其他23个租界总面积的1.5倍；外国侨民多，最多时超过15万人②。而上海特殊的城市格局、文化传统的边缘性特点、文化传统中的近代性因素、移民社会对文化交流的影响、在中国传统文化格局中的边缘性特点，弱化了上海对西方文化的排拒力③。这些都深深影响了诚信文化在上海发展的特点。

在中国，诚信的底蕴一开始主要是从做人的标准和治国的准则来思考的，这与西方国家诚信的发育有所不同。西方国家的文明的发展，很自然的要联系到古代的希腊、罗马时期。当时由于这些国家本身的自然环境、社会经济发展条件等因素，社会的商业贸易比较早的得到了发展，人们要通过这些商业的贸易，满足当地人们基本的生活需求。由于这种商业贸易的比较早的发展，契约文化作为商业活动的一种基本文化和人际交往的基础性的内容，得以广泛地发展起来，这其中就包含了诚信的文化内容，所谓的诚信就是建立起人与人相互承诺、相互信赖、信守诺言为内涵的一种伦理行为。对此，经典作家有过

---

① 蔡丰明：《上海城市传统民俗文化空间》，载《民间文化论坛》2005年第4期。
② 熊月之：《上海租界与文化融合》，载《学术月刊》2002年第5期。
③ 熊月之：《上海租界与文化融合》，载《学术月刊》2002年第5期。

高度的评价,恩格斯曾经这样评价罗马法的价值,他认为:"罗马法是简单商品生产即资本主义前的商品生产的完善的法",是"商品生产者社会的第一个世界性法律"。而随着西方社会市场经济的进一步的发展,以诚信为基础的一种文化和相关的法律制度紧紧地结合在一起,不断地得到扩大和发展。这就是西方社会诚信文化发展的一种理路。诚信文化的发展与商品经济活动紧紧联系在一起,依托于商品经济的发育和发展。

但中国的诚信文化的发展,它最初并不是以商品经济的发育作为基础的,而是以封建宗族制度体系下的人与人之间的关系,作为考量的基础条件,并由此引发到政治生活的各个领域。笔者曾考证,从文字上来说,诚信一词最早出于《商君书·靳令》。而《说文解字》中说:"诚,信也,从言成声。""信,诚也,从人言。"孔子在《论语》中也多次地把"信",看作是人格修养中基本的环节。他说:"人之所以立,信、智、勇也。""人而无信,不知其可也。大车无輗,小车无軏,其何以行之哉?"(《论语·为政》)当然,诚信也是人与人交往的基本道德准则,但是这个基本的道德准则是有着中国传统文化特有的特点,比如对君王要讲"忠",这种所谓的"忠"有的时候就像在一个宗族体系中对"大家长"表现出来的绝对的服从是相似的。在传统儒学的理论中,诚信的地位的确很高,如孔子就强调"信"在治理国家中地位特别突出,认为一个国家甚至可以没有"兵",可以没有"食",但不能没有"信";做人要"以信为本","民无信不立"。因此,孔子对子路说:"上好信,则民莫敢不用情。夫如是,则四方之民襁负其子而至矣,焉用稼?"(《论语·子路》)

但到了近代以后,诚信文化中西方开始交融。诚信当然仍然是约束人们行为的一种伦理观念,但这种伦理观念越来越与商品经济的活动相结合,以商品经济的文化内容作为依托或基础,再反映到人们的家庭关系等一系列的生活关系的各个方面,其中大量的诚信内容上升到了法律的制度规范层面。而在说明这个问题的时候,上海就有其特殊性。这个特殊性就在于在中国的近代的发展史上,上海比较早的成为了中西交融的一个城市,一个方面在上海这个城市,我们可以看到一种光怪陆离的现象,当时形成有不同的租界,在这些租界以一定的他国的法律作为基础,同时还伴随着的所谓的商业文化所要求的诚信内容等;另一方面,中国先进的知识分子带着新的文化气象,进行全新意义上的中国的文化批判,尽管这种文化批判有的可能比较过激,但都对诚信文化的中国制造有意识或无意识地留下自己的历史话语。因此,可以说近代中西诚信文化的交融在上海首先得以实现。

(二)诚信与商业文化的较早结合不仅影响当时上海大量的经济、文化等活动而且为上海人的内心所认可并得以培植发展

解放后,上海人的文化特点一直为国人关注并受到不少批判。现在看来,这些讨论对我们如何评价诚信文化有着重要的参考价值。

我们以两位学人的分析为例来讨论这个问题。一位是余秋雨先生,他曾这样评价上海人:"上海人不喜欢大请客,酒海肉山;不喜欢'侃大山',神聊通宵;不喜欢连续几天伴陪着一位外地朋友,以示自己对友情的忠诚;不喜欢听大报告,自己也不愿意作长篇发言;上海的文化沙龙怎么也搞不起来,因为参加者一估算,赔上那么多时间得不偿失;上海人外出即使有条件也不太乐意住豪华宾馆,因为这对哪一方面都没有实际利益……凡此种种,但是,在这座城市,你也可以处处发现聪明过度的浪费现象。不少人若要到市内一个较远的地方去,会花费不少时间思考和打听哪一条线路、几次换车的车票最为省俭,哪怕差三五分钱也要认真对待。这种事有时发生在公共汽车上,车上的旁人会脱口而出提供一条更省俭的路线,取道之精,恰似一位军事学家在选择袭击险径。车上的这种讨论,常常变成一种群体性的投入,让人更觉悲哀。公共宿舍里水电、煤气费的分摊纠纷,发生之频繁,上海很可能是全国之最。我发现,上海人的这种计较,一大半出自对自身精明的卫护和表现上海人喜欢精明估算,反映在文化上,就体现为一种'雅俗共赏'的格局。上海文化人大多是比较现实的,不会对已逝的生活现象迷恋到执著的地步,总会酿发出一种突破意识和先锋意识。他们文化素养不低,有足够的能力涉足国内外高层文化领域。但是,他们的精明使他们更多地顾及到现实的可行性和接受的可能性,不愿意充当伤痕斑斑、求告无门的孤独英雄,也不喜欢长期处于曲高和寡、孤芳自赏的形态。他们有一种天然的化解功能,把学理融化于世俗,让世俗闪耀出智慧。毫无疑问,这种化解,常常会使严谨缜密的理论懈弛,使奋发凌厉的思想圆钝,造成精神行为的疲庸;但是,在很多情况下,它又会款款地使事情取得实质性进展,获得慷慨突进者所难于取得的效果。这很可称之为文化演进的精明方式。"①

---

① 余秋雨:《上海人》,载《中国文化》2014年第39期。

余秋雨先生的这个评价可以说集中于上海人精明、爱计较的特点。如果这个群体还是诚信为人的,那么,其所指出的这些行为正是商业化的文化表现。

另一位易中天先生,他曾这样评价上海人:"他们的生活是世俗、实在的、精打细算和稳扎稳打的,是埋头做生计和精心过日子的,是'螺蛳壳里做道场'的。他们生活在一个职员和市民的社会里,一切都是裸露直白和谨小慎微的。他们直统统地问人家'侬几岁',也赤裸裸地用'合算不合算'来表示他们的选择。当他们斥责别人是'外地人'或'乡下人'时,丝毫也不掩饰自己对贫穷和乡气的蔑视。他们把交朋友叫做'轧朋友',把不负责叫做'拆烂污',把看重外貌叫做'吃卖相',把假冒伪劣叫做'开大兴',世俗气十足,一点也不高雅。他们骂起人来也不好听,不像北京人损人那么艺术,让人忍俊不禁。他们的娱乐也充满了市民气,而偌大的一个上海简直就没有什么好玩的地方,只有密密麻麻的楼房,密密麻麻的街道,许许多多的上海人和许许多多手里拎着大包小包不得要领地蹿来蹿去的外地人。总之,上海是一点诗意也没有的。上海从来就和诗不'搭界',上海的诗人也从来就成不了什么气候。上海现在刮起了一股浓浓的怀旧风。老房子、老公寓、老门牌,里弄门口 AD1930 的字样,有着牵牛花般大喇叭的老式留声机,黑色的密纹唱片,美人头月份牌,装生发油的玻璃瓶,老上海盐汽水,沙利文小圆饼干,这些东西都牵动着上海人的情丝。甚至就连上海有线音乐频道的广告,都做成了 30 年代的风格,中间是周璇的着色相片,下面写着'全天播放摩登流行,全面展示都会时尚',只不过是简体字。上海人和北京人一样开始做梦了,而且是'鸳梦重温'。但我并看不出这里面有什么诗意,不像北京怀旧就诗意盎然。上海有多少旧好怀呢?能怀的又是什么呢?甚至就连他们的绅士风度淑女风范,也是在短短一百多年中速成的。这就显得底气不足眼界不高。所以我说上海是有风度无境界,有教养无底蕴。上海毕竟只有百多年的历史,哪比得上北京的悠悠岁月!但,我却并不认为北京人就有理由看不起上海人。"①

易中天先生对上海人的评价集中于上海人世俗、精打细算、缺乏理想的特点。同样,如果这个群体还是诚信为人的,那么,其所指出的这些行为特点也是商业化的文化表现。

可以说,诚信当然强调在道德上如何做人,但在商业活动中,诚信与人际

---

① 易中天:《北京人与上海人》,载《国学》2010 年第 4 期。

关系相关联,主张人要精打细算,与他人交往时要诚实可信,并从法律上确认为原则、规则等,这符合市场经济发展和政治民主的要求,其实在当代中国具有普遍价值。

(三)从社会治理的角度分析诚信价值的内涵

笔者虽然是从上海城市角度进行讨论,但这在中国法治治理的层面上应具有普遍性。过去人们主要从字面上把握诚信价值,即诚实、信用的道德内容。如果把诚信价值作为城市的一种文化精神来理解,自然要和这个城市具体现实的社会条件相结合,诚信价值取向的内涵必然具有更为丰富的历史或现实的思想内容。上海要建设成为国际化大都市,对诚信价值取向内涵的把握,需要突出以下五个方面:

从社会治理的角度,我们还有必要对诚信价值的内涵做深入分析。笔者虽然是从上海城市角度进行讨论,但这在中国法治治理的层面上应具有普遍性。过去人们主要从字面上把握诚信价值,即诚实、信用的道德内容。如果把诚信价值作为城市的一种文化精神来理解,自然要和这个城市具体现实的社会条件相结合,诚信价值取向的内涵必然具有更为丰富的历史或现实的思想内容。上海要建设成为国际化大都市,对诚信价值取向内涵的把握,需要突出以下五个方面:

1. 从执政的公信力视角理解诚信价值取向的内涵

在这个问题上,我们首先要理解,所指谓的主体是谁,中国共产党是当代中国的执政党,中国社会主义的建设是中国共产党领导的一个事业,因此,中国共产党的执政的公信力问题是我们在这里要讨论的问题。而我们的行政系统、司法系统、监督系统等作为公权力的运作的系统,也都是由中国共产党所领导的,因此也应该纳入所讨论的范畴。

当代中国法治国家的建设是我们讨论执政公信力的基础,这样,就执政的公信力而言就是要求执政党或行政系统等作为公权力的运作系统,其具体行为要具有权威性、民主性、服务性、法治性。所谓的权威性就是说,所做出的决定是有科学依据的,经得起历史推敲的;所谓的民主性就是说,所做出的决定有良好的社会民众的支持和认可;所谓的服务性就是说,任何一个决定都应当体现以民为本的品质;所谓的法治性就是说,任何一个公权力系统都有法可依,在程序上具有合法性。在法治时代,党的执政要依照体现人民意志的法律执政。党要严格按照宪法与法律，按照人民的意志和要求办事，否则，执政党就会丧失作为社会公共利益代表者的存在价值。

2. 从企事业信誉的视角理解诚信价值取向的内涵

这里我们把企事业放在一起来讨论，实际上就内涵了一个特有的理解，企事业是在市场经济活动中最重要的主体单位。过去在计划经济的时候，人们有一个误解，把中国的公民分为干部、工人、农民三个社会阶层，事业单位被纳入干部的系列，社会主义市场经济的发展，人们逐步认识到其实过去的这样的一种理解是极其错误的，市场经济活动中，市场经济活动的主体是企业系统、事业系统以及与这些系统紧密联系在一起的社会中的人，我们在这里着重将企事业单位以及与这些系统紧密联系在一起的社会中的人作为讨论的主体。

社会主义市场经济的发展，要求建立起社会的诚信体系，而在这个诚信体系中，企事业单位的诚信建设是基础性的。马克思有一句名言，人们在从事任何活动之前，首先要解决一个问题，这个问题就是吃饭，要吃饭就必须要生产，因此，生产劳动是人与社会最基础的活动，人类的生产活动就是和企业的活动结合在一起，而事业单位的活动从一定意义上来讲是在为企业系统及其他系统提供服务。经过这么多年的企事业单位的诚信体系的建设，我们已经取得了一定的成绩，比如说，建立起专门的对企事业单位的诚信档案等。但我们发现在诚信的现状上，问题仍然不少，如有的地方存在假冒伪劣商品还屡禁不止；有的地方合同得不到履行，生效的法院判决不能有效地得到执行等。这些都对我们提出了严峻的挑战。

3. 把诚信价值取向内涵的理解与党的思想建设相结合

中国共产党历来非常重视党的思想建设，在党的思想建设中，把诚信的价值取向结合起来，这是新时期党的思想建设的一个重要内容。这是因为今天中国在推进市场经济的发展，党的建设也是在市场经济条件下展开的，党的思想建设自然地不能和社会主义市场经济所要求的文化相脱节。

笔者认为，在我们建设社会主义市场经济的条件下，党所倡导的实事求是的原则和我们在这里所要讲的诚信价值的内涵具有一致性。实事求是就要求我们以一种诚信的态度开展工作，以一种诚信的态度去面对问题，以一种诚信的态度去解决问题，从这个意义上说是我们党的作风应有的内容。我们要继承、坚持与发展诚信的好作风，讲真话、办实事，不讲大话、少说空话，不回避和掩饰困难、问题和错误，坦诚地对待一切，以党和政府的诚信引领社会的价值取向。

4. 诚信价值取向内涵的理解上道德教化与制度创新相结合

诚信价值本来是一个道德的范畴,作为道德的范畴,人们习惯于主要依靠社会舆论、传统习俗和人们的内心信念来维系。但要把道德教化和法制手段有机地结合起来。

历史经验已经反复证明,道德治理需要借助于一定的制度的手段,没有一定的制度方面的强行规定的作用,光停留在教化的手段上,构建起一个良好的诚信体系是不可能的。我们要打造诚实守信受尊敬不吃亏,而欺骗失信自然地会受到惩罚并不为社会舆论所认可。为诚信的价值取向做扎扎实实的制度性基础工作,这是我们现在必须努力的。

5. 诚信价值取向内涵的理解要与上海国际大都市建设、上海文化特色相结合,强调历史的传承

对诚信价值取向内涵的理解当然要与上海的历史发展结合起来,重视诚信价值取向在上海的历史传承性。上海是正在建设中的现代化国际大都市,必须要深化这座城市的内涵,优化这座城市的形态。近代以来,上海作为港埠城市,具有开放的特性;作为移民城市,具有多样的特色;作为商业城市,又具有商业化的特点,形成了上海都市文化的海纳百川、多样并存、经济发达的特点。具体表现为中西合璧、追求创新、兼容并包、多样交融,商业气息、追求实利,在良莠并存中逐渐形成了上海文化的传统,在20世纪二三十年代一度成为全国文化的中心。中华人民共和国建立后,户口制度改变了上海移民城市的特性,在"以阶级斗争为纲"的时代,上海作为文化大都市的优势逐渐弱化。改革开放以后,上海逐渐恢复了开放性都市的特点,在被确定为中国经济发展的龙头地位后,上海的文化建设也得到了长足的发展。当前,上海建设"四个中心"和现代化国际大都市,必须倍加珍惜并利用上海的历史文化资源和优势,确立起上海城市的文化自信。诚信价值取向的内涵应从这里得到充分的挖掘,"文化发展的一个重要特点就是传承性,搞文化建设不可隔断历史,不可丢失灵魂"①。在上海历史发展过程中传承的优秀诚信价值内涵要积极地加以张扬。

---

① 俞正声:《在九届上海市委十六次全会上的讲话》,载《解放日报》2011年11月14日。

后 记

本书的写作，与我较为集中思考的一些法治建设的问题相联系。中国要推进法治的建设，在20世纪90年代初曾经在学术界带来过一片欢腾。但法治对当时的中国是一个很陌生的词眼，为此很多学者以极大的热情去诠释这个概念。当然这种诠释也联系了中国现实所提出来的一些问题，就像中国改革开放之初，在学界兴起过对西方人本主义思潮的推崇，一时间如萨特、尼采、叔本华、弗洛伊德的名字如雷贯耳，不少的人还没有很深入地研读过他们的著作，但已陶醉于某些新词汇，依照自己的感受来做表达一样。而在法学界，人们热衷于讨论如权利本位、义务本位、人治法治等概念，而立法事业更是如火如荼地发展，好像有了法律，法律的实施就自然而然实现了。一个理想的法治世界，似乎可以通过拿来主义的方式就可以达到。

而通过实践的深入，人们突然发现，其实一国的法治建设是被嵌入于一个政治、经济、文化、社会发育条件等因素之中的，不存在脱离这些条件的法治建设。正是基于如此的对法治在中国的发展的认知，法治中国的路径、法治中国的文化、法治中国的创造等问题被提上了议事日程。本书所涉及的问题，正是和学界的这样的思考联系在一起的。本书中的任何一个篇章，几乎都是本人的某一篇学术论文的反映。这也就是说，本书涉及的内容，是以研究性专题的方式表达出来的，有个别的篇章，我的一些博士研究生也参加过专门的讨论，反映他们一定的思考或观点。当然，我要感谢发表我这些学术论文的杂志社以及这些杂志社的编辑，是他们第一时间把我的这些观点向社会发表出来。

在中国这样一个国家，推进法治的建设是极为不易的，用简单化的方式进行推进，它的唯一的可能就会在实际中被撞得头破血流。因此我一直认为，学者是有一份责任的，这份责任就是要通过自己的深入研究，提出在中国可行的、系统性的法治建设的理论，以引领中国法治事业的发展。当然，有这样的一种愿望，本身要接受实践的挑战，比如本书的第一章专门讨论中国的传统儒学对当代中国法治文明的价值,其中有的文章发表后,有学者就认为传统儒学从根本上是反法治的,不值得我们去予以关注,与我进行了论战。这样的场景是很期待的。我很希望有更多的这样的机会与学界的同仁就一些大家关心的问题,展开专题的讨论。

本书的出版要感谢上海大学出版社傅玉芳编辑,她从编辑角度对本书的完善提出了很好的意见和建议。

李瑜青

2019年5月1日